AF229568

RÉCITS

D'UN BON ONCLE

Le glacier de la Jung-Frau (Suisse).

RÉCITS

D'UN

BON ONCLE

SUR L'EUROPE,

L'ASIE, L'AFRIQUE, L'AMÉRIQUE ET L'OCÉANIE

IMITÉS DE L'ANGLAIS

PAR Mme DE MONTANCLOS

DEUXIÈME ÉDITION, COMPLÉTEMENT REFONDUE

ornée de 25 gravures.

LIBRAIRIE DE J. LEFORT

IMPRIMEUR ÉDITEUR

LILLE | PARIS
RUE CHARLES DE MUYSSART, 24 | RUE DES SAINTS-PÉRES, 30

1875

AVERTISSEMENT

M. Charles de Mareuil, après avoir consacré de longues années à parcourir le monde, se décide enfin à revenir à Paris où habite son frère. Il entreprend de faire aux trois enfants de ce dernier, le récit de ce qu'il a vu, de ce qu'il a appris dans ses voyages. Il les conduit avec lui dans tous les pays du monde; il leur fait connaître la physionomie, les traits caractéristiques de chaque peuple, de chaque contrée; il leur fait visiter les principales villes et leur montre ce qu'elles renferment de plus remarquable. Ces détails trouvent tout naturellement place dans le récit des nombreuses et intéressantes aventures survenues au narrateur, que son humeur voyageuse a entraîné sans cesse d'une contrée vers une autre. Les dangers qu'il a courus, les mille incidents qui toujours accompagnent les pérégrinations lointaines, tiennent constamment en éveil l'attention de ses jeunes auditeurs.

L'ouvrage anglais, paru sous le même titre et dont les pages qui vont suivre donneront une imitation bien plutôt qu'une traduction, a eu en Angleterre et en Amérique un heureux succès ; et a atteint le but principal que se proposait l'auteur : donner à la jeunesse le goût des études géographiques. Puisse-t-il en être de même en France.

Puissent les souvenirs intéressants, les impressions salutaires que ces récits laisseront dans l'esprit de nos jeunes lecteurs, les porter à chercher dans une étude plus approfondie des mœurs, des habitudes, des travaux des différents peuples qui habitent le vaste univers, de nouveaux motifs d'admiration et de reconnaissance envers le divin Créateur de toutes choses.

Puisse surtout la mission éminemment civilisatrice attribuée à la France, et si fidèlement et si glorieusement remplie par elle, inspirer à tous ses enfants une généreuse et patriotique émulation.

TABLE

DES VIGNETTES CONTENUES DANS CE VOLUME

RÉCITS

D'UN BON ONCLE

LA FAMILLE DE MAREUIL

La famille de M. de Mareuil, inspecteur général des ponts-et-chaussées, se composait de trois enfants : Louise, Paul et Jeanne.

Louise, l'aînée, âgée de douze ans, était une petite personne vive et intelligente, mais passablement étourdie. Elle aimait tendrement ses parents, et portait une affection un peu protectrice à son frère, et surtout à sa jeune sœur.

Jeanne avait huit ans; c'était une heureuse enfant, caressée comme le sont toujours les derniers nés dans une famille bien unie, et rendant en tendresse et en baisers toutes les petites gâteries dont elle était l'objet.

Paul, charmant garçon de dix ans, avait un caractère à la fois vif et réfléchi. Il aimait à s'instruire; ses questions toujours sensées provoquaient des réponses qui ne pouvaient que lui être profitables, car il les pesait avec un esprit juste et les appliquait avec un sens droit et un cœur excellent. Il chérissait sa famille, mettait son bonheur à secourir les pauvres et se faisait aimer de tout le monde.

Mme de Mareuil', femme pieuse et dévouée, avait eu le bonheur de conserver sa mère, qui demeurait avec elle. Toutes deux se consacraient à l'instruction des enfants, dont aucun n'avait encore quitté la maison paternelle. On ne pouvait rencontrer un intérieur plus doux et plus heureux : l'amour de Dieu et du prochain, la pratique constante du devoir et de la vérité, gravés dans le cœur du père et de la mère de famille, servaient de base à l'éducation des enfants. Leurs jeunes âmes s'imprégnaient en quelque sorte de l'esprit même de la religion : en même temps, en effet, qu'ils en recevaient les principes, ils en avaient la pratique sous les yeux.

Un des membres de cette heureuse famille laissait presque constamment sa place vide dans cet intérieur béni. Le frère de M. de Mareuil, entraîné par la passion des voyages, passait sa vie à parcourir le monde. Chaque fois qu'à de longs intervalles il était revenu s'asseoir au foyer de son frère, il avait tout d'abord juré qu'il ne s'en éloignerait plus; mais, à la première occasion qui se présentait de reprendre ses courses aventureuses, il repartait promettant de revenir bientôt, et laissant les années succéder aux années avant de parler de retour.

Au moment cependant où s'ouvre notre récit, une lettre de
l'infatigable voyageur venait d'annoncer sa prochaine arrivée,
et cette fois, disait-il, sa résolution de ne plus quitter la France
était bien arrêtée. Cette lettre apporta une grande joie chez
M. de Mareuil où, on le comprend, l'oncle Charles devint
l'objet de toutes les conversations; les questions des enfants
ne tarissaient pas sur son compte, mais il était difficile de
répondre à la plupart de ces questions : huit années s'étaient
écoulées depuis son dernier voyage, et ce temps passé en
pays étrangers avait dû apporter en lui beaucoup de
changement.

Un soir, pendant qu'on discourait sur ce thème favori, la
porte du salon s'ouvrit brusquement. Un homme grand et
maigre se précipita dans les bras de M. de Mareuil : c'était
l'oncle Charles ! Je n'entreprendrai pas de rendre la joie et les
émotions de cette réunion si longtemps et si vivement désirée;
je ne dirai ni les questions multipliées, ni les tendres caresses
que l'excellent oncle, enchanté de se retrouver au cercle de
famille, prodiguait à son neveu et à ses nièces en les admirant
tour à tour; c'était une scène assez confuse, mais délicieuse
dans sa confusion, surtout quand il fut bien avéré que l'oncle
Charles ne quitterait plus la France et qu'il allait provisoire-
ment s'établir chez son frère.

« Que mon oncle est original ! s'écria Louise, lorsque les
deux frères se furent retirés ensemble.

— Il paraît bien bon, dit Jeanne.

— Et si bienveillant, ajouta Paul. Je me réjouis en pensant
aux choses curieuses et intéressantes qu'il aura à nous
raconter. »

M. Charles de Mareuil touchait à sa quarantième année. Ses

traits étaient d'une admirable régularité, et toutes ses manières empreintes d'un caractère de distinction qui révélait l'homme bien élevé. Néanmoins, il méritait amplement ce titre d'original que la pétulante Louise lui avait assez irrévérencieusement appliqué. Ses cheveux noirs, imperceptiblement argentés, tombaient tout plats autour de son visage bronzé, et ses vêtements trop larges flottaient sur lui, comme si une longue maladie eût fait disparaître son embonpoint. Il avait conservé de ses longs voyages en mer la marche dandinante dont on contracte l'habitude sur le pont d'un navire, et son cou un peu tendu portait une tête toujours avide de voir et d'observer.

Pendant les trois jours qui s'écoulèrent entre le retour du voyageur et le départ de M. de Mareuil pour sa tournée d'inspection, les deux frères ne se quittèrent pas. Charles se mit ensuite à parcourir Paris, avec lequel il avait à refaire connaissance, et qu'il trouva bien changé; il ne pouvait se lasser de voir et d'admirer toutes les améliorations faites à la grande capitale; mais il ne négligeait pas pour cela sa belle-sœur, son neveu et ses nièces, et c'était avec bonheur qu'il venait chaque jour prendre sa place à la table de famille.

Un soir, Louise travaillait près de sa mère; Jeanne dessinait des maisons (c'était son occupation favorite), et Paul, un livre à la main, demandait tout bas quelques explications à sa grand'mère;

« Mes enfants, dit l'oncle Charles, voulez-vous que, avec la permission de votre mère et de votre grand'mère, nous fassions ensemble le tour du monde? »

Jeanne ouvrit de grands yeux.

« Oh! quel bonheur! mon oncle, s'écrièrent à la fois Paul et Louise?

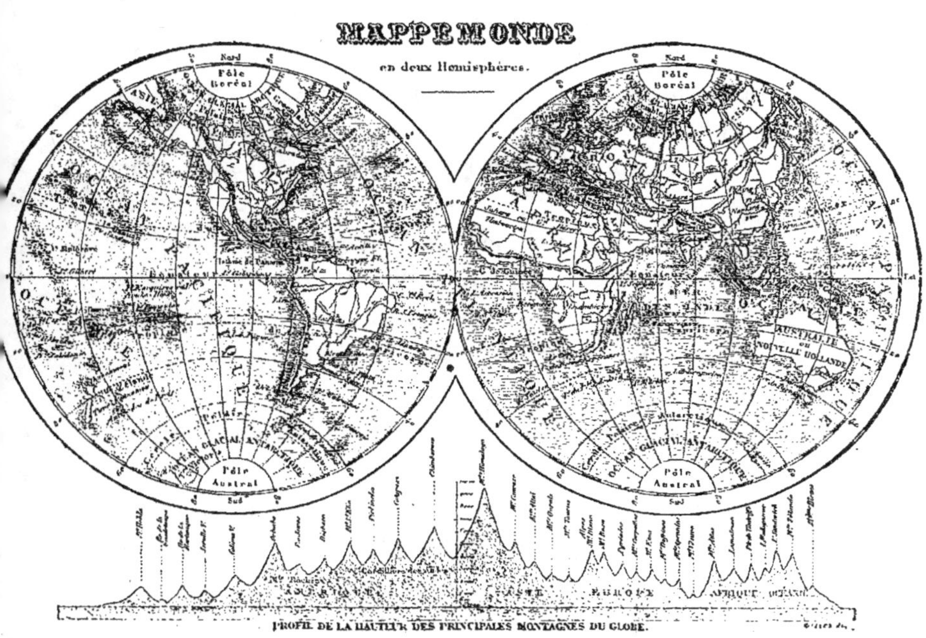

PROFIL DE LA HAUTEUR DES PRINCIPALES MONTAGNES DU GLOBE.

— Allez donc chercher votre atlas, ouvrons-le à la carte qui représente la sphère, et commençons notre voyage ! »

Paul courut chercher son atlas; Louise, pour mieux écouter, laissa tomber son ouvrage sur la table, et Jeanne vint se placer près de son oncle, qui la prit sur ses genoux.

« A l'exception peut-être de ma petite Jeanne, vous savez mes enfants, que la terre est ronde, qu'elle tourne sur elle-même, puis autour du soleil, et qu'elle est suspendue dans l'espace comme un de ces jolis ballons roses dont vous vous êtes si souvent amusés. Si vous étiez dans la lune, et que vous puissiez voir l'ensemble de notre globe, vous trouveriez que sa surface est partagée en vastes portions d'eau et de terre. Vous verriez sur une des moitiés de ce globe l'Europe, l'Asie et l'Afrique ; et sur l'autre, l'Amérique septentrionale et l'Amérique méridionale. Nous pouvons prendre sur la carte une idée de ces deux hémisphères. Au haut de la carte est le *Nord*, au bas est le *Sud* ou *Midi*, à la droite est l'*Est* ou l'*Orient*, et à gauche l'*Ouest* ou l'*Occident*. La même règle s'applique à toutes les cartes.

L'Europe, l'Asie, l'Afrique et l'Amérique sont des terres; le reste de la surface du globe est de l'eau, appelée mer ou océan à l'exception cependant des îles, que l'on trouve en grand nombre dans plusieurs parties de l'Océan.

L'Europe est la partie la plus peuplée du monde. Quoique son étendue ne soit que le tiers de celle de l'Afrique, elle contient quatre fois plus d'habitants, et six fois plus que toute l'Amérique. On y admire un nombre considérable de grandes villes, dans lesquelles se trouvent de magnifiques palais, de superbes églises, et une infinité de monuments dont plusieurs sont très-anciens et très-curieux ; elle est divisée en quantité de pays et de royaumes très-différents les uns des autres. Les peuples qui habitent ces divers pays portent des vêtements et parlent des langues qui ne se ressemblent pas. Il suit de là qu'on arrive souvent dans un pays où l'on ne comprend personne et personne ne vous comprend, ce qui est fort gênant et fort désagréable.

La Russie est, comme territoire, la plus vaste contrée de l'Europe. La France, notre patrie, en est une des plus fertiles et des plus favorisées sous le rapport du climat.

Les contrées du nord de l'Europe sont très-froides. En Norwége, en Suède, en Danemarck et dans toute la partie supérieure de la Russie, les hivers sont excessivement rigoureux, et l'on est obligé de se vêtir de peaux et de fourrures.

L'Allemagne touche à la Russie, mais ses habitants diffèrent essentiellement des Russes. Ceux-ci appartiennent à la race slave ; les Allemands appartiennent à la race germanique.

Les Français, les Italiens, les Espagnols et les Portugais forment ce qu'on appelle la race latine.

Une longue chaîne de hautes montagnes, appelées les Alpes, séparent les contrées du nord et du centre de l'Europe des contrées méridionales. Au milieu de ces montagnes vivent les Suisses, peuple pauvre, industrieux et grand chasseur. Les Suisses sont surtout remarquables par leur amour pour leur pays.

La Hollande présente un contraste frappant avec la Suisse ; c'est un pays si plat, qu'on n'y voit pas une colline ; les parties qui avoisinent les côtes sont plus basses que la

mer, dont on prévient les inondations par des digues construites à grands frais et entretenues avec des peines inouïes.

L'Italie est un pays délicieux, patrie des lettres et des
arts. Rome, autrefois capitale du monde civilisé, est maintenant la résidence du Pape et la capitale du monde catholique.

Les Espagnols et les Portugais sont presque le même
peuple, quoique leurs usages et leurs coutumes diffèrent
notablement. Les Espagnols sont braves, sobres, mais
s'occupent peu d'industrie et de commerce.

Les Turcs ou Ottomans, suivent la religion du faux pro-
phète Mahomet. Ils sont très-fanatiques dans leur croyance.
Leurs mœurs et leurs coutumes sont entièrement différentes
de celles des autres nations de l'Europe et ressemblent
plutôt à celles des Asiatiques. Ils détestent les Chrétiens.

Les Grecs, qui habitent le sud de la Turquie, ont joué
un grand rôle dans l'histoire de l'antiquité. Longtemps
asservis par les Turcs, ils ont avec l'aide de la France
reconquis, il y a une cinquantaine d'années, leur indépendance. C'est un peuple actif, industrieux, habile au commerce et qui se montre très-fier de ses ancêtres.

Je ne dois pas omettre de mentionner l'Angleterre
qui est la première puissance maritime de l'Europe et qui,
tour à tour dominée par les Danois, par les Saxons et
par les Normands, participe, par ses mœurs, sa langue et
ses institutions nationales, au génie des diverses races
qui s'y sont successivement implantées.

Telle est dans son ensemble la division géographique de
l'Europe, à travers laquelle nous commencerons demain
notre tour du monde. »

Jeanne, qui avait écouté attentivement les explications

de son oncle et curieusement suivi ses indications sur la carte, fut alors avertie que l'heure de se retirer était arrivée pour elle. Quittant sans murmure les genoux de son oncle, elle distribua des baisers à la ronde, et suivit sa mère. Elle s'endormit en pensant à tous les peuples de l'Europe et surtout à la terre que l'on disait soutenue dans le ciel comme un ballon rose. Les deux autres enfants adressèrent une foule de questions à leur oncle, dans la demi-heure qui leur était encore accordée, et le remercièrent vivement de la bonne leçon qu'il leur avait donnée.

Louise et Jeanne couchaient dans la même chambre. Le lendemain matin, la dernière guettait depuis longtemps le réveil de sa sœur, l'appela aussitôt qu'elle lui vit ouvrir les yeux. Louise n'était pas bien disposée,

« Ah! dit-elle, que tu es insupportable, je voulais me rendormir. »

Jeanne se tut; mais Louise ne se rendormit pas. Au bout de quelques minutes : « Voyons, dit-elle, que me voulais-tu?

— Rien, ma petite Louise, répondit Jeanne timidement; je ne veux pas te déranger.

— Tu ne me déranges pas; c'est que, vois-tu, j'étais mal éveillée. Viens m'embrasser. »

Jeanne ne se fit pas répéter cet appel, et après un affectueux échange de caresses,

« Savais-tu, dit-elle, que la terre est ronde?

— Oui, je le savais.

— Et qu'elle tourne sur elle-même et autour du soleil?

— Sans doute, on me l'avait dit.

— Comment cela peut-il se faire?

— Je l'ignore; mais je sais que cela est. »

Jeanne secoua sa petite tête blonde, « Moi, dit-elle avec un soupir, je ne comprends pas du tout.

— Attends, dit Louise, je vais essayer de te montrer comment la terre tourne sur elle-même et autour du soleil. »

Et, prenant un bilboquet qui se trouvait là, elle en ôta la corde, passa dans le trou de la boule une aiguille à tricoter, et la fit tourner sur l'aiguille comme la terre sur son axe; puis, faisant tourner en même temps la boule autour d'une carafe qui était sur une table, « Tiens, dit-elle à sa sœur, suppose que cette carafe est le soleil; tu sais combien le soleil est brillant....

— Quand il ne pleut pas comme hier, interrompit Jeanne....

— Et comme il nous échauffe et nous éclaire, continua Louise. Eh bien, nous tournons, c'est-à-dire, la terre sur laquelle nous sommes tourne ainsi autour de lui; et comme elle tourne en même temps sur elle-même, de même que la boule sur l'aiguille à tricoter, quand l'endroit que nous habitons se trouve en face des rayons du soleil, nous avons le jour; quand il est du côté opposé, nous avons la nuit. Comprends-tu cela?

— Oui, je comprends très-bien ce que tu me dis et ce que je vois; mais tu es obligée de tenir la boule, et si tu la lâchais elle tomberait; comment la terre reste-t-elle en l'air sans que personne la tienne?

— Personne, Jeanne ?... et le bon Dieu?...

— C'est vrai ! le bon Dieu est tout puissant ! Mais comment se fait-il qu'il y ait tant d'eau sur la terre sans que nous y tombions; et qu'est-ce que les îles qui sont dans la mer. »

Louise versa de l'eau dans sa cuvette et tailla un grand morceau de papier qu'elle posa sur l'eau en le faisant toucher au bord de la cuvette, puis ensuite elle mit au milieu de l'eau plusieurs· petits morceaux de papier. « Tiens, dit-elle, suppose que ce grand morceau de papier est l'Europe ou l'Asie, et qu'il y a dessus beaucoup de villes, d'arbres et de maisons; cela s'appelle un continent; quant à tous ces petits morceaux de papier, ce sont des îles, parce qu'ils sont entourés d'eau de tous les côtés et qu'on ne pourrait y aller sans bateaux.

» Et, ma petite Jeanne, si tu me demandes comment il se fait que la mer puisse se maintenir sur la surface arrondie du globe sans passer sur les terres qui y sont dispersées et sans noyer les habitants de ces terres, je te répondrai que c'est parce que Dieu, qui est le souverain Créateur des continents, des îles, des océans et de tout ce que contient le vaste univers, a assigné à chaque chose sa place et ses limites : aux eaux de la mer il a dit : « Vous n'irez pas plus loin, » et les flots obéissants ne dépassent pas les bornes qu'il leur a tracées.

— Merci, Louise, dit Jeanne après avoir réfléchi un moment; je tâcherai de ne pas oublier tout ce que tu m'as appris.

— Te rappelles-tu le nom des pays dont mon oncle nous a parlé ?

— Non , dit Jeanne tristement.

— Eh bien! je te les répéterai cette après-midi, et tu tâcheras de ne plus les oublier. »

Les deux sœurs s'embrassèrent tendrement. Louise , contente d'avoir ainsi réparé le mouvement d'humeur qu'elle avait eu , se hâta de s'habiller; puis les deux sœurs , après avoir fait leur prière, allèrent souhaiter le bonjour à leur mère et à leur grand'mère , avant de se mettre à leurs devoirs.

RÉCITS SUR L'EUROPE

Lorsque le cercle de famille se fut formé le soir suivant autour de l'oncle Charles, celui-ci prit, comme la veille, Jeanne sur ses genoux, et ayant ouvert l'atlas à la carte de l'Europe, il engagea son jeune auditoire à la regarder attentivement, depuis la mer du Nord jusqu'à la Méditerranée, et depuis l'Océan Atlantique jusqu'aux confins de la Russie d'Europe ; puis prit la parole en ces termes :

« Le vaisseau sur lequel je m'embarquai, à l'âge de vingt ans, pour commencer ma carrière aventureuse, se rendait en Amérique. Cette partie du monde est donc la première que j'ai visitée ; toutefois comme j'y suis allé à plusieurs reprises et que j'y ai passé les huit dernières années qui viennent de s'écouler, je ne vous la ferai visiter qu'après vous avoir fait connaître l'Europe.

Je dois cependant vous y conduire tout d'abord, afin que nous quittions ensemble Boston, ville importante des Etats-Unis où je m'embarquai pour faire le voyage de retour qui, avant de me ramener en France, me conduisit dans les diverses contrées de l'Europe que je veux vous montrer.

Le navire du capitaine Williams se rendait en Angleterre. Après avoir suivi pendant quelques jours la direction de l'Orient, nous fûmes assaillis par une de ces violentes tempêtes que les marins les plus intrépides ne peuvent affronter sans terreur.

Un bouillonnement rapide et terrible se produit dans les abîmes de la mer qui gronde et s'agite de toutes parts. Les vagues s'élèvent et roulent les unes sur les autres, et le vaisseau, ballotté, poussé dans tous les sens, est précipité et soulevé avec une extrême violence. Tout, alors, devient tumulte et confusion. Le capitaine appelle les matelots, le vent siffle à travers les cordages, les voiles flottent et se tordent, les mâts crient, l'Océan rugit : c'est une scène et un bruit horribles.

Ce qui ajoutait encore au danger de notre position c'est que la partie de l'Océan Atlantique dans laquelle nous nous trouvions est bordé d'immenses blocs de glaces (1), vers lesquelles le vent nous poussait rapidement. Déjà je voyais la lueur des éclairs se refléter comme dans un miroir sur les arêtes brillantes de ces montagnes de glace. Je savais que, si nous venions nous y heurter ou même si nous nous engagions dans les canaux que les courants creusent entre elles, nous étions perdus. Je pensai à la France, à mes parents, à tout ce que j'aimais et que je n'espérais plus revoir, et je recommandai mon âme à Dieu !

Les ténèbres profondes qui nous environnaient ajoutaient à l'horreur de la situation. Nul d'entre nous n'espérait plus revoir la clarté du soleil; le sentiment du péril qui nous menaçait élevait tous les cœurs vers le ciel. Le tumulte,

(1) En anglais, des *icebergs*.

les cris firent place à un silence religieux que troublaient
seuls les commandements de la manœuvre et les bruits de
l'ouragan.

Dieu eut pitié de nous : aux premières clartés de l'aurore, le vent s'appaisa tout à coup. Nous étions sauvés!

Moins heureux que nous, un bâtiment dont nous avions
pendant la nuit entendu le canon d'alarme et aperçu les
feux, nous apparut tout désemparé et prêt à sombrer.

Sur le pont, un homme nous faisait des signaux déses-
pérés. Tous ses compagnons avaient-ils donc péri?....

Le capitaine Williams ordonna aussitôt d'aller recueillir
le malheureux naufragé ; mais les vagues étaient encore si
fortes qu'aucune embarcation ne put tenir la mer. Je ne
crois pas qu'il soit possible d'assister à un spectacle plus
émouvant et plus terrible que celui que nous offrait cet
homme que chaque seconde rapprochait de l'abîme prêt à
l'engloutir sans que nous pussions rien faire pour l'arracher à la mort. Nous pouvions suivre sur son visage les
convulsions de son agonie morale, nous entendions ses cris
déchirants; parfois les vagues le dérobaient à nos regards,
« Tout est fini! » disions-nous en frissonnant, lorsque soudain le bâtiment à demi submergé et l'unique survivant
de son équipage reparaissaient sur la crête écumante de la
vague que nous croyons l'avoir enseveli.

Sans nous décourager cependant, nous renouvelions nos
tentatives de sauvetage; et, profitant d'un moment d'apaise-
ment dans les flots, nous parvenions jusqu'au malheureux.
Il était temps, à peine notre embarcation venait-elle de
recevoir le pauvre naufragé que les débris qu'il quittait
s'engloutissaient dans les flots.

Cet homme était Italien; il se nommait Léo; il était le capitaine du navire sur lequel nous l'avions recueilli. Son équipage entier avait péri. J'avais tenu à honneur de faire partie des hommes qui étaient allés le secourir, et il était convaincu que c'était surtout à mes efforts qu'il devait la vie. Je me suis arrêté assez longtemps sur cet incident, parce que, dans le cours de mes récits, nous verrons plus d'une fois figurer Léo.

Nous reprîmes notre marche, et nous espérions pouvoir bientôt arriver à un port où nous réparerions nos avaries, lorsque nous nous trouvâmes pris par ce qu'on appelle un calme plat.

Le soleil brillait, le ciel était pur, les vagues qui avaient été si furieusement agitées se tenaient en repos, et les eaux bleues de l'Océan s'étendaient à une grande distance, aussi unies qu'un miroir. Des milliers de marsouins se jouaient à la surface, et plusieurs baleines se montraient à distance. Ah! pensais-je, que l'Océan est doux et paisible dans le calme, mais qu'il est effrayant pendant l'orage!

Enfin, s'éleva un vent favorable; nous continuâmes notre voyage, et trente jours après avoir quitté Boston, ayant parcouru environ mille lieues, nous approchâmes du terme de notre voyage. Regardez sur la carte, et vous verrez une sorte de canal, entre la France et l'Angleterre, appelé le Pas-de-Calais; nous traversâmes ce canal, et nous entrâmes dans l'embouchure de la Tamise, la plus large rivière de l'Angleterre.

En quelques heures, nous arrivâmes à Londres, la plus grande ville de l'Angleterre et l'une des plus grandes du monde. A l'endroit où notre navire s'arrêta, il se trouvait

un si grand nombre d'embarcations diverses, que leurs
innombrables mâts ressemblaient à une immense forêt. A
cette époque, il n'y avait pas encore beaucoup de bateaux
à vapeur qui sont si rapides et si commodes, mais qui
ne sont pas, à beaucoup près, aussi élégants et aussi
majestueux que les bâtiments à voiles.

En regardant tous ces navires je me disais : « Que de
services ils rendent ! Ils apportent à l'Angleterre des richesses empruntées à tous les pays du monde, et ils em-
portent les produits de ses nombreuses manufactures jusqu'aux extrémités de l'univers, établissant ainsi des relations
de peuple à peuple. La marine entretient et alimente le
commerce et l'industrie ; elle facilite le développement de
la civilisation, et — bienfait mille fois plus précieux —
elle permet aux apôtres de l'Evangile d'aller porter la
connaissance et la parole de Dieu jusqu'aux extrémités de
l'univers. »

La population de Londres est immense ; elle est de plus
de deux millions d'âmes. Nous vîmes d'abord la Cité, où
la foule est toujours très-grande, et où les embarras de
voitures sont continuels. C'est là que se trouve l'église
Saint-Paul, bâtie sur le modèle de Saint-Pierre de Rome.
Je visitai ensuite, guidé par Léo, qui connaissait déjà
Londres, le palais de Saint-James et Westminster's abbey,
grande et magnifique église, bâtie il y a plusieurs siècles.
C'est dans cette église que sont couronnés les rois et les
reines d'Angleterre, avec beaucoup de pompe et de cérémonie ; c'est là aussi qu'on visite non-seulement les tombeaux des rois, mais encore ceux de la plupart des grands

hommes qui ont illustré le pays. Nous y vîmes la chapelle où sont conservées les reliques de saint Edouard, roi d'Angleterre.

Nous visitâmes ensuite la Tour, autrefois prison d'Etat, où un grand nombre de personnages célèbres ont été exécutés publiquement ou mis à mort en secret. On y conserve plusieurs couronnes et sceptres ornés de perles et de joyaux d'un grand prix, portés par les rois et reines d'Angleterre.

Londres possède un grand nombre de monuments remarquables et de curiosités dignes d'être visités; mais ce qui m'a le plus intéressé dans cette immense capitale, ce sont les parcs et promenades publics. Tout y est réuni pour charmer ceux qui savent apprécier et goûter les beautés de la nature; on y trouve non-seulement des jardins d'agrément, de belles allées, des fleurs et des bocages, mais encore de grandes pièces d'eau, des prairies où paissent de magnifiques troupeaux; des arbres immenses, et de larges routes pour les équipages et pour les cavaliers; en sorte que l'on peut se retirer dans un endroit solitaire, regarder paître tranquillement les troupeaux, ou s'amuser, comme aux Champs-Elysées, à voir défiler les chevaux et les voitures. En été, des cygnes nombreux sillonnent les pièces d'eau sur lesquelles, quand vient l'hiver, se réunit un nombre infini de patineurs, qui procurent aux promeneurs le plus intéressant spectacle par leur agilité, la variété de leurs poses, la prestesse de leurs courses et quelquefois aussi l'originalité de leurs chutes. Le jardin zoologique est très-curieux à visiter : les richesses zoologiques et végétales y sont rassemblées de tous les pays du monde à grands frais.

Je n'étais que depuis quelques moments dans ce jardin, lorsque, par hasard, je mis la main dans ma poche : ma bourse n'y était plus. Je cherchai alors ma montre, dans la poche de mon gilet : elle avait aussi disparu. Il était clair qu'on m'avait volé, mais qui? et comment? La chose avait été faite avec tant d'adresse et de promptitude que je ne m'en étais pas aperçu. Je ne fis aucun bruit, mais je résolus d'être plus prudent à l'avenir. Seulement, croyez-en mon conseil, si vous allez jamais à Londres, prenez garde à votre montre et à votre porte-monnaie!

Ce jour-là, il était fort tard lorsque Léo et moi nous reprîmes le chemin de notre hôtel. Comme nous passions dans une rue étroite, nous crûmes entendre les gémissements d'une personne en proie à de vives douleurs. Nous nous arrêtâmes pour écouter. Nous nous aventurâmes même à frapper à la porte de la petite maison, d'où les sons semblaient venir; personne ne répondit. Je poussai la porte qui s'ouvrit. Une petite lampe qui répandait une faible lumière éclairait la chambre où nous entrâmes; une femme mourante était étendue sur un misérable grabat. A ses côtés, étaient deux enfants, l'un de six ans environ; l'autre de sept ou huit ans. Le plus jeune dormait; mais l'aîné était éveillé; il embrassait en gémissant et en pleurant la joue pâle et froide de sa mère.

Je courus dans la rue, demandant à grands cris du secours, je frappai à la porte de plusieurs maisons des environs; personne ne vint. Nous retournâmes près de la pauvre femme, elle était morte. Léo et moi, nous attendîmes jusqu'au jour, et alors nous trouvâmes quelques personnes charitables, qui prirent soin des enfants, et veillèrent à ce que la mère fut décemment enterrée. La pauvre femme était morte de faim, et cela dans une ville aussi riche que Londres!

Grâces à Dieu, ces cas d'abandon et de misère aboutissant à une inanition complète qui sont si fréquents dans l'opulente capitale anglaise, ne se rencontrent que très-rarement chez nous. Certes, nous avons nos pauvres, nos nécessiteux, mais à côté de ceux qui souffrent, le besoin de dévouement qui est un des traits saillants du caractère français, a placé tant d'œuvres bienfaisantes, tant de moyens ingénieux d'aide et de secours, qu'il est rare que la misère puisse arriver à un point extrême sans être connue et soulagée.

C'est là, mes enfants, un titre de gloire que les Français de tout âge ne sauraient trop revendiquer en faveur de notre noble et chère patrie! Il y a là aussi pour nous tous un stimulant dans la voie bénie de la charité; c'est, en effet, quand il est question de soutenir par ses vertus l'honneur national, que s'impose à chacun l'antique devise de nos pères « noblesse oblige. »

Les enfants étaient vivement émus. Cet éloge de la France, dont ils avaient appris dès le berceau à associer le nom et l'amour à leurs meilleurs sentiments de famille, avait un instant fait briller dans leur regard un éclair de radieuse fierté; mais le souvenir de la pauvre femme

morte de besoin entre ses deux enfants qui souffraient
aussi de la faim, reprit le dessus; leurs bons petits cœurs
se serrèrent, des larmes coulèrent sur leurs joues pâlies,
et Jeanne murmura d'une voix tremblante :

« Oh! les méchants Anglais! »

Mme du Plessis, la mère de Mme de Mareuil, prit la
parole :

« Je ne voudrais pas affaiblir, dit-elle, l'éloge donné
au caractère français par votre cher oncle, dont je ne
puis d'ailleurs contester les assertions.

Pendant mon séjour à Londres où des revers de fortune
m'ont forcée d'habiter quelques années comme institutrice,
j'ai plusieurs fois été témoin de scènes non moins navrantes.
Je me souviens d'avoir vu, un jour, relever de la neige
sous les marches d'une église, une jeune femme tenant
un petit bébé de cinq à six mois serré sur sa poitrine ;
la mère et l'enfant étaient morts tous deux..... morts de
froid et de faim!

Toutefois, il ne faut pas conclure de ces accidents aussi
terribles que fréquents, que les familles anglaises, j'entends les familles riches, soient sans entrailles pour les
souffrances des pauvres. J'ai remarqué, au contraire,
dans ces familles une grande charité.

Pour ne parler que de la société catholique au milieu
de laquelle je vivais, les œuvres de charité y tiennent une
très-large place, seulement l'organisation sociale du pays,
l'élévation des salaires et la cherté exorbitante des loyers
et des denrées alimentaires créent au peuple des besoins
et exigent des dépenses auxquels le plus court chômage,

la moindre maladie ne permettent plus de faire face.

La plupart des familles que j'ai connues, avaient établi dans leur terre une école pour les pauvres enfants; ils payaient l'institutrice, et ils entretenaient à leurs frais les enfants qu'ils surveillaient, qu'ils visitaient souvent. Plusieurs fois dans l'année, on leur donnait des fêtes; le maître, la maîtresse du château avec leurs enfants participaient à la fête, en servant eux-mêmes le thé, les gâteaux, et toutes les friandises qui composaient le goûter. Je les ai vus aider à ranger les tables, les bancs, mettre les plats sur la table, etc., etc., adresser des paroles aimables et encourageantes aux écoliers, enfin distribuer des récompenses à ceux qui s'étaient distingués par leur bonne conduite.

On allait souvent visiter les pauvres. Les enfants consacraient avec joie leurs petites épargnes, à acheter des sirops, des oranges, qu'ils allaient porter aux malheureux avec des paroles consolantes.

Je vous citerai une petite fille de huit ans, qui, élevée dans l'exercice de la charité, plus encore par les exemples que par les leçons de ses parents, semblait en avoir porté le germe dans son cœur, avant même qu'on lui en eût appris les préceptes. Cette petite fille s'appelait Agnès.

Elle alla passer quelque temps à Scarborough, délicieux port, à l'est de l'Angleterre, où l'on prend les bains de mer. On y trouve quantité de pierres précieuses, telles que cornalines, agathes, onix, etc., que la marée montante dépose sur le rivage, et de jolis cailloux en plus grand nombre encore, qui reluisent dans l'eau, de manière à tromper sur leur valeur, et que les baigneurs ramassent avec empressement. Agnès en avait une collection qu'elle considérait comme son plus précieux trésor.

Un jour, en se promenant sur la plage avec sa bonne, elle vit une petite fille, à peu près de son âge, qui tenait à la main une soucoupe remplie de jolies pierres, qu'elle offrait aux passants en les priant de les lui acheter. L'enfant était gentille; Agnès et sa bonne la questionnèrent, et apprirent par ses réponses qu'elle avait beaucoup de frères et sœurs, que ses parents étaient bien pauvres, et qu'elle vendait, pendant la saison des bains, les pierres qu'elle cherchait le matin de bonne heure, sur les bords de la mer, afin d'amasser l'argent nécessaire pour payer ses mois d'école pendant l'hiver. Agnès, qui était très-laborieuse et aimait beaucoup à s'instruire, prit un vif intérêt à la petite fille et la félicita de l'emploi qu'elle faisait de son temps et de son argent.

Le lendemain, la bonne d'Agnès vit l'excellente enfant examiner attentivement les jolis cailloux auxquels elle attachait tant de prix, les enlever du coffret où elle les gardait, puis les essuyer l'un après l'autre et les réunir en un paquet soigneusement enveloppé.

« Que voulez-vous faire de ces pierres? lui demanda-t-elle.

— Je veux les donner à la petite fille avec qui nous avons causé hier, afin qu'elle les vende et qu'elle ait plus d'argent pour payer ses mois d'école. »

Cette enfant si charmante et si aimée est devenue une jeune fille parfaite, et maintenant elle s'est consacrée à

Dieu dans un des ordres les plus austères : chez les Clarisses.

Voici encore un trait, non absolument de charité, mais de charitable justice, de la première de mes élèves en Angleterre.

Le caractère de Marie (c'était son nom) laissait alors à désirer; elle était originale comme le sont trop souvent les jeunes Anglaises, et ses originalités la rendaient difficile à gouverner; mais vous allez juger des qualités de son cœur. Elle avait alors près de seize ans.

Nous étions à Scarborough; son père, qui économisait sur tout ce qui était dépenses superflues afin de se mettre à même de faire de grandes charités, ne lui avait donné pour ses fantaisies, qu'une pièce d'or appelée livre et qui vaut vingt-cinq francs de notre monnaie. Il y avait à Scarborough d'assez jolies boutiques, et Marie eut bientôt trouvé l'emploi de presque toute sa pièce d'or en petits souvenirs qu'elle destinait à ses frères et à ses sœurs demeurés à la campagne. Il lui restait une demi-couronne, ce qui fait trois francs vingt-cinq centimes, et elle rêvait à quelque emplette qui pût plaire à une de ses petites amies.

Un matin, comme elle revenait d'une promenade avec sa femme de chambre, celle-ci, en voyant une vieille femme assise derrière une petite table sur laquelle étaient rangées des pierres et des branches de corail blanc, dit à Marie : « Voici une vieille marchande à laquelle votre cousine, miss Anna, a causé hier un grand dommage.

— Comment cela ?

— En passant, elle a accroché avec son manteau une des

branches de corail ; la branche est tombée et s'est brisée en morceaux.

— Mais, dit Marie à sa femme de chambre, Anna n'a-t-elle pas payé la branche de corail ?

— Non, mademoiselle ; elle ne le pouvait pas, car elle appartient, vous le savez, à une famille nombreuse, et elle n'a jamais d'argent de poche ; elle s'est seulement excusée et s'est hâtée de partir. »

Marie s'approcha de la table, sur laquelle se trouvaient les débris de la branche de corail.

« Combien vendez-vous ceci ? dit-elle à la bonne vieille.

— Oh ! mademoiselle, rien maintenant ; vous voyez bien que ce ne sont que des morceaux.

— Mais combien auriez-vous vendu la branche quand elle était entière ?

— Une demi-couronne.

— Eh bien, voici une demi-couronne.

— Mais, mademoiselle, cela ne vaut absolument rien ; ce ne sont que des morceaux brisés.

— N'importe, dit Marie, elle me plaît telle qu'elle est. »

Et, en dépit des remontrances de l'honnête vieille femme, elle s'empare des débris, laisse sa pièce d'argent et part, très-heureuse d'avoir ainsi réparé le tort de sa cousine. Je conserve précieusement un petit morceau de ce corail brisé, en souvenir d'une action de générosité si délicate, si modestement et si simplement accomplie.

Cette jeune personne s'est mariée ; elle a aujourd'hui une très-nombreuse famille, et elle est le modèle des épouses et des mères chrétiennes.

Il est tard, mes enfants. Je réserve pour un autre jour le récit d'un autre souvenir qui date également de Scarborough. »

———

Le lendemain encore, Jeanne s'éveilla avant sa sœur; mais le souvenir de ce qui s'était passé la veille lui fit garder le silence. Louise lui adressa la parole la première, en lui demandant si elle se rappelait le nom de la capitale de l'Angleterre et de la grande rivière sur laquelle cette capitale est située. Elle lui adressa encore d'autres questions, lui remit en mémoire ce qu'elle avait oublié, et continua d'en faire autant chaque matin; ce qui rendit très-profitables à la petite fille les récits du bon oncle.

« Vous avez sûrement entendu parler, dit le soir M. de Mareuil, du château de Windsor? Il est à vingt milles (1), environ, de Londres; et la reine d'Angleterre y passe une partie de l'été. J'y allai à cheval. L'Angleterre est un beau pays, où l'on voit des champs admirablement cultivés, des prairies toujours vertes que séparent des haies vives, dont l'effet est charmant, surtout au printemps, quand l'aubépine est en fleurs. Nous passâmes devant plusieurs habitations magnifiques, de beaux parcs et des jardins resplendissants de fleurs.

Windsor n'est pas seulement un des plus beaux édifices gothiques de l'Angleterre, mais aussi de toute l'Europe. Placé sur une hauteur et construit en pierres massives, il

(1) Le mille anglais mesure environ deux mille mètres.

date du temps de Guillaume le Conquérant. Toutefois le véritable fondateur du palais, tel qu'il existe aujourd'hui, ainsi que de la jolie chapelle qui y est annexée, est Edouard III.

Le tout se compose de deux cours, du château et de la tour ronde. La magnificence des édifices et surtout la voûte hardie qui surmonte la tour en forme de coupole sont l'objet d'une juste admiration. Les salons du château, par leur élévation et leur grandeur, ont quelque chose de vraiment royal, la disposition intérieure est des plus simples. Chaque salle a son nom et ses souvenirs historiques; la chapelle renferme de magnifiques vitraux.

Du haut de la tour, on jouit d'un des plus beaux points de vue qu'il m'ait été donné d'admirer. Le regard s'étend sur douze comtés et suit au loin le cours de la Tamise. Autour de la colline sur laquelle est placé le château, se déroule la jolie petite ville à laquelle il a donné son nom. Au sud du château, se trouve un parc magnifique dont la longueur est de quatre milles, et la circonférence d'environ quinze milles. Des arbres séculaires y forment des allées superbes et ombragent les sentiers les plus pittoresques.

Avant de quitter Londres et ses environs, je tiens, mes enfants, à vous faire admirer une des plus admirables œuvres d'art de notre époque, laquelle doit d'autant plus vous intéresser que c'est à un français qu'elle est due.

Je veux parler du tunnel de la Tamise que tous les peuples contemporains s'accordent à considérer comme une *huitième merveille du monde.*

Né à Bacqueville (Eure), Marc Isambart Brunel montra fort jeune un goût instinctif pour la mécanique, et il passait pour *le Vaucanson* de son village, lorsque la république le réclama pour le service de la marine. Il émigra en 1793 et résida six ans aux Etats-Unis. Il alla ensuite se fixer en Angleterre où il forma et exécuta le hardi projet d'un tunnel sous la Tamise. Cette œuvre gigantesque, conçue en 1819 et commencée en 1824, ne fut terminée qu'en 1842.

Les travaux débutèrent à une petite distance du fleuve par le percement d'un puits d'une profondeur de plus de vingt-cinq mètres; on entreprit ensuite le percement horizontal destiné à la galerie sous le fleuve.

Afin de laisser une épaisseur suffisante de terrain au-dessous de la plus grande profondeur du fleuve, on donna à l'excavation du tunnel une inclinaison descendante de deux mètres vingt-cinq centimètres par cent mètres. A mesure que l'on avançait, on construisait sur deux rangées parallèles des voûtes solides destinées à supporter le poids énorme du terrain et des eaux supérieures. On avait poussé les travaux jusque vers le milieu du lit du fleuve, lorsque les couches de terrain s'amollirent tout à coup de façon à inspirer des craintes sérieuses : ces craintes ne tardèrent pas à se réaliser; un mélange d'eau et de terre se fit jour au-dessous de la tête des travailleurs, et bientôt l'eau, coulant avec violence, envahit la galerie. Il fallut le génie et le courage de Brunel pour lutter contre les accidents de ce genre qui se répétèrent souvent; il eut l'heureuse idée de combler les trous et les fissures avec un mélange de terre glaise et de gravier, dont on employa plus de quatre mille tonnes.

Que de temps et de patience exigés par ces périlleuses

opérations! que d'intrépidité déployée par l'habile ingénieur! Une fois, entre autres, il s'agissait de profiter de la baisse des eaux pour aller reconnaître l'éboulement qui leur donnait issue. Au moment où Brunel, suivi de quelques hommes de bonne volonté, venait de disparaître dans les profondeurs obscures du tunnel, l'eau monte soudain; on croit Brunel perdu, quand on le voit paraître à l'embouchure du gouffre, entraînant à la nage un de ses compagnons; tous les autres avaient péri.

Enfin la science et la persévérance humaines triomphent de la force des éléments, on parvient à épuiser complétement l'eau; et, après dix-sept années d'un travail souterrain ou plutôt sous-marin, on voit briller l'éclat du jour sur la rive opposée du fleuve : le tunnel était percé.

Cette galerie merveilleuse a plus de quatre cents mètres de longueur, sa largeur dépasse douze mètres, et sa hauteur est de sept mètres. Quand on se trouve en présence de cet ouvrage cyclopéen, et que l'on voit une population entière et nombreuse s'enfoncer sous ces voûtes profondes, au-dessous desquelles les eaux écumantes de la Tamise sont sillonnées par les paquebots transatlantiques, on se demande jusqu'où le génie de l'homme peut prétendre.

Depuis que Brunel a doté l'Angleterre de ce tunnel, que l'antiquité eût certainement placé au rang des merveilles du monde, une autre œuvre, également réputée impossible, le percement de l'isthme de Suez, a été tentée et exécutée.

C'est un honneur pour notre génie national, qu'un nom français soit attaché à chacune de ces deux gigantesques entreprises.

Il y a, en Angleterre, beaucoup de grandes villes, indépendamment de Londres : Liverpool, célèbre par son commerce; Birmingham, où l'on fait des fusils, des épées, des lampes, des couteaux, etc. ; Manchester, où l'on fabrique des calicots et toutes sortes d'étoffes de coton; et plusieurs autres cités remarquables, bien dignes d'être visitées.

Je désirais aussi visiter les deux autres parties du royaume britannique, *l'Irlande, la Verte Erin*, surnommée *l'Ile des Saints*, qui a tant souffert pour sa foi; et l'Ecosse, située au nord de l'Angleterre, pays pittoresque par ses montagnes et ses lacs.

L'Ecosse, autrefois appelée Calédonie, après avoir été en partie conquise par les Romains, avait recouvré son indépendance et en avait joui sous une longue suite de rois, lorsqu'elle fut subjuguée, en 1285, par le roi d'Angleterre Edouard I⁰ʳ. Cependant elle supportait avec impatience son asservissement, et plusieurs patriotes écossais, entre autres William Wallace et Robert Bruce, tentèrent de l'en délivrer. Wallace fut pris et condamné à un supplice infâmant. Robert Bruce, après onze tentatives infructueuses, se voyant sans ressource, et tous ses compagnons étant dispersés, se sentit au moment de perdre courage et d'abandonner sa glorieuse entreprise. Dans une misérable cabane, seul et délaissé de tous les siens, il s'agitait, une nuit, sur sa triste couche, et se demandait si le moment n'était pas encore venu de quitter pour jamais l'Ecosse en l'abandonnant à son oppresseur. Le jour le surprit dans ces perplexités ; et comme il avait les yeux levés vers le plafond de la cabane, il vit une araignée qui, occupée à faire sa toile, cherchait à fixer d'une poutre à l'autre les fils qui devaient en former la trame. L'industrieux insecte, après avoir attaché son fil à une poutre, le portait de l'autre côté, mais chaque fois le fil se brisait, et il fallait recommencer la besogne. Robert Bruce suivait ce travail avec un vif intérêt : *onze* fois le fil cassa sans que l'ouvrière parût disposée à se décourager. « Ceci est une leçon, » se dit le vaillant homme. Et il attendit pour voir ce qui arriverait. Une douzième fois l'araignée conduisait son fil à la poutre ; cette fois, il y resta, et la toile s'acheva. Robert vit dans cet incident un encouragement de la Providence; et, plein d'un nouvel espoir, il résolut de tenter un douzième et dernier effort. Après avoir fait un chaleureux appel à ses partisans, il livra à Blawnockburn, en 1314, une bataille aux Anglais, et les chassa de l'Ecosse, dont il devint roi. C'est ainsi que, selon la tradition, la persévérance d'un faible insecte détermina celle du célèbre Robert. Que cet exemple vous apprenne, mes enfants, ce que peuvent la fermeté et la persévérance.

Mais revenons à notre voyage : Le navire qui m'avait amené à Londres avait pris cargaison pour la Hollande; mais il devait relâcher d'abord à Ostende qui est un port belge. Nous descendîmes la Tamise. Nous avions presque atteint l'embouchure de la rivière, lorsque le soir vint. C'était par une forte brise, et l'obscurité de la nuit ne tarda pas à s'accroître par un épais brouillard. Nous avancions avec vitesse, quand nous fûmes tout à coup effrayés par un grand bruit et une violente secousse, il nous sembla d'abord que nous venions de toucher à un écueil; mais nous reconnûmes bientôt que nous avions heurté un autre navire avec une telle force que nous avions entrouvert sa coque. Nous n'eûmes que le temps de recevoir à notre bord les marins et les passagers. A peine ce sauvetage était-il accompli que le bâtiment submergé était englouti dans l'abîme.

Je n'oublierai jamais le désespoir du capitaine quand il vit, ou plutôt quand il entendit les flots se refermer avec un bruit lugubre sur son navire. Sa femme et ses deux enfants cherchaient à le consoler, mais sans pouvoir retenir leurs larmes et comprimer leurs sanglots.

Toute cette famille qui vivait depuis plusieurs années sur le petit bâtiment, dont le père était tout à la fois propriétaire, armateur et capitaine, ne pouvait, au milieu de ses regrets, s'empêcher de remercier et de bénir la Providence qui avait permis qu'aucun de ses membres ne fût victime de l'accident terrible qui ne compromettait ainsi que ses intérêts pécuniaires.

J'avais été surpris en voyant une femme et des enfants à bord; mais j'appris que cette manière de faire une habitation de famille d'un navire était assez ordinaire aux marins hollandais.

Comme je vous l'ai dit, nous touchâmes à Ostende qui est le seul point de la Belgique que j'ai vu à ce premier voyage. Je l'ai parcourue ensuite à plusieurs reprises.

Vous savez sûrement que c'est une contrée riche et fertile, contiguë au nord de la France dont elle a fait autrefois partie et dont elle parle la langue.

Ce petit royaume est un des plus peuplés eu égard à son étendue, et il n'est pas moins riche par son industrie que par la fertilité de son sol. Après avoir appartenu à l'Espagne, puis à l'Autriche, puis à la France; après avoir été soumises à la Hollande, les provinces belges formèrent enfin en 1830 un Etat séparé sous un gouvernement constitutionnel. On y remarque plusieurs villes très-importantes : Liége, qui fournit dans le monde entier ses armes à feu de toute espèce; Gand, et surtout Anvers, dont le port est très-important, et a fait de cette cité un vaste entrepôt de marchandises de tous les pays.

La capitale est Bruxelles, charmante ville, où j'ai été témoin de belles fêtes publiques. Vous vous seriez, je suis sûr, vivement intéressés aux cortéges historiques dans lesquels sont portés sur de grands chars, et dans les costumes du temps, les personnages célèbres qui ont gouverné ou illustré le pays. D'autres représentent les provinces de la Belgique, avec leurs différentes industries ou leurs produits particuliers, et l'ensemble forme un spectacle à la fois instructif et intéressant.

Le lendemain de notre arrivée à Ostende, nous reprîmes la mer pour nous rendre à Amsterdam. Je ne connaissais pas la langue du pays, mais le brave capitaine que nous avions rapatrié et qui se nommait Hasterick, voulut bien me servir de guide et de cicérone.

Amsterdam était jadis la première place commerçante du globe; son commerce, quoique déchu, est encore très-considérable. L'Amstel divise la ville en deux parties, subdivisées à leur tour en quatre-vingt-dix îles par une multitude de canaux sur lesquels on a élevé plus de trois cents ponts. On remarque, parmi les principaux monuments, le palais royal et l'hôtel de ville.

Après Amsterdam, capitale du royaume, les villes principales sont Rotterdam, Harlem, Leyde et la Haye, résidence habituelle du roi.

Palais du roi à Amsterdam.

La Hollande est un pays très-plat, sillonné en tous sens par des canaux, sur lesquels on circule en bateaux. Une grande partie de ce pays était autrefois couverte par les eaux; on y a construit de fortes digues qui mettent obstacle aux envahissements de la mer. Il arrive pourtant quelquefois que les flots rompent ces digues, et alors des villages entiers sont inondés, ce qui cause de grands malheurs.

Au xvii⁰ siècle, pendant une guerre restée célèbre par
la bravoure et les triomphes de notre armée qui avait
envahi la Hollande ayant à sa tête le roi Louis XIV, les
Hollandais résolurent de rompre les digues et d'inonder
le pays. Cet acte de patriotique désespoir, qui eût causé
des ravages irréparables pour le pays et détruit peut-être
une partie de l'armée française, fut heureusement empêché
par le traité de Nimègue qui, en 1678, mit fin à la guerre.

Vous vous rappelez, mes enfants, la fable de la Fontaine intitulée *le Renard et la Cigogne ?* or, cet oiseau,

Au long bec emmanché d'un long cou,

très-commun en Hollande, y est pour le peuple l'objet d'une
vénération poussée à l'excès. Non-seulement, les Hollandais
ne tirent jamais sur ces oiseaux et craignent même de les
effaroucher, mais ils sont enchantés lorsqu'une cigogne fait
son nid sur leur maison, persuadés que cela doit leur
porter bonheur. Nos paysans ont la même opinion au sujet
des hirondelles, qui bâtissent si solidement leurs nids entre
les poutres de leurs toitures.

Les cigognes, étant bien traitées, sont très-familières
et entrent sans crainte dans les maisons habitées. On ajoute,
à l'honneur de ces intéressants oiseaux, que, lorsqu'une
cigogne devient vieille et qu'elle est trop faible pour voler,
une jeune cigogne la prend sur son dos et la porte dans
les airs. Le fait serait à vérifier.

Il y a, près d'Amsterdam, une petite ville, appelée
Saardam, où l'on construit beaucoup de vaisseaux. Il y a
plus de cent cinquante ans, parmi le grand nombre d'ou-

vriers qui travaillaient à Saardam, il s'en trouvait un que l'on appelait maître Pierre. Or, savez-vous qui était ce maître Pierre ! Ce n'était rien moins qu'un des souverains de l'Europe. Lorsque les autres ouvriers apprirent quel compagnon ils avaient parmi eux, ils ne purent revenir de leur surprise : il leur était impossible de comprendre comment il se faisait qu'un prince se fut fait ouvrier charpentier. Alors maître Pierre leur dit : « Je suis l'empereur d'un pays qui est à plusieurs centaines de lieues d'ici; mon peuple est très-ignorant, et je veux lui apprendre beaucoup de choses qu'il a besoin de savoir; pour cela je dois les savoir moi-même. »

Pierre, après avoir beaucoup voyagé, retourna dans son pays, emmenant avec lui un grand nombre de savants et d'ouvriers. L'histoire l'a nommé Pierre le Grand.

Les Hollandais aiment beaucoup les fleurs et sont très-curieux de plantes rares. On a vu des amateurs de jacinthes payer jusqu'à trois mille francs un oignon de cette fleur, quand elle présentait quelque particularité dont nous ne ferions aucun cas et que nous n'apercevrions probablement même pas. Leur passion pour les tulipes a été poussée encore plus loin.

Les Hollandaises sont renommées pour leur propreté, sinon sur elles-mêmes, au moins dans leur maison, qu'elles passent la moitié de leur vie à nettoyer. Avant d'entrer chez elles, il est d'usage de mettre des pantoufles que l'on trouve à la porte, afin de ne pas être exposé à salir le plancher.

Après être restés quelques jours à Amsterdam, nous fîmes voile pour le Danemarck. Si vous regardez la carte d'Europe, vous verrez facilement le chemin que nous suivîmes. En peu de jours, nous arrivâmes à Copenhague, capitale du royaume. Je ne comprenais pas plus le danois que le hollandais.

Un soir, me promenant dans les rues de la ville, je rencontrai un homme que l'on entraînait malgré lui. Il protestait en anglais contre la violence qui lui était faite, demandant qu'on le laissât aller, mais il parlait en vain, car on ne le comprenait pas. Je reconnus un jeune homme avec lequel j'avais été lié à Boston. Il se nommait James Jenkins.

Je m'élançai au milieu de la foule pour le délivrer; je renversai un des hommes qui le tenaient, j'en poussai deux autres, et je lui criai de courir. Nous nous enfuîmes tous deux, mais nous fûmes bientôt repris. Trois hommes saisirent Jenkins, quatre ou cinq s'emparèrent de moi, et on nous conduisit en prison. Jenkins m'apprit qu'on avait volé la montre d'un paysan dans la rue, et qu'il était accusé de ce vol.

Je trouvai moyen d'informer le capitaine Philipp de notre situation; il vint nous voir le lendemain, et ne tarda pas à obtenir notre liberté.

Une autre fois, le soir, en rentrant à mon hôtel, je vis un homme étendu sur le pavé; je fus à lui, et je m'aperçus qu'il était ivre. Il faisait excessivement froid, et les doigts de cet homme étaient gelés. J'allai chercher du secours, et on le reporta chez lui. Il mourut dans la nuit; il avait une femme et trois enfants, qu'il laissait dans la plus grande détresse. Telles furent pour lui et pour les siens les suites de l'intempérance qui fait tant de victimes, surtout dans les pays du Nord !

Le Danemarck est un pays très-plat, brumeux et humide. Il contient à peu près deux millions d'habitants.

Après un mois de séjour, nous mîmes à la voile pour Saint-Pétersbourg, capitale de la Russie. Je persuadai à Jenkins de venir avec nous. Il avait quitté Boston avant moi, et il était allé à Stockholm, capitale de la Suède. Pendant notre traversée, il me parla beaucoup de ce pays.

Stockholm est une très-grande ville. Toutes les nuits, des hommes, appelés gardes de nuits, parcourent les rues en criant, à de courts intervalles : « Que le bras du Dieu bon et tout-puissant préserve notre ville des flammes et des méchants ! »

La Suède est un grand pays, couvert de bois, de rochers et de montagnes. Les Suédois ont des mœurs douces, la population est de trois millions et demi d'habitants.

Le premier jour de mai, il est d'usage de faire un grand feu dans les champs, pour prendre joyeusement congé de l'hiver, très-rigoureux en ces contrées. Le jour qui marque le milieu de l'été est consacré aux amusements.

La Suède a eu un roi très-célèbre, qui vivait au même temps que l'empereur de Russie, Pierre le Grand. Charles XII n'avait que quinze ans quand il monta sur le trône. A un âge si tendre, il se montrait déjà ferme, tempérant et dur à lui-même. Les rois de Danemarck et de Pologne, et l'empereur de Russie, ses voisins, voyant Charles si jeune, pensèrent qu'il ne saurait pas défendre son royaume, et voulurent s'en emparer. Pendant qu'ils faisaient des préparatifs pour l'attaque, Charles leva promptement une petite armée de braves soldats et débarqua en Danemarck.

L'armée danoise vint à sa rencontre; il y eut une grande et sanglante bataille où les Suédois remportèrent la victoire, à la suite de laquelle Charles fit jurer au roi de Danemarck de ne jamais plus porter les armes contre lui. Il défit ensuite à Narva une armée russe commandée par Pierre lui-même et quatre fois plus forte que la sienne. Alors il marcha contre la Pologne, renversa le roi de Pologne de son trône et mit à sa place un prince de son choix.

L'ambition et l'amour de la guerre s'étaient emparés du cœur de Charles; au lieu de faire la paix et de s'occuper du bonheur de ses sujets, il résolut d'attaquer les Russes chez eux. Il remporta quelques victoires, et montra beaucoup de talents et de courage; mais, près d'une ville appelée Pultava, en 1708, Charles fut vaincu, et son armée presque détruite; lui-même fut forcé de fuir et fut poursuivi de près par ses ennemis.

Après avoir couru de grands périls, il arriva en Turquie et demanda la protection du sultan. Là, pour échapper à ses vainqueurs, et ne voulant consentir à aucun arrangement, Charles feignit d'être malade et resta dix mois au lit. Enfin il résolut de tenter de regagner son pays, quoiqu'il fût environné de dangers et à plusieurs centaines de lieues de la Suède. Il parvint, accompagné de deux amis, à surmonter tous les obstacles et à rentrer dans son royaume. Les revers et le malheur ne l'avaient ni éclairé ni changé; il demanda de nouveau à son peuple épuisé des hommes et de l'argent, et avec une armée de douze mille combattants, il fondit sur la Norwége. Il obtint dès l'abord de grands succès, et il allait peut-être soumettre ce pays, lorsqu'il fut atteint d'une balle qui lui donna la mort.

Gustave-Adolphe, un de ses successeurs, père de la fameuse reine Christine, fut aussi un grand guerrier, mais il ne combattit que pour la gloire et le bonheur de ses peuples. Voici deux traits de sa vie :

Lorsqu'il n'avait que cinq ou six ans, il se promenait un jour avec ses gouvernantes, et comme il s'enfonçait dans tous les buissons sans qu'on pût le retenir, une des personnes qui l'accompagnaient, crut l'effrayer en lui disant qu'il y avait dans ces buissons des serpents qui le piqueraient. « Eh bien, dit l'enfant sans s'émouvoir, donnez-moi un bâton, je les tuerai! »

Après de grandes victoires en Allemagne, entrant à Munich en libérateur, il vit le peuple se presser en foule autour de lui, le combler de ses bénédictions, entourer son cheval, baiser ses bottes, ses habits, pendant que l'air retentissait de mille acclamations à sa louange. Gustave, après avoir fait de vains efforts pour se soustraire à ce triomphe, leva les yeux au ciel en s'écriant : « Mon Dieu! vous savez que, si je reçois ces hommages qui ne sont dus qu'à vous seul, ce n'est pas par orgueil, mais parce que je ne puis empêcher ces démonstrations d'un peuple reconnaissant! »

Gustave-Adolphe fut tué à Lutzen, à l'âge de trente-trois ans, à l'issue d'une bataille qu'il avait gagnée et où il avait reçu le surnom de Grand.

— Avant de quitter la Suède et de terminer la soirée,

dit Mme du Plessis, je voudrais, M. de Mareuil, si vous le permettez, raconter aux enfants une petite anecdote que je tiens d'un ancien ambassadeur en Suède.

M*** connaissait à Stockholm un savant très-distingué, mais incroyablement distrait. Ce savant était fort estimé, et on s'amusait beaucoup à la cour de ses nombreuses distractions. Comme vous venez de l'entendre, mes enfants, il fait excessivement froid en Suède, et il y tombe beaucoup de neige ; aussi est-il d'usage de porter des chaussons que l'on ôte en entrant dans les appartements. Notre savant, allant un jour à la cour, n'avait pas songé à mettre ses chaussons ; mais il pensa à les ôter en arrivant, et ne s'apercevant pas qu'il n'en avait point, ce fut ses souliers qu'il quitta et laissa à la porte. Il portait des bas de soie noire, dont les bouts étaient blancs, comme d'ordinaire. Arrivé dans les salons sans avoir senti, tant il était préoccupé, qu'il marchait sans souliers, il jeta, par hasard, les yeux sur ses pieds, et prenant pour de la neige les extrémités blanches de ses bas, il s'imagina qu'il avait oublié d'ôter ses chaussons, et se mit à frotter ses pieds l'un contre l'autre, pour en faire tomber la neige. Je vous laisse à penser si l'on rit de ses efforts et de son embarras! Il reconnut enfin sa méprise et sortit tout confus.

La personne qui m'a conté cette scène, dont elle avait été témoin, ajoutait que le roi en avait ri de tout son cœur. »

« La Norwége, dit M. de Mareuil en reprenant ces récits le lendemain, est située tout au nord de l'Europe ; c'est donc un pays excessivement froid. Outre le suédois, le peuple parle un dialecte danois. Les Norwégiens sont très-honnêtes, laborieux, bienveillants, hospitaliers ; ils ne sont pas comme les Danois, dont ils parlent la langue, enclins à l'ivrognerie.

On ne saurait parler de la Norwége sans mentionner

Navire enveloppé par le *Maelstrom.*

le Maelstrom, gouffre insondable, situé près des côtes de ce pays. L'eau s'y précipite en tourbillonnant avec furie et un bruit effroyable. Si, par malheur, les vaisseaux en approchent, ils sont entraînés par les vagues et broyés en mille pièces. Les baleines sont quelquefois poussées vers cet abîme où elles trouvent la mort. Quand elles se sentent emportées par le courant, elles ont l'instinct du danger et s'efforcent d'y échapper par des bonds impuissants.

Un des passagers, qui avait voyagé en Norwége, nous raconta l'anecdote suivante au sujet des ours très-nombreux dans ces régions.

Un Norwégien allait traverser une rivière, et il était assis à un bout du bateau, quand un ours arriva, entra dans le bateau et s'assit gravement à l'autre bout. L'homme, comme vous pouvez le penser, ne se sentait pas trop à l'aise dans une semblable compagnie; il continua néanmoins son chemin. Quand il eut traversé l'eau, l'ours sauta à terre et courut dans le bois, sans payer son passage ni même dire merci; je suppose que le batelier l'en tint volontiers quitte.

La Norwége n'a ni souverain, ni gouvernement national : elle reconnaît l'autorité du roi de Suède. La ville principale de ce pays est Christiania. Pendant l'été, qui est court, il fait très-chaud; en hiver, le froid est des plus rigoureux, et les habitants s'enveloppent d'épaisses fourrures. Au siècle dernier, une armée suédoise, composée de sept mille hommes, périt par le froid en traversant une des montagnes de la Norwége. On trouva tous les hommes gelés; les uns assis, d'autres couchés, un grand nombre à genoux; tous étaient raides et morts.

La Laponie est la contrée la plus septentrionale de l'Europe. On n'y trouve pas de grandes villes; tout le

pays est stérile et désolé, et les habitants n'ont point de
demeure fixe. Ils vivent, l'hiver, dans des huttes creusées
sous terre ; et, l'été, sous des tentes faites de peaux de

Famille lapone.

rennes. Le lieu principal situé dans la Laponie suédoise se
nomme Wardoëhuus ; il y a là un jour de six mois et
une nuit d'égale durée. De belles lumières dans le ciel,

appelées aurores boréales, rendent parfois ces longues nuits merveilleusement resplendissantes.

Les Lapons sont très-petits, ils n'ont en général que quatre pieds ou un mètre trente-cinq centimètres de haut. On les dit durs, égoïstes et cruels. Par une superstition ridicule, ils ont en estime et même en vénération les chats noirs, et ils ont grand soin d'en conserver au moins un dans chaque famille. On parle au chat noir, on lui demande son avis, comme s'il pouvait comprendre et répondre, et quand on fait une grande chasse ou une grande pêche, on ne manque jamais de l'emmener.

Le renne est beaucoup plus utile et rend d'immenses services : c'est un animal très-vif et très-fort, qui peut, attelé à un traîneau, faire dix ou douze lieues sans s'arrêter. Si nous pensions davantage à tout ce que nous devons aux animaux, nous serions plus reconnaissants envers le Créateur qui nous a donné ces précieux auxiliaires, dont quelques-uns sont en même temps pour l'homme des serviteurs utiles et des compagnons fidèles. Le renne, le chien, le lama, le chameau, le bœuf, l'éléphant, selon les diverses contrées, ont été mis par le souverain Créateur à la disposition de l'homme et se ploient à tout ce qu'il exige d'eux. Ne soyons pas durs et cruels envers les animaux, et n'abusons pas de la supériorité que la raison nous donne même sur les plus puissants et les plus forts d'entre eux.

Après quelques semaines de traversée, nous arrivâmes à Saint-Pétersbourg, capitale de la Russie.

Les habitants de la Russie en majeure partie, ont été

jusqu'à présent serfs ou esclaves ; l'on vendait une terre avec les hommes qui la cultivaient, comme on vend une ferme avec ses animaux de labour. Les uns étaient maltraités, les autres étaient passablement heureux, selon le caractère du maître auquel ils appartenaient. Mais l'empereur actuel de Russie, Alexandre II, a pris récemment des mesures pour abolir le servage dans ses Etats.

La Russie est un des plus grands pays de l'Europe ; elle contient soixante-quatre millions d'habitants, dont une partie est à peine civilisée, mais qui font de braves et excellents soldats.

Je restai deux mois à Pétersbourg, qui est celle des grandes capitales de l'Europe qui frappe le plus par la largeur, l'alignement et la propreté de ses rues, par l'élégance et la régularité de ses édifices. On y remarque la statue équestre de Pierre le Grand, posée sur un bloc de granit du poids de un million cinq cent mille kilogs, et plusieurs palais splendides. Je visitai ensuite Moscou, une des plus anciennes villes de l'empire, où est né le czar Pierre le Grand. Moscou a acquis au commencement de ce siècle une grande célébrité par l'acte de patriotique désintéressement du général comte Rostopchin, qui n'hésita pas à y mettre le feu pour l'empêcher de rester aux mains de l'armée française qui se disposait à y établir ses quartiers d'hiver. L'empereur Napoléon se vit contraint de s'éloigner de la vieille et noble cité livrée aux flammes. Alors commença, à travers les neiges et les glaces, cette désastreuse retraite de 1812, à chaque pas de laquelle notre armée laissait quelques victimes.

Eglise de l'Assomption à Moscou.

C'est à Moscou que se fait le couronnement des empereurs ; et, bien que depuis 1703 Saint-Pétersbourg soit devenue la résidence impériale, Moscou est encore regardée par les Russes comme la capitale de l'empire. Le Kremlin, ancienne demeure des czars, le bazar, la cathédrale, le clocher d'Ivan-Vélikoï, près duquel on voit à terre la plus grosse cloche qu'on ait jamais fondue, et dont on estime le poids à deux cent mille kilogs, sont les principaux édifices.

La Russie est d'une si grande étendue, que, tandis que tout, au nord, est couvert de neige et de glaces, il fait chaud dans les provinces du midi. La manière de voyager, en hiver, est assez singulière. On a de grands traîneaux couverts de fourrures et traînés par quatre ou six chevaux. Dans les longs voyages, on mange et l'on dort en traîneau. De cette manière, on est préservé de toute incommodité, même lorsque le froid est le plus rigoureux.

Au nord de la Russie, à plusieurs centaines de lieues de Saint-Pétersbourg, commence la Sibérie, pays froid et désolé, dont les déserts, appelés steppes, s'étendent à perte de vue et n'ont pour tout habitant que des loups toujours affamés, qui marchent par troupeaux et attaquent les rares voyageurs qu'ils rencontrent.

C'est dans cette région inhospitalière et désolée que le gouvernement russe envoie non-seulement les criminels condamnés aux travaux forcés, mais encore quiconque a le malheur d'encourir la disgrâce de l'empereur ou d'inquiéter sa politique. On y compte un grand nombre de Polonais dont l'unique crime est l'amour qu'ils conservent pour leur malheureuse patrie.

Les déportés en Sibérie travaillent pour la plupart aux mines très-nombreuses et très-riches de ce pays. Ce travail est si pénible et le climat si rigoureux que quelques années suffisent à transformer l'homme le plus vigoureux en vieillard débile. L'exil en Sibérie équivaut donc à une condamnation à mort. Et quel supplice! Une lente agonie physique et morale dont l'issue est prévue, inévitable, et qui s'écoule au milieu des plus durs traitements, des plus incroyables privations.

Des familles entières sont quelquefois reléguées sous ce triste ciel. Telle était celle de Prascovie Lapouloff, dont le nom occupe et conservera une place d'honneur parmi les héroïnes du dévouement filial.

Lapouloff était un riche habitant de Saint-Pétersbourg qui, après avoir joui de la confiance et de la faveur de l'empereur, encourut sa disgrâce et fut envoyé en Sibérie, où sa femme et sa fille encore au berceau, l'accompagnèrent. Peut-être tout son crime consistait-il dans ses richesses qui avaient éveillé les convoitises de quelque puissant rival. Quoi qu'il en soit, ces richesses furent confisquées, et les exilés furent dépouillés de tout ce qu'ils possédaient.

Prascovie, qui n'avait jamais connu d'autre vie et d'autres climats, grandit au milieu de la solitude et des privations; elle n'aspirait à rien de mieux; et, n'eût été la tristesse de ses parents qui lui avaient soigneusement caché leur histoire, elle se fût estimée parfaitement heureuse.

Un jour cependant — elle avait alors quinze ans, — une conversation que le hasard lui fit entendre, la mit sur la voie des découvertes. Ses instances affectueuses obtinrent une révélation complète.

Dès lors la jeune fille n'eut plus qu'une pensée : aller se jeter aux pieds de l'empereur, lui porter la preuve de l'innocence de son père et obtenir sa grâce.

Ses parents ne voulurent pas lui permettre de réaliser ce pieux désir; ils savaient combien de fatigues et de dangers elle aurait à subir durant un si long voyage; et d'ailleurs ils ne pouvaient supporter la pensée de se séparer d'une fille si chère et qui était leur unique consolation. Cependant elle les supplia tant et tant de fois, elle pleura si amèrement en les conjurant de lui donner leur consentement, qu'après quelques mois de résistances ils cédèrent à ses prières. Prascovie était très-pieuse; plusieurs fois par jour, elle avait demandé à Dieu, avec des larmes abondantes, la grâce de vaincre la résistance de son père et de sa mère, puis de toucher le cœur de l'empereur; et ce fut sans aucun doute la bonté divine qui, après lui avoir fait obtenir le consentement de ses parents, la protégea au milieu des périls du voyage.

Aussitôt que Prascovie fut autorisée à partir, elle fit joyeusement les préparatifs de son long voyage. Il fallait faire la route seule, à pied, et elle n'avait pas d'argent. Rien ne l'arrêta; elle tomba à genoux, pria Dieu de la protéger, et se mit en route, après avoir dit adieu à ses chers parents et leur avoir demandé leur bénédiction.

Nous ne saurions la suivre pas à pas le long de cette

route, marquée pour elle par des dangers et des besoins
sans cesse renaissants. Arrêtons-nous seulement à quelques
épisodes.

Un jour, pendant qu'elle traversait une forêt, un vent
très-violent, qui soufflait avec un fracas horrible, abattit
devant elle un arbre énorme; épouvantée, elle se sauva
dans le plus épais du bois. Le soir vint, et ne pouvant
trouver son chemin, elle dut errer toute la nuit dans
l'obscurité, ne sachant que devenir, accablée de fatigue, de
froid et de faim.

Le matin, un homme passa avec une charrette; il lui
permit d'y monter et la conduisit au plus proche village.
En descendant de la charrette, Prascovie fit un faux pas.
Elle se releva toute couverte de boue et dut, en cet état,
exposer sa misère et solliciter un peu de pain et une place
au foyer; partout on la rebuta en l'appelant vagabonde.
Elle voulut alors se réfugier dans l'église; la porte en
était fermée. Elle s'assit sur les marches; et les enfants
qui passaient l'appelaient mendiante et voleuse. Dans cet
abandon universel, Prascovie recourut à Dieu avec ferveur
et implora avec confiance son secours. Dieu entendit cet
appel : une bonne femme fut touchée de la misère de la
jeune fille, l'emmena dans sa maison, lui donna de la
nourriture, des habits, et la garda plusieurs jours chez elle.
Prascovie, un peu remise, reprit son pénible voyage.

En passant par un petit village, qui était sur son
chemin, elle fut attaquée par plusieurs chiens. L'un lui
arracha sa robe avec les dents, un autre voulut la mordre
au visage. Dans ce grand péril, elle eut encore recours à

la prière : un voyageur qui passait parvint à chasser les chiens.

L'hiver arriva, l'hiver si rigoureux en Russie; le vent était glacé, la neige tombait par flocons; et Prascovie, à peine vêtue, grelottait en marchant. Au milieu de toutes ces épreuves, son courage ne l'abandonna jamais. Heureusement, des hommes qui voyageaient en traîneaux la firent monter auprès d'eux; mais elle souffrait si cruellement du froid, qu'elle serait morte sur la route, si un voyageur compatissant ne lui eût donné son manteau de fourrure.

Après une année de marches, de fatigues, de misères de toute espèce, Prascovie, que Dieu avait manifestement protégée, arriva à Saint-Pétersbourg. Elle parvint à trouver des protecteurs, se rendit au palais, et vit l'impératrice, qui la reçut avec une grande bonté et la présenta à son époux. L'empereur écouta avec une extrême surprise et beaucoup d'intérêt l'histoire de la jeune fille; il lui promit de rappeler son père et sa mère, et lui fit donner de quoi vivre convenablement, en attendant leur retour. Puis il envoya un courrier en Sibérie pour annoncer à Lapouloff qu'il lui accordait sa grâce et qu'il pouvait rentrer dans ses foyers.

Imaginez la joie de l'exilé et de sa femme, quand ils reçurent des nouvelles de leur chère fille qu'ils n'espéraient plus revoir, et qu'ils apprirent le bonheur qui leur était réservé.

Ils se hâtèrent de partir pour Saint-Pétersbourg, où ils arrivèrent sains et saufs, et où ils eurent le bonheur

d'embrasser leur enfant. Mais ils ne jouirent pas longtemps
de sa présence : Prascovie avait promis à Dieu de lui con-
sacrer le reste de son existence ; et quand elle eut vu ses
parents rétablis dans leurs biens, au milieu de leur famille

Arc de triomphe à Moscou.

et de leurs amis, elle se retira dans un couvent où elle
se fit religieuse.

Cette histoire, parfaitement vraie dans tous ses détails,
prouve qu'il n'est rien d'impossible aux enfants qui mettent
leur confiance en Dieu et qui aiment leurs parents ; elle

prouve aussi que les enfants, lorsqu'ils sont élevés chrétiennement et avec soin, deviennent une bénédiction pour toute leur famille.

A Saint-Pétersbourg, je dis adieu au capitaine Philipp, qui retournait en Amérique; et comme j'avais le projet de continuer à parcourir l'Europe, je proposai à Jenkins de m'accompagner; ce qu'il accepta. Nous nous embarquâmes donc sur la Baltique, à destination de Dantzick, ville grande et riche, que nous visitâmes avec intérêt, et d'où nous nous rendîmes à Berlin, capitale de la Prusse. Quelquefois nous voyagions à pied, quelquefois par les voitures publiques; il n'y avait pas encore en Prusse de chemins de fer, et les diligences étaient lentes et mal attelées; mais il faut savoir s'arranger de tout et ne pas se montrer difficile, surtout lorsqu'on est en voyage. Ni Jenkins ni moi ne savions l'allemand, mais nous cherchions et nous trouvions toujours quelques personnes qui comprissent l'anglais ou le français, en sorte que nous parvenions à nous tirer d'affaire.

Ce qui frappe tout d'abord le voyageur en Prusse, ce sont les nombreuses et immenses forêts qui couvrent une partie de son territoire.

Un jour que je m'étais arrêté dans une petite auberge sur la lisière d'une de ces forêts, le maître de l'auberge, qui, ayant fait en 1813 et en 1814 les campagnes de France, écorchait un peu de français, me raconta le fait curieux que voici :

Au commencement de ce siècle, quelques chasseurs, parcourant une de ces forêts, virent passer un homme étrange qui s'enfuit quand ils voulurent l'approcher. Ils se mirent à sa poursuite, et ils le virent s'enfoncer dans une caverne près d'une montagne où ils parvinrent à s'en emparer.... C'était un homme véritablement sauvage qui avait toujours vécu dans les bois. N'ayant jamais entendu la parole humaine, il ne faisait entendre que des sons inarticulés, il vivait de feuilles et de racines.

On l'emmena malgré sa résistance, et l'on essaya de le civiliser et de le rendre semblable aux autres hommes, mais on n'y parvint pas. Il avait sans doute été abandonné fort jeune et avait grandi sans être jamais en contact avec les hommes, l'éducation lui avait fait défaut et il était resté à l'état sauvage. Si, en effet, au point de vue physique, nous devons presque tout à la nature, au point de vue moral, nous ne portons en nous que des germes que l'éducation seule peut développer.

Bénissez donc Dieu, mes enfants, de vous avoir donné de bons parents qui ne sont occupés que de votre éducation et de votre bonheur !

Berlin est une belle ville, entourée d'un haut mur de pierre, en dehors duquel se trouvent cinq grands faubourgs. On y compte environ dix-neuf hôpitaux et vingt et une églises, dont une seule catholique. On croit qu'elle a été fondée par Albert l'Ours, margrave de Brandebourg. Le roi habite tantôt Berlin, tantôt Postdam qui est le Versailles de la Prusse ; aux environs se trouvent trois célèbres maisons royales : Sans-Souci, le nouveau palais royal et le palais de marbre.

Les Prussiens avaient un roi, né en 1712, nommé

Frédéric, qui était très-brave, très-habile, et que l'on a surnommé le Grand. Ce prince eut à soutenir plusieurs grandes guerres, dont son ambition fut le mobile. Un moment il fut chassé de la plus grande partie de son royaume, mais il finit par triompher de ses ennemis.

Ce prince aimait la science et protégeait les savants; mais il eût été à souhaiter qu'il eût aimé davantage Dieu et la religion. Il en aurait été plus sage et plus heureux.

Nous allâmes à pied de Berlin à Vienne, capitale de l'Autriche. Les auberges de ce temps-là, en Allemagne, étaient vraiment curieuses, mais très-peu agréables; elles ressemblaient à de vastes granges, dans lesquelles se trouvaient, réunis de compagnie, chevaux, vaches, cochons et hommes; tout y trouvait sa place.

Lorsque nous couchions dans ces tavernes, nous étions quelquefois éveillés par le hennissement d'un cheval ou par le beuglement d'une vache; puis un cochon commençait à grogner, ou un âne à braire. Jenkins se mettait quelquefois en colère et leur criait de se taire; mais plus il criait, plus nos aimables compagnons de chambre faisaient de bruit.

Les sangliers sont nombreux en Allemagne, et un des amusements favoris des grands seigneurs est de leur donner la chasse. Un jour, nous approchions de Vienne et nous traversions une grande forêt, lorsqu'un énorme sanglier passa précipitamment près de nous. Il était poursuivi par une douzaine de chiens qui hurlaient en courant après lui de toutes leurs forces et que suivaient plusieurs cavaliers lancés sur leur piste.

Peu de temps après, nous les entendîmes revenir; le sanglier les avait mis en défaut et traversait de nouveau la route. Les chiens l'atteignirent enfin et sautèrent sur lui. Les uns enfoncèrent leurs crocs dans ses oreilles, les autres dans ses flancs. Tout à coup la bête fit un violent effort pour se dégager, et se jetant à son tour sur les chiens, en tua deux en les perçant de ses défenses. En ce moment, un des chasseurs s'approcha et, sautant à bas de son cheval, s'arrêta à quelque distance. L'animal furieux ne l'eut pas plutôt aperçu qu'il s'élança sur lui; mais l'habile chasseur évita le choc et lui plongea profondément sa lance dans le cou. Le sang jaillit de la hure du sanglier qui chancela et tomba mort.

Un coup de sifflet retentit, et les autres cavaliers arrivèrent au grand galop. Nous apprîmes avec surprise, le lendemain, que le chasseur qui avait tué le sanglier avec tant d'adresse et de courage, n'était autre que l'empereur d'Autriche; ses compagnons étaient des seigneurs de sa cour.

Vienne est située sur le Danube, un des plus grands fleuves de l'Europe. La ville proprement dite est petite et ancienne, mais elle est entourée de magnifiques faubourgs. Le *Burg* ou château impérial; les superbes églises de Saint-Etienne, Saint-Pierre, Saint-Charles; les palais et les monuments publics font l'admiration des étrangers.

Les habitants aiment le plaisir, et peu de villes offrent une plus grande variété d'amusements. En hiver, quand le Danube est gelé, les dames courent sur la glace dans d'élégants traîneaux représentant des lions, des tigres, des

Eglise Saint-Etienne à Vienne.

cygnes, des coquilles, des conques, etc. Chaque traîneau est attelé d'un cheval ou d'un cerf, orné de rubans et entouré de petites sonnettes. Ces promenades sur la glace présentent un aspect fort pittoresque.

Près de Vienne, se déroule un parc magnifique de plus d'une lieue de long, appelé le *Prater*. En été, des milliers de promeneurs s'y rendent, et y trouvent toute espèce de divertissements.

L'Autriche est une riche et belle contrée, peuplée de trente-deux millions d'habitants et qui renferme beaucoup de grandes villes. Les habitants sont, en général, intelligents et laborieux; le pays possède un grand nombre de manufactures; ce qui vous plairait le plus, ce sont d'ingénieux jouets d'enfants qu'on y fabrique en très-grand nombre et à très-bon marché. Nous avons vu à Vienne une curieuse mécanique, qui représentait un petit village dont les habitants, hommes et femmes, n'avaient pas plus de deux pouces de haut. Plusieurs de ces petits bons hommes se promenaient, d'autres galopaient à cheval; il y en avait qui dansaient, et les plus laborieux étaient à l'ouvrage. Il y avait aussi un régiment de petits soldats qui faisaient l'exercice, et un petit tambour qui battait de toutes ses forces sur sa caisse.

Une autre mécanique, faisant mouvoir un automate qui joue très-bien aux échecs, a été inventée en Autriche. Cet automate est de grandeur naturelle et représente un homme habillé en Turc et assis devant une table sur laquelle est un échiquier. Le plus surprenant c'est que cet homme-machine joue si bien aux échecs que peu de personnes peuvent le battre. Cette merveilleuse mécanique a été portée dans toutes les principales villes de l'Europe et de l'Amérique, et partout elle a excité le plus grand étonnement.

Un des spectacles qui m'ont le plus vivement intéressé pendant que je traversais l'Autriche, c'est la rencontre de quelque troupe de bohémiens ou zingares. Vous savez qu'on appelle ainsi une race errante dont on ignore l'origine. Ils ont le teint brun, les cheveux et les yeux noirs; tout, dans leur extérieur et leurs habitudes, les distingue de la plupart des autres races d'hommes. Ils n'ont pas de patrie, et voyagent par bandes, emmenant leur famille avec eux, et s'arrêtant pour un ou quelques jours dans les endroits où l'on veut bien les tolérer. Ce sont généralement de grands paresseux et de grands voleurs qui prétendent dire la bonne aventure et profiter de la crédulité des sots pour leur escroquer de l'argent. On en évalue le nombre à sept cent mille environ; en France, les Etats généraux de 1560 ont prononcé contre eux un bannissement à perpétuité.

Un jour que Jenkins et moi nous traversions une forêt, nous perdîmes notre chemin. Nous ne savions comment nous diriger, lorsque nous aperçûmes à quelque distance les feux d'un camp de bohémiens. Nous nous approchâmes d'eux, et nous leur demandâmes s'ils pouvaient nous donner quelque chose à manger et nous permettre de rester avec eux jusqu'au matin; ce qu'ils nous accordèrent. Ils nous servirent du pain noir et du jambon, avec du vin, qui est très-abondant dans certaines parties de l'Autriche, et nous firent place sous une de leurs tentes. Au milieu de la nuit, je fus réveillé par un léger bruit; je regardai autour de moi; et je vis un des bohémiens penché sur Jenkins, qui dormait profondément, et lui enlevant sa bourse. Je m'élançai vers le voleur, mais il se releva promptement et s'enfuit. J'éveillai Jenkins, qui s'empressa de fouiller dans sa poche et s'assura que sa bourse, contenant deux cents francs, n'y était plus. Nous attendîmes le jour avec impatience; mais quand nous réclamâmes la bourse aux bohémiens, ils nous répondirent en riant que, si nous voulions conserver notre argent, il fallait fréquenter meilleure compagnie.

Avis à vous, mes chers enfants, pour tout le cours de votre vie : si vous voulez conserver non-seulement votre argent, mais vos mœurs et bonne réputation, ne fréquentez jamais des hommes d'un caractère peu honorable et même douteux.

La Turquie est un beau pays voisin de l'Autriche. A l'époque de mes premiers voyages, on le visitait rarement, parce que les relations avec les Turcs étaient très-difficiles. Le peuple est ignorant et ne comprend pas les langues étrangères; sa religion et ses coutumes diffèrent absolument des nôtres.

Les Turcs sont mahométans; ils détestent les chrétiens que leur religion leur apprend à mépriser, et ils sont si fanatiques que, même à présent, après tous les services que nous leur avons rendus pendant la guerre de Crimée, ils massacrent les chrétiens toutes les fois qu'ils croient pouvoir le faire avec impunité.

La capitale de la Turquie est Constantinople, bâtie

comme Rome dont son fondateur, le grand Constantin,
a voulu la faire l'émule et la rivale. Cette ville s'élève
sur les rives de la mer Noire et présente un des plus
magnifiques panoramas qui se puissent imaginer. Elle renferme trois grands faubourgs : Galata, quartier des négociants; Pira, quartier des Européens; le Fanar, quartier

Sainte-Sophie à Constantinople.

des Grecs. Les rues sont très-étroites, et presque toutes les
maisons sont en bois, ce qui occasionne parfois de terribles
incendies. Parmi les nombreuses mosquées, la plus remarquable est l'ancienne église Sainte-Sophie, construite par
Justinien. Les environs de la ville sont charmants; des
kiosques et des maisons de campagne délicieuses bordent

les deux rives du détroit. Mais on y est exposé à des pestes .
très-fréquentes, dont le retour est dû surtout à l'incurie et
à la malpropreté des habitants.

Le souverain de la Turquie est appelé sultan. Le sultan
actuel est Abdul-Aziz-Khan, qui semble vouloir améliorer
les coutumes de son pays et rendre ses sujets plus civilisés.
Les Sœurs de charité sont très-estimées et très-honorées à
Constantinople, où elles accomplissent des miracles de
charité; leurs écoles sont fréquentées même par les petits
musulmans, pour lesquels elles ont une grande charité et
un admirable dévouement.

Les Turcs laissent croître leur barbe; ils portent des
turbans au lieu de chapeaux, de grands pantalons larges
et des vestes brodées. Ils fument presque constamment, et
leurs pipes ont quelquefois plus de six pieds de long; ils
ne se servent ni de chaises ni de fauteuils, et s'asseyent
sur des nattes par terre ou sur des coussins; ils boivent
beaucoup de café, mangent avec leurs doigts, et passent
quelquefois des journées entières en silence, assis, fumant
leur narghilé.

Au midi de la Turquie est située la Grèce, dont les
Turcs avaient fait la conquête et qui leur a été longtemps
assujettie; mais qui en 1827 a, avec notre aide, glorieusement reconquis son indépendance, ainsi que je vous l'ai
déjà dit.

———

La Grèce est un pays très-intéressant à visiter, non-
seulement parce qu'il est beau, mais parce qu'il est plein

de souvenirs des peuples fameux qui l'habitaient. On y trouve de belles ruines et des édifices qui ont plus de trois mille ans de date. Tel est le Parthénon, ou temple de Minerve, dont les ruines existent encore près d'Athènes. C'est sur le modèle et dans les proportions du Parthénon que l'église de la Madeleine a été bâtie.

L'histoire des anciens Grecs, à qui l'on doit de si merveilleux monuments, est extrêmement intéressante. C'était un peuple spirituel et brave qui a fait beaucoup de nobles actions et qui a enrichi les belles lettres d'ouvrages immortels.

Parmi les beaux traits dont l'histoire grecque est remplie, j'en rappellerai un que ma petite Jeanne elle-même, malgré son jeune âge, pourra apprécier.

Il y avait à Syracuse, ville de Sicile, fondée par une colonie grecque, et alors gouvernée par un tyran, nommé Denys, deux jeunes hommes, Damon et Pythias, qui s'aimaient tendrement. Damon, ayant encouru la disgrâce du tyran, qui était très-cruel, fut condamné à mort. Il avait une femme et des enfants qui habitaient une autre ville.

Il dit à Denys : « Permettez-moi d'aller voir ma femme et mes enfants et de régler mes affaires de famille; je vous promets de revenir le jour que vous fixerez, pour subir ma condamnation. » Denis lui accorda ce qu'il demandait, mais à la condition que Pythias irait en prison à sa place, et que, si Damon ne revenait pas au jour fixé, son ami mourrait pour lui. Pythias se rendit volontairement en prison, et Damon partit.

Cependant la femme et les enfants de Damon, sachant le sort qui l'attendait à Syracuse, s'efforçaient de le retenir; et leurs instances, leurs larmes le rendaient plus malheureux que la perspective d'une mort qu'il n'avait pas méritée. Au jour fixé, il s'arracha à leurs embrassements, et se hâta pour arriver avant l'expiration du délai. Mais, ayant été retenu par plusieurs obstacles, il ne put être de retour à l'heure indiquée. Le tyran ne voulut pas retarder l'exécution d'un seul instant; on alla chercher Pythias dans la prison, on l'emmena sur la place publique et on le fit monter sur l'échafaud. Pythias était heureux; il pensait que, s'il mourait pour son ami, celui-ci serait libre de retourner près de sa femme et de ses enfants. Au moment où le glaive était déjà levé sur la tête de cet ami si dévoué, on entendit la voix d'un homme qui s'efforçait de percer la foule.

C'était Damon! Il s'élance sur l'échafaud, et se jetant dans les bras de Pythias, il dit simplement : « Me voici! je viens mourir! »

Alors eut lieu une lutte héroïque : Pythias ne voulait pas quitter l'échafaud, et disait : « Laisse-moi mourir; retourne auprès de ta femme et de tes enfants; je suis seul, personne n'a besoin de moi, je serai heureux de donner ma vie pour toi! »

Denys, tout cruel qu'il était, fut frappé de ce combat de générosité. « Vous ne mourrez ni l'un ni l'autre, dit-il, vous êtes libres. Allez, et puisse l'exemple de votre amitié être suivi par beaucoup d'autres! »

— Mon oncle, dit Paul, est-ce que Damon n'aurait pas

fait une très-mauvaise action, s'il n'était pas revenu?

— Assurément, répondit M. de Mareuil.

— Pourquoi donc Denys l'admirait-il tant pour avoir fait son devoir?

— Parce que lui-même probablement se serait bien gardé de revenir; c'est pourquoi une action qui était simplement honnête lui paraissait si belle. Mais que penses-tu de Pythias?

—Ah! mon oncle, il n'était pas obligé de s'exposer à la mort en prenant dans la prison la place de Damon, et il n'était pas obligé non plus de mourir pour lui. C'était un véritable ami, bien généreux et bien bon.

— Et puis, ajouta Louise, ce que j'aime aussi, c'est qu'il ne se soit pas irrité contre Damon, qu'il n'ait pas douté de son honneur et de son amitié quand il l'a vu en retard.

— Embrassez-moi, mes chers enfants, dit M. de Mareuil. Je vois que vous comprenez ce que je vous raconte, et que vous jugez les hommes et les choses avec un esprit juste et un bon cœur. Continuez à écouter et à lire avec attention, afin de profiter des leçons et des exemples que l'histoire nous offre.

Je voulus visiter en détail cette Grèce si renommée dont mes études classiques m'avaient fait connaître l'histoire et admirer les institutions. Un voyage à Athènes surtout, avait pour moi l'attrait d'un véritable pèlerinage historique et artistique. J'y arrivai par mer et fus obligé à une *quarantaine* (1) de douze jours, par rapport au choléra

(1) On appelle *quarantaine* le séjour plus ou moins long que l'on doit faire dans un lazaret avant de débarquer dans un port de mer, lorsqu'on arrive de pays dont l'état sanitaire laisse à désirer.

qui sévissait en ce moment à Constantinople d'où nous venions.

En quittant le Pirée qui est le port d'Athènes, dont il est distant de treize stades grecques équivalant à trente-deux kilomètres, je suivis une route fort triste, sur les bords de laquelle se succèdent des plantations d'oliviers et des monticules de roche grise. En vain je cherchais du regard la poétique et spirituelle cité de Périclès; on ne l'aperçoit que peu de moments avant d'y arriver.

Athènes, la capitale de l'ancienne Attique, doit avoir été fondée, de 1390 à 1400 avant Jésus-Christ, par Cécrops, et sans doute reçut alors le nom de Cécropia, qui depuis ne fut conservé qu'au fort. Sous le règne d'Erichtonius, elle prit le nom d'Athènes. La ville primitive était située sur une colline de rochers au milieu d'une plaine qui, dans la suite, se couvrit d'édifices; la partie supérieure s'appelait Acropolis, la partie inférieure Catopolis.

Aujourd'hui il ne reste plus qu'une partie de la citadelle, la célèbre Acropolis, sur la montagne où se groupent les plus grandes merveilles d'Athènes. Le principal ornement de la ville est le temple de Minerve, ou le Parthénon, qui, bien que tout en ruines, excite encore aujourd'hui l'admiration du monde. Ce monument avait plus de soixante-dix mètres de long, trente-deux de large et vingt-quatre de haut. C'est ici que se trouvait la statue de Minerve de Phidias; ce chef-d'œuvre de sculpture était en ivoire et en or. Il avait quinze mètres de haut et pesait, dit-on, plus de mille kilogrammes; l'entrée du temple était formée par les propylées, dont on retrouve encore cinquante-cinq colonnes, avec des fragments de blocs en marbre énormes qui reposent sur elles et font partie des arcades et des plafonds. Ce temple, détruit par les Perses, fut reconstruit d'une manière plus magnifique par les Périclès, vers l'an 440 avant Jésus-Christ.

On voit quelques beaux débris des temples de Minerve et de Neptune. On peut encore juger de la circonférence de l'amphithéâtre ; mais il ne reste plus que peu de chose du théâtre de Bacchus.

En dehors de l'Acropolis, se trouvent le temple de Thésée et celui de Jupiter Olympien, l'un au nord, l'autre au sud. Le premier est en style dorien et entouré de trente-six belles colonnes ; sur les métopes, on voit représentés en superbes reliefs les exploits de Thésée. A l'intérieur, le temple est rempli de belles sculptures, d'épitaphes et autres travaux en pierre, et qui, pour la plupart, proviennent d'autres temples, et ont été simplement réunis en cet endroit. Hors du temple, il y a plusieurs siéges en marbre que l'on a apportés là de l'Aréopage voisin, l'ancien lieu de réunion des patriciens. De l'Aréopage, on ne voit plus qu'un appartement taillé dans une colline rocheuse, où l'on arrive par des marches également pratiquées dans le roc.

Il reste encore assez de fondements du temple de Jupiter Olympien, pour qu'on puisse se faire une idée de son étendue. On a également conservé seize superbes colonnes de près de vingt mètres de haut. Ce temple, achevé par Adrien, surpasse, dit-on, en beauté et en magnificence tous les autres édifices d'Athènes ; son extérieur était orné par cent vingt colonnes cannelées de deux mètres de diamètre, et de plus de seize mètres de haut. La statue de Jupiter, en or et en ivoire, est due, comme celle de Minerve, au ciseau du célèbre Phidias. Tous les temples et les édifices importants avaient été construits du marbre blanc le plus pur.

Non loin de l'Aréopage est le Pnyx, où le peuple libre d'Athènes s'assemblait pour délibérer : il n'en reste plus que la tribune taillée dans le roc et les siéges des écrivains. Quelles sensations n'éprouve-t-on pas, quand on songe quels hommes ont parlé jadis à cette place!

Je contemplai avec douleur la grotte voisine de cet endroit où Socrate captif but la ciguë. Au-dessous de cette mémorable grotte, s'élève un simple monument consacré à la mémoire de Philopapos.

Les Turcs ont entouré l'Acropolis d'un large mur, pour la construction duquel ils ont malheureusement employé beaucoup de débris et de fragments de colonnes des plus beaux temples. Dans la nouvelle Athènes, on ne voit plus en fait d'antiquités que la tour des Vents, appelée par d'autres la lanterne de Diogène; c'est un tout petit temple de forme octogone, couvert de belles sculptures.

La petite église *Maria-Maggiore* passe pour avoir été construite par les Vénitiens l'an 700 de Jésus-Christ; ce qu'elle a de plus curieux, c'est d'être la plus ancienne église chrétienne d'Athènes.

Sur l'Acropolis, on jouit aussi d'une superbe vue des environs, on y voit le mont Hymette, le Pentélique; du côté d'Eleusis, de Marathon, le port, la mer et le cours de l'Ilissus.

Athènes renferme un grand nombre de maisons, mais

dont la plupart sont petites et insignifiantes; mais les belles maisons de campagne, entourées de jolis jardins, offrent un aspect très-riant. Le petit observatoire placé sur la montagne des Nymphes fut élevé aux frais du baron Sina , banquier de Vienne, et Grec de naissance.

Le palais du roi, nouvellement construit', est en marbre d'une blancheur éclatante, et forme un grand carré des deux côtés; il y a des degrés qui occupent une grande partie de la largeur de l'aile conduisant sous un péristyle, espèce de vestibule étroit qui repose sur des colonnes; un des perrons est destiné aux ministres, aux ambassadeurs; l'autre à la famille royale. Indépendamment de ces deux péristyles, l'édifice est tout à fait sans goût et manque de tout ornement ; les fenêtres ont la forme d'un carré oblong, et les hauts et grands murs ont l'air si nu, si lisse et si uni, que le brillant du marbre ne produit pas le moindre effet, il faut en être tout près pour reconnaître les riches matériaux qui ont été employés à la construction de ce palais.

Le marbre, dont on se servit pour bâtir ce superbe monument, avait été extrait des carrières de la montagne voisine. Cette montagne qu'on nomme Pentélique est si riche en marbre, qu'on en trouverait encore assez pour construire des villes entières.

Un jardin assez joli, d'une plantation toute nouvelle, entoure le palais devant lequel se trouvent quelques palmiers apportés de Syrie, mais qui n'ont pas de fruits; tous les autres alentours sont nus et stériles, non-seulement pour ce palais, mais aussi pour les temples et les autres monuments de l'Acropolis.

A Athènes, où j'arrivai environ un mois après mon départ d'Odessa, le soleil était encore aussi ardent que chez nous au mois de juillet; la nature avait grand besoin de fraîcheur et de pluie, et les feuilles se fermaient presque par suite de la chaleur, tandis qu'à Odessa elles étaient déjà mortes de froid.

D'Athènes, nous devions nous rendre en Italie. J'avais hâte de visiter cette terre que tous les poëtes ont célébrée et qui tient une si magnifique place dans l'histoire de l'humanité. Telle est cependant la renommée des îles Ioniennes que je ne fus pas fâché d'apprendre que notre navire devait y relâcher.

Situées à l'entrée de la mer Adriatique, les îles Ioniennes appartenaient autrefois à la Grèce. Corfou, l'ancienne *Corcyra*, la plus importante de ces îles, est depuis 1818 sous la domination anglaise. La ville de Corfou est située dans une contrée plus belle et plus fertile que Patras; elle est aussi beaucoup plus grande, car elle a près de dix-huit mille habitants. Deux blocs de rochers, placés isolément, étaient des fortifications imposantes, se rattachant à la ville; sur l'un de ces rochers s'élèvent le télégraphe et le phare, tous deux entourés de fossés artificiels, par-dessus lesquels on a jeté des ponts-levis. Les alentours de la ville, comme l'île entière, abondent en beaux bois d'oliviers et d'orangers; la ville a de belles maisons et de jolies rues, mais on y trouve aussi des ruelles excessivement tortueuses et très-malpropres.

A l'entrée de Corfou, se trouve une grande halle en pierre, couverte, où d'un côté les bouchers, de l'autre les pêcheurs étalent leurs denrées. Sur la place publique, devant la halle, on voit entassés les légumes les plus exquis et les fruits les plus appétissants. Le théâtre est assez joli en dehors; à en juger par les images en pierre dont il est décoré, il doit avoir servi autrefois d'église. La place principale de la ville, dont un côté a vue sur la mer, est belle et grande, et ornée de plusieurs allées qui se croisent dans tous les sens, c'est sur cette place qu'est le palais du gouverneur anglais; cet édifice est assez joli et d'un style gréco-italien. L'église de Saint-Spiridion, très-célèbre et très-visitée, est petite, mais renferme beaucoup de tableaux à l'huile, dont plusieurs sont de l'ancienne école italienne. Au fond de cette église, dans une petite chapelle toute sombre, repose dans un sarcophage d'argent le corps de saint Spiridion qui jouit d'une haute vénération chez les Ioniens : cette petite chapelle est toujours remplie de fidèles qui impriment les baisers les plus ardents sur sa froide pierre.

Nous voici enfin en Italie, dont Rome est la ville la plus célèbre. Après avoir été le siége de la puissance romaine, cette cité qui mérite si justement le nom qui lui est donné de *Ville éternelle*, est devenue celui de la religion catholique. C'est là que réside au palais du Vatican notre Saint-Père le Pape, chef de l'Eglise.

A Romé, on trouve à chaque pas des ruines célèbres, de splendides monuments et de magnifiques édifices. L'église de Saint-Pierre est regardée comme le plus beau temple du monde. Celles de Saint-Jean-de-Latran, où l'on couronne les Papes, de Sainte-Marie-Majeure, de Saint-Paul, et une foule d'autres, car le nombre s'en élève à plus de trois cents, sont, à titres divers, également remarquables.

Je ne vous parlerai pas de l'ancien peuple romain, qui a fait de si grandes choses, dont la puissance s'est étendue

Le Colysée.

sur l'univers presque entier. On trouve partout à Rome les vestiges de sa gloire et les restes de sa grandeur; le Colysée frappe d'étonnement et d'admiration : c'était un amphithéâtre immense, qui pouvait contenir plusieurs milliers de spectateurs ; il est maintenant sanctifié par le souvenir d'innombrables martyrs qui, aux premiers temps du christianisme, ont versé leur sang pour la foi. C'est dans l'enceinte du Colysée que se livraient les combats de gladiateurs, et que les chrétiens étaient livrés aux bêtes.

A mesure que la puissance des anciens Romains augmenta, leur orgueil s'accrut aussi, et les richesses amenèrent leur corruption et leur décadence. Ils finirent par perdre toutes leurs vertus guerrières et par succomber sous la domination des peuples barbares.

Après Rome, la plus belle ville de l'Italie est Naples, admirablement située sur la mer Méditerranée. Elle est bâtie en amphithéâtre; ses rues en général étroites et obscures sont pavées en dalles de lave noire et fort propres. On y trouve de remarquables édifices et particulièrement le théâtre de Saint-Charles, un des plus beaux et des plus grands du monde. Le tombeau de Virgile, le grand poëte latin, est situé dans les environs, au-dessus de l'entrée de la grotte du mont Pausilippe, passage souterrain qui traverse toute la montagne, et qui a environ sept cents mètres de longueur, seize de hauteur et dix de largeur.

Une partie des habitants de Naples sont appelés *lazzaroni*. Ce sont des paresseux, sans ressources ni domicile, qui passent presque toute la journée couchés au soleil, et se nourrissent de macaroni avec les quelques sous que leur donnent les étrangers auxquels ils ont pu rendre de petits services.

Près de Naples, s'élève le volcan appelé le Vésuve. C'est

une montagne du sommet de laquelle s'élancent du feu, des flammes et des pierres fondues, qui se répandent en ruisseaux, et qu'on appelle *lave*. Quelquefois on entend gronder dans le Vésuve un bruit terrible semblable à celui du tonnerre. C'est l'annonce d'une de ces terribles éruptions

Naples.

qui menacent de destruction et de mort tout ce qui entoure le volcan.

La plus célèbre de ces éruptions est celle qui, il y a près de dix-huit cents ans, ensevelit sous la lave et les cendres plusieurs villages et cités. Parmi ces dernières étaient Herculanum et Pompéi, que l'on a retrouvées sous la lave, il y a environ cent ans. Depuis le commencement de ce siècle, on fait dans Pompéi des fouilles qui amènent les découvertes les plus intéressantes et les plus curieuses.

Cette désastreuse éruption coûta la vie à un savant naturaliste de cette époque, Pline l'Ancien, qui, pour ne pas perdre un instant, au bain, à table, en litière, se faisait lire, prenait ou faisait prendre des notes. S'étant approché trop près du cratère pour mieux observer le phénomène, il fut asphyxié par la fumée.

A Rome, je me séparai de Jenkins, qui s'embarqua pour retourner en Amérique, tandis que je me dirigeai vers la Suisse.

Je traversai les Alpes, hautes et pittoresques montagnes dont les principaux sommets sont toujours couverts de neige. Il m'y arriva une aventure fort étrange et dont je conserverai toute ma vie le souvenir.

Je voyageais à pied, au coucher du soleil, lorsque je fus tout à coup environné d'une douzaine d'hommes armés de poignards, d'épées et de pistolets. Ils se saisirent de moi, et m'entraînèrent jusqu'aux ruines d'un vieux château; là, ils me firent descendre par un sombre passage, dans une grande chambre souterraine où ils m'enfermèrent. Sans savoir l'italien, j'avais pu comprendre, à l'aide du latin, que ces bandits se proposaient de me dépouiller de ce que je possédais et ne paraissaient pas très-éloignés de la pensée de me tuer. J'avais sur moi une paire de petits pistolets dont je me promis bien de faire usage en cas de besoin.

Peu de temps après, je vis entrer un homme qu'il me parut avoir déjà vu quelque part, quoique je n'eusse pu dire où et quand. Il paraissait être le capitaine de la

Grotte de Pausilippe.

bande. Pendant que je cherchais à rassembler mes souvenirs, il m'adressa la parole, et à sa voix je le reconnus :

c'était le capitaine de vaisseau que, quelques mois auparavant, nous avions sauvé du naufrage... Sans ressources pour vivre, il s'était fait chef de voleurs! Il ne me laissa pas longtemps inquiet sur mon sort; il dit à ses hommes que je lui avais sauvé la vie, et m'assura que je pourrais, dès le jour suivant, continuer mon voyage en toute sûreté.

Je partis le lendemain matin. Léo me conduisit jusqu'à une certaine distance; je voulus lui représenter l'indignité et les dangers de la voie criminelle dans laquelle il s'était engagé; mais il ne m'en laissa pas le temps; à peine lui eus-je dit quelques mots à ce sujet, que, me souhaitant un bon voyage et me disant adieu, il me quitta brusquement.

Bien des années se sont écoulées depuis; le hasard du voyage m'a placé en présence de dangers nombreux et divers, mais aucun événement, aucun homme ne tient dans ma pensée une place aussi persistante et aussi grande que le souvenir de ce chef de brigands dont la vie a été sauvée par moi et qui a tenu la mienne entre ses mains. Qu'est-il devenu? a-t-il persisté dans le crime? La société l'a-t-elle châtié ou est-il rentré dans son sein? Ce sont des questions que je m'adresse souvent, et si mes prières ont pu contribuer à les résoudre en faveur du malheureux Léo, je puis vous assurer, mes enfants, qu'elles ne lui ont pas manqué.

— Les nôtres, désormais ne lui feront pas non plus défaut, » s'écria vivement Louise.

Et l'aimable Jeanne ajouta : « Moi qui ai si grand'peur des voleurs, j'aime celui-là, cher oncle, puisque sans lui ses camarades vous auraient sûrement tué. Oh! comme je voudrais qu'il soit redevenu pieux et bon. »

L'oncle Charles embrassa tendrement la charmante enfant et reprit son récit en ces termes :

« Peu de temps après, j'arrivai à Berne, chef-lieu du canton le plus puissant de la confédération suisse, qui est composée de vingt-deux cantons et qui a trois capitales : Zurich, Berne et Lucerne. Chaque année, la diète fédérale se réunit dans une de ces trois villes.

La Suisse est le pays le plus visité, pendant la belle saison, par les voyageurs et les touristes de toutes les nationalités. Elle abonde en beautés pittoresques et grandioses. Lacs, montagnes, cascades se succèdent tour à tour, présentant les aspects les plus variés. Il a fallu tout le génie et toute la persévérance de l'homme, pour rendre presque facile l'accès de ce pays, où la nature semble avoir pris à tâche de créer à chaque pas d'insurmontables difficultés. Presque toutes les montagnes, même les plus escarpées, ont été gravies par d'intrépides touristes, sans en excepter le fameux glacier de la Jung-frau, en français *montagne de la Vierge,* ainsi appelé parce que personne n'avait osé jusqu'à ces derniers temps en affronter la périlleuse ascension.

Les Suisses vivent principalement du produit de leurs troupeaux, de leur chasse et de la fabrication d'une foule de jolis objets en bois sculpté, travail dans lequel ils excellent. Ils sont aussi très-habiles dans tout ce qui concerne l'horlogerie. C'est surtout à Genève qu'on fabrique des montres qui ont, dans toute l'Europe, une grande réputation. Genève est située au bord du lac du même nom : lac immense dont les flots azurés présentent un magnifique spectacle. Lausanne est aussi une ville charmante, située sur les bords de ce beau lac.

Les Suisses ont toujours aimé par-dessus tout la liberté; ils étaient cependant assujettis autrefois au pouvoir de l'Autriche; mais un brave citoyen nommé Guillaume Tell résolut d'affranchir sa patrie du joug étranger; à son appel, les Suisses se soulevèrent. Gessler, gouverneur du pays pour l'Autriche, fut tué, les Autrichiens chassés et la nationalité suisse reconstituée.

Après avoir parcouru la Suisse avec le plus vif intérêt, je revins à Paris où je fis une courte halte et d'où je me dirigeai ensuite vers les Pyrénées que nous allons traverser ensemble, si vous le voulez bien, pour passer en Espagne.

C'est un beau pays, très-riche et très-fertile, mais assez mal cultivé, parce que les habitants, braves et honnêtes, mais en général fiers et indolents, répugnent à tout travail manuel. Le sol de l'Espagne est très-montagneux et arrosé par de beaux fleuves. Les Maures ont occupé la presque totalité de ce pays et principalement la délicieuse province de l'Andalousie, où croissent en pleine terre les orangers, les grenadiers, les citronniers, et où le ciel, toujours pur, brille d'un vif éclat.

C'est de l'Espagne que partit Christophe Colomb pour aller à la recherche du Nouveau-Monde, c'est-à-dire de l'Amérique, qu'il découvrit, il y a près de quatre cents ans, après avoir surmonté avec une patience et une persévérance infatigables non-seulement tous les obstacles qui s'opposaient à son départ, mais encore toutes les difficultés, tous les périls qui accompagnèrent son premier voyage.

La capitale de l'Espagne est Madrid, située sur un plateau élevé de six cent deux mètres au-dessus du niveau de la

La cathédrale de Burgos.

mer; les nouveaux quartiers y sont fort beaux et les rues parfaitement alignées. On y remarque la promenade du Prado, le magnifique pont de Tolède jeté sur le petit torrent du Mançanarés, et le palais du roi, un des plus beaux de l'Europe. Le palais de l'Escurial, dans lequel se trouvent les tombeaux de tous les rois de ce pays et qui est d'une magnificence extraordinaire, sert de résidence à la cour pendant l'arrière-saison. Burgos, autrefois très-commerçante et très-riche, rivale de Madrid et de Tolède, a beaucoup perdu de son antique splendeur; elle renferme une cathédrale gothique fort remarquable.

Les Espagnols, quoique naturellement graves, aiment beaucoup les fêtes, les spectacles et particulièrement les combats de taureaux. Je vais essayer de vous décrire aussi simplement que possible un de ces fameux combats.

Lorsque les grands, les nobles, et des milliers de spectateurs de tout état et de tout âge, sont réunis dans l'amphithéâtre élevé pour ce genre de spectacle, la porte s'ouvre, et un taureau furieux, dont on excite encore la rage, est lancé dans l'arène. Un homme à cheval, armé d'une longue lance et appelé *picador*, se présente devant lui et réussit ordinairement à le blesser. S'il arrive que le cavalier soit blessé lui-même, et que son cheval déchiré par les cornes du taureau le renverse par terre, d'autres hommes s'avancent, tenant à la main des dards et des pièces de drap de différentes couleurs, pour détourner du *picador* terrassé l'attention du taureau. Ils effraient ce terrible animal avec les morceaux de drap, et ils le piquent de leurs dards; on les appelle des *chulos*.

Quand le taureau est en partie épuisé par les efforts qu'il a faits et les blessures qu'il a reçues, les *chulos* quittent l'arène, et un nouveau combattant appelé le *matador* entre à son tour. D'une main il tient un drapeau, de l'autre un poignard ; après des essais souvent nombreux et infructueux, il parvient enfin à plonger son arme dans le cou du taureau. On jette alors une corde autour des cornes de l'animal sanglant, que plusieurs chevaux entraînent au grand galop hors de l'arène.

Ces combats à outrance sont le divertissement favori des Espagnols ; les femmes y assistent en grande toilette et avec des transports d'admiration et de joie.

Laissez-moi, mes enfants, ajouter bien vite à l'honneur de notre caractère national que c'est en vain que l'on a essayé d'introduire en France, même dans les provinces les plus voisines de l'Espagne, l'usage de ces sanglants spectacles. Nos mœurs, grâce à Dieu, répugnent à chercher une distraction et un plaisir dans des souffrances imposées à des animaux que Dieu a créés pour notre usage, mais non pour que nous nous accoutumions à la cruauté en repaissant nos regards de leur agonie.

Jusqu'à notre époque, nos mœurs seules repoussaient ces passe-temps barbares ; depuis une vingtaine d'années, une loi spéciale, qui a retenu le nom de son promoteur, le général de Grammont, a fait entrer dans notre Code la *protection des animaux*, c'est-à-dire que, sous peine de prison et d'amende, il est défendu de maltraiter les animaux, de leur imposer des charges et un travail au-dessus de leurs forces et de provoquer leur mort par des moyens barbares et cruels.

Des hommes de cœur réunis en *sociétés protectrices des animaux*, après avoir provoqué la loi Grammont, veillent soigneusement à ce qu'elle soit fidèlement exécutée et prennent toutes les mesures possibles pour inspirer et répandre, parmi la jeunesse surtout, les idées de bonté, de justice, de compassion qui les animent.

J'ai dit sociétés au pluriel, parce qu'en France nous en comptons deux, ayant leur siége l'une à Paris et l'autre à Lyon.

Si maintenant nous passons d'Espagne en Portugal, nous trouverons une différence complète de mœurs et d'usages.

Les Portugais et les Espagnols, en effet, qui vivent si près l'un de l'autre et qui ont tant de points de ressemblance, ne s'aiment guère, et leurs langues sont très-différentes. Le Portugal produit de beaux fruits et des vins célèbres, les oranges particulièrement y sont renommées.

Lisbonne, capitale de ce pays, est bâtie sur un terrain volcanique et exposé aux tremblements de terre. En 1755, il y en eut un si violent, qu'il ébranla tout le pays et détruisit presque entièrement la ville, dont les palais et les maisons furent bouleversés. Des gouffres s'ouvrirent lançant des flammes et engloutissant les hommes et les choses; des milliers d'habitants périrent dans cette effroyable catastrophe. Presque toute la ville dut être reconstruite. Le plus remarquable monument de Lisbonne est l'aqueduc d'Alcantara, qui a trente-cinq arches et qui est construit en marbre blanc.

Le Portugal compte de nombreuses célébrités maritimes; ses gloires ont été chantées par un écrivain célèbre dans un poëme épique, nommé *la Lusiade*, que la critique littéraire place au même rang que l'*Enfer* du Dante, que la *Jérusalem délivrée* du Tasse et que le *Paradis perdu* de

Milton. Cet écrivain, du nom de Camoens, fut poursuivi toute sa vie par l'adversité et finit, assure-t-on, par mourir dans un hôpital.

————

Ici se termine notre rapide voyage à travers l'Europe. J'espère que ces premières notions, tout incomplétes qu'elles soient, feront naître en vous le désir de mieux connaître les diverses contrées dont nous venons de parler. Si vous le voulez, demain nous pourrons nous diriger vers une autre partie du monde et commencer à parcourir l'Asie.

— Oh ! certes, mon cher oncle, bien volontiers, » s'écrièrent à la fois les trois enfants.

Puis, Louise ajouta :

« Mon oncle, voudriez-vous demander à Jeanne les noms, soit des pays de l'Europe, soit de leurs capitales, et lui faire quelques autres questions? Je crois qu'elle saura y répondre.

— Est-il vrai, ma petite Jeanne, dit l'oncle Charles, que tu aies pu retenir tout cela?

— Oui, mon oncle, dit Jeanne, mais c'est grâce à Louise qui a bien voulu me le faire répéter tous les matins. »

Le bon oncle multiplia les questions; Jeanne répondit imperturbablement et sans se tromper une seule fois.

Les deux sœurs furent tendrement embrassées et louées, l'une de sa complaisance, l'autre de son application et de sa docilité; et elles allèrent se coucher, toutes joyeuses de l'approbation de leurs parents.

RÉCITS SUR L'ASIE

Le voyage qu'ils venaient de faire à travers l'Europe avait trop vivement intéressé les enfants et M. de Marcuil pour qu'ils n'attendissent pas avec impatience le moment de s'engager avec leur bon oncle sur cette antique terre asiatique qui a servi de berceau à l'humanité et qui a vu s'accomplir l'auguste mystère de la Rédemption.

A l'issue du dîner, au lieu de prendre leur récréation ordinaire, les enfants se groupèrent autour du planisphère déployé dont ils étudièrent avec attention la partie comprise entre le pôle Arctique et l'océan Indien, la Turquie et le Japon.

« Avant de commencer les nouveaux récits qui vont vous conduire sur des théâtres nouveaux et inconnus, je veux, mes enfants, vous raconter une curieuse histoire qui aura le double mérite de vous intéresser et de soulever à vos regards un des coins du voile qui enveloppe pour vous la riche nature de l'Orient.

Il s'agit d'un tigre et d'un crocodile. Vous savez que le tigre est un animal féroce et redoutable que l'histoire naturelle range dans la même famille que le chat.

Le crocodile est un horrible reptile, de la forme d'un énorme lézard, avec une gueule effroyable et deux mâchoires armées chacune d'une double rangée de dents aiguës et tranchantes qui broient facilement tous les objets qu'elles saisissent; son corps est revêtu d'une écaille extrêmement dure, et, d'un mouvement de sa queue, il terrasse aisément un homme. Très-prompt et très-agile dans l'eau, il rampe sur la terre avec difficulté.

Un vaisseau européen qui naviguait dans l'océan Indien ayant jeté l'ancre à l'embouchure d'une rivière afin de se procurer de l'eau fraîche, quelques matelots descendirent à terre. L'un d'eux s'étant éloigné sur la rive à une distance assez considérable, arriva à un endroit si délicieux, qu'il ne put résister au désir de s'y asseoir. Les arbres et les buissons chargés de fruits mûrs et de fleurs odoriférantes, retentissaient des chants joyeux d'une multitude d'oiseaux, au brillant plumage, qui voltigeaient de branche en branche.

Le site était si merveilleusement beau que le matelot se demandait si ce n'était pas là la fidèle image de ce paradis terrestre dont la faute de notre première mère a chassé l'humanité déchue. Il lui semblait impossible qu'une nature aussi richement douée pût cacher aucun danger, et il jouissait sans arrière-pensée et sans crainte des charmes de ces lieux, lorsqu'un bruit étrange et menaçant attira soudain son attention. L'eau jusque-là si tranquille de la rivière bouillonnait à ses pieds au milieu des flocons d'écume éparpillés çà et là par ce bouillonnement, une tête horrible montrait des yeux ronds et brillants au-dessous desquels une énorme mâchoire s'entr'ouvrait dans une sorte de bâillement effroyable.

Le pauvre matelot se releva d'un bond et grimpa pré-

cipitamment sur un bloc de rocher où le monstre am-
phibie, pensait-il, ne pourrait le poursuivre. Mais là l'attendait
un nouveau péril : dans un creux de ce rocher, à quelques
pas seulement de lui, un tigre de la plus grande taille se
tenait accroupi.

L'homme voulut fuir ; il n'en eut pas le temps. Le tigre
se précipita les yeux enflammés, les griffes étendues. C'en
était fait du matelot si, avec un rare sang-froid, il n'eût
évité le choc de son terrible ennemi en se jetant rapidement de côté.

Cependant, amené par l'élan qu'il avait pris jusqu'au
rebord extrême du rocher, le tigre se trouvait en présence
du crocodile qui, à ce moment, fit entendre le sifflement
aigu et lamentable qui est son cri de guerre.

Le tigre répondit à ce défi par un effroyable rugissement,
et, oubliant le premier objet de sa colère et de son attaque, il tourne toute sa fureur contre l'ennemi naturel
de sa race. Un bond terrible le porta au bord de la rivière,
et la lutte commença ; lutte toujours mortelle pour un des
adversaires et souvent pour tous les deux.

Le crocodile s'efforçait d'attirer le tigre dans l'eau ; il y
parvint. Dès lors, tous deux s'élevant ou s'enfonçant tour
à tour, s'épuisèrent en efforts pour remporter la victoire.
L'eau bouillonnait autour d'eux teinte de sang jusqu'à une
distance considérable. Enfin, le tigre parut à la surface,
seul, mais dans un état complet d'épuisement ; puis, poussant un hurlement plaintif, il enfonça pour ne plus repa-
raître. L'eau se referma sur lui, et l'on ne vit plus rien
des deux terribles combattants.

Le matelot avait assisté à cette scène avec un effroi mêlé de curiosité; quand elle eut pris fin, il se laissa tomber à genoux et remercia le Ciel d'avoir détourné de lui le danger en armant l'un contre l'autre les deux ennemis à la fureur desquels il semblait qu'il n'eût pas dû échapper.

Combien de voyageurs ont été ainsi sauvegardés par la Providence; mais combien aussi sont tombés victimes de l'audacieuse curiosité qui les avait conduits dans ces régions merveilleuses de l'Inde où les richesses du sol, la splendide beauté du climat sont, hélas! cruellement compensés par la férocité des carnassiers qui y sont répandus.

Dans certaines parties de l'Asie, les tigres entre autres sont si nombreux que lorsqu'on envoie un courrier d'un lieu à l'autre, on a soin de faire six, huit et jusqu'à dix copies des dépêches que l'on confie à un nombre égal d'hommes, lesquels se suivent à plusieurs heures de distance. Il arrive parfois qu'un seul de ces hommes arrive à destination; les autres ont été dévorés par les tigres; parfois ils sont tous successivement dévorés, et les courriers suivants trouvent comme jalons restés sur la route, pour témoigner de leur triste sort, les sacs de dépêches encore intacts.

Encore les tigres et les crocodiles ne sont-ils pas les seuls ennemis redoutables que l'homme ait incessamment à combattre dans ces splendides contrées.

C'est ainsi que, par une admirable loi de la Providence, tout en ce monde a sa compensation. Dans nos climats modérés où nous ne pouvons même nous faire l'idée de cette

exhubérance merveilleuse de la végétation, de cette splendeur des cieux qui font un Eden de certaines contrées orientales, nous n'avons en revanche aucun de ces dangers permanents à redouter; notre sang n'a pas les mêmes ardeurs, mais la moyenne de la vie est plus longue, la vieillesse moins hâtive et moins débile.

Tout en admirant les merveilles que nous allons visiter ensemble, gardez-vous donc, mes enfants, de les envier. S'il est d'ailleurs des pays plus favorisés que la France sous le rapport des dons de la nature, · aucun ne l'est davantage au point de vue intellectuel et moral. Placée par Dieu à la tête de la catholicité dont elle a pour mission de porter jusqu'aux extrémités du monde les divins enseignements, aussi longtemps qu'elle sera fidèle à cette mission et quelles que soient les épreuves qu'elle ait à traverser, non-seulement ses enfants auront le droit d'être fiers d'elle, mais ils ne trouveront nulle part rien qui puisse compenser pour eux le regret d'en être éloignés.

Mais revenons à notre planisphère : nous avons déjà vu que la terre est ronde; or l'Asie, par rapport à nous, est à l'orient, comme l'Amérique est à l'occident. Si vous prenez une longue épingle et que vous l'enfonciez dans une pomme à la place où est l'Amérique, la place où elle sortira sera l'Asie. L'Europe se trouve entre ces deux parties du monde.

L'Asie est plus grande que l'Europe, que l'Afrique et même que l'Amérique; et elle est plus peuplée que tout le reste de la terre. C'est en Asie que vivaient Adam et Eve dans le paradis terrestre; c'est encore en Asie qu'ont vécu notre divin Sauveur, Moïse, David, Salomon, et tous les personnages célèbres des divines Ecritures. Cette grande partie du monde est divisée en treize contrées principales, comme vous le verrez par la carte sur laquelle je vous engage à suivre mes récits.

Tout au nord, se trouve la Sibérie, pays froid et désolé que peu de voyageurs ont visité, sauf les malheureux que la politique ou la mauvaise humeur des souverains de la Russie y a exilés ou y exile encore. Dans la partie méridionale bordant la Tartarie, les Sibériens ressemblent aux Tartares. Dans le nord, les habitants sont très-petits, beaucoup plus petits que nous. Ils vivent, comme les Lapons, dans des cabanes souterraines, et obtiennent les mêmes services de l'utile animal appelé renne, qui sert à leur nourriture et tire leurs traîneaux.

A l'extrémité nord-est de l'Asie, est une grande presqu'île appelée Kamtschatka dont les habitants vivent également dans des huttes creusées sous terre, au haut desquelles est pratiquée une ouverture pour faire sortir la fumée. Malgré cette précaution, l'atmosphère de ces tristes demeures s'épaissit au point de rendre l'air presque irrespirable; un habitant des régions plus favorisées de la nature ne saurait y vivre un seul jour. Les Kamtschadales se nourrissent en grande partie de poisson; au lieu de rennes, ce sont des chiens qu'ils emploient pour le transport des hommes et des marchandises.

A la pointe du Kamtschatka, se trouvent quelques-unes des plus hautes montagnes du globe. Elles s'élèvent brusquement de la plaine jusqu'à une hauteur d'une lieue et plus; imaginez ce que cela peut être! Les sommets de ces

montagnes sont toujours couverts de neige; plusieurs
d'entre elles sont des volcans en constante éruption, qui
éclairent ces contrées désolées avec une effrayante et majestueuse splendeur. Les deux principaux portent des noms
bizarres : l'un est appelé Avatcha, et a deux mille neuf
cents mètres de hauteur; l'autre, Klioutchevs-koï, en a
trois mille sept cents.

Au sud de la Sibérie, confine l'empire chinois, qui comprend la Chine proprement dite et plusieurs pays tartares.
Les Tartares sont nomades, c'est-à-dire errants; ils vivent
sous des tentes, et leur richesse consiste en nombreux
troupeaux, qu'ils conduisent d'un lieu à un autre, ne sé-
journant en chaque contrée qu'autant qu'il plaît à leur
nature vagabonde. Ce sont d'excellents cavaliers, passionnés pour la chasse et les exercices guerriers, pleins
de mépris pour ceux qui se logent dans des habitations
stables et mènent une vie sédentaire. Ils portent avec eux
de grandes chaudières dans lesquelles leurs femmes font
cuire la viande sous la tente; mais quand ils sont en
course, ils mangent la viande crue, après l'avoir mortifiée
en la mettant, pendant qu'ils galopent, sous la selle de
leurs chevaux.

La Chine proprement dite est la partie méridionale de
l'empire chinois. C'est un pays très-peuplé, et traversé en
tous sens par des fleuves immenses et un grand nombre
de canaux, sur lesquels naviguent des multitudes de bateaux qui transportent des marchandises dans toutes les
provinces de l'empire.

Un peu à l'est de la Chine, est un groupe d'îles dont

la plus grande s'appelle Niphon; ces îles constituent l'empire du Japon. Les Japonais sont très-intelligents, mais si défiants, qu'ils ne permettent pas aux Européens de pénétrer dans leur pays.

Au sud de l'empire chinois, vous voyez une grande étendue de terre s'avançant dans l'Océan. C'est la Chine indienne ou Indo-Chine. Elle contient plusieurs nations, dont la principale est celle des Birmans. Dans ces contrées, on se sert d'éléphants comme animaux de transport.

A l'extrémité de l'Indo-Chine, remarquez une pointe de terre, qui s'avance dans la mer, au sud-est. C'est la presqu'île de Malacca. Les habitants, connus sous le nom de Malais, sont sauvages et cruels, et le pays est infesté de tigres et de crocodiles.

En se reportant à l'ouest de l'Indo-Chine, on trouve le pays des Indous, appelé Inde ou Indoustan et appartenant aux Anglais. Les Indous noient leurs enfants, croyant ainsi se rendre agréables à leurs faux dieux. Il y a quelques années, les peuples de l'Inde se sont soulevés contre les Anglais, et ils ont exercé, sur leurs dominateurs et sur les autres résidants étrangers, des atrocités dont le récit fait frémir. On croyait l'Inde perdue pour les Anglais; mais ceux-ci ont combattu la révolte avec tant de courage et d'énergie, qu'ils l'ont enfin étouffée. Il est regrettable qu'on ait le droit de les accuser de s'être vengés, comme il arrive trop souvent, avec une cruauté égale à celle dont leurs compatriotes avaient été victimes.

Le Bélouchistan comprend différentes tribus de peuples barbares, voleurs et sanguinaires.

L'Afghanistan ou Caboul, situé au nord du Bélouchistan, est peuplé par une nation adonnée à la guerre et à la chasse.

La Perse, à l'ouest de l'Afghanistan, était autrefois occupée par un peuple fort célèbre dans l'histoire. C'est là que régnait le fameux Cyrus, qui délivra le peuple de Dieu et le renvoya dans sa patrie en lui permettant de rebâtir le temple de Jérusalem. A cette époque, les Perses étaient simples, braves et sobres; mais lorsque Alexandre, le grand conquérant, s'empara de leur pays, ils vivaient dans le luxe et la magnificence, portaient de longues robes d'étoffes précieuses, et se couvraient de perles et de diamants. Ils se parfumaient la barbe, se peignaient le visage, et vivaient dans la mollesse. Ces symptômes de décadence que l'on remarque chez tous les peuples, prêts à disparaître de la scène politique du monde, n'étaient pas trompeurs. Au temps de Cyrus, en effet, les Perses avaient conquis Babylone et beaucoup d'autres pays, tandis que, affaiblis par la prospérité et la richesse qui avaient corrompu leurs mœurs, ils furent aisément subjugués par Alexandre.

Or, mes enfants, sachez que ce qui a lieu pour les nations, a lieu aussi pour les individus. Prenez donc garde plus tard, si la fortune vous sourit, d'abuser de ses faveurs; en attendant et dès aujourd'hui, accoutumez-vous à une vie régulière et sérieuse; ne craignez pas la fatigue qui fortifie le corps, et aimez l'étude et le travail qui développent l'intelligence. Soyez simples en toutes choses et épargnez autant que vous le pourrez sur votre superflu afin d'en faire profiter les pauvres, avec l'agrément de vos parents bien entendu. De cette façon, vous vous préserverez du goût des frivolités

qui, contracté dans l'enfance, fait naître plus tard la passion
du luxe et conduit à l'égoïsme, ces deux grands fléaux de
la société à notre époque.

Mais retournons, s'il vous plaît, en Asie, et voyons ce que
sont devenus les descendants des guerriers de Cyrus et des
vaincus d'Alexandre.

Les Perses modernes, plutôt nommés les Persans, n'ont
comme nationalité qu'une importance secondaire.

Au nord de la Perse, se trouve la Tartarie indépendante,
hérissée de hautes montagnes et habitée par une nation de
brigands.

A l'ouest de la Tartarie indépendante, on rencontre un
grand lac salé, ou plutôt une mer intérieure, appelée mer
Caspienne. La côte occidentale de cette mer est limitée par
les contrées caucasiennes, dont les habitants sont remarquables par leur beauté, particulièrement les Georgiens.

Au sud-ouest des contrées caucasiennes, se trouve la
Turquie d'Asie, gouvernée, comme la Turquie d'Europe à
laquelle elle confine, par le sultan, qui réside à Constantinople.
C'est ce qu'on appelait jadis l'Asie Mineure.

Au sud de la Turquie d'Asie, est l'Arabie. Les Arabes sont
nomades, ils vivent sous des tentes et ont de nombreux troupeaux qui fournissent à tous leurs besoins. Leurs chevaux
sont les plus renommés et les plus beaux du monde, et eux-
mêmes sont les meilleurs cavaliers que l'on connaisse. Le
lait de leurs chameaux constitue une des principales parties
de leur nourriture, et ils se servent dans leurs pérégrinations, de ces animaux pour transporter leurs bagages.
Lorsque les Arabes arrivent dans un endroit qui leur con-

vient, ils y plantent leurs tentes, et aussitôt un village s'élève comme s'il sortait des sables du désert.

Telles sont les principales divisions de l'Asie. Aucun de ces peuples qui les habitent, bien qu'ils ne soient pas noirs comme les nègres, n'a la peau blanche comme les Européens. On compte parmi eux peu de chrétiens, encore la plupart de ceux-ci n'ont-ils qu'une connaissance imparfaite de notre sainte religion. Quand on pense que Notre-Seigneur Jésus-Christ est né, a souffert et est mort non pas pour un peuple, mais pour tous les peuples, on est douloureusement ému en voyant un si grand nombre de populations plongées encore dans les ténèbres de l'idolâtrie; il est consolant toutefois de suivre les progrès de nos missions en Asie. Grâce à plusieurs guerres heureuses que nous avons faites en ces derniers temps en Chine, en Cochinchine, jusqu'aux extrémités de l'Orient, des traités nous ont été consentis qui mettent fin aux sanglantes persécutions dont les chrétiens de ces contrées étaient l'objet.

La Chine, par exemple, est enfin ouverte au zèle de nos généreux missionnaires; le libre exercice de la religion chrétienne y est garanti par des lois spéciales. Pékin possède une cathédrale catholique, et à la Fête-Dieu, par exemple, la pompe des processions se développe dans les rues de l'immense et antique cité, où naguère le titre reconnu de chrétien équivalait à un arrêt de bannissement et même de mort.

Ici encore c'est l'épée de la France, c'est son ascendant qui ont obtenu ce beau triomphe. Ce sont nos religieuses, nos héroïques filles de Saint-Vincent de Paul, qui y personnifient

la vertu par excellence que l'Evangile a apportée à la terre :
la Charité!

Ce premier coup d'œil jeté à vol d'oiseau sur la carte , nous
permettra de nous orienter dans le voyage que nous allons
entreprendre sans plus tarder à travers la vieille Asie.

Suivez-moi donc , mes enfants , et allons ensemble , comme
la plupart des marchands et des explorateurs, nous embarquer en Angleterre.

Si donc nous partons de Liverpool ou de Southampton,
suivant qu'il nous sera plus commode, nous traverserons
l'océan Atlantique , dans la direction du midi; nous longerons
l'Afrique , à la pointe de laquelle nous *doublerons* le cap de
Bonne-Espérance, ce qui signifie que nous en ferons le tour,
et nous entrerons dans l'océan Indien. Cet océan est large de
mille lieues environ; nous le traverserons dans une direction
orientale. Nous rencontrerons d'abord plusieurs grandes îles
très-peuplées et encore plus fertiles. Ce sont les îles de la Sonde
où les Hollandais ont de riches possessions. On y trouve des
plantes précieuses dont la récolte a une grande valeur commerciale, telles que vanille, noix muscades, poivre, clous de
girofle, camphre, etc...

Nous relachâmes dans deux de ces îles, à Sumatra et
à Java.

La première de ces îles est très-rapprochée de la presqu'île
de Malacca qui forme la pointe méridionale de l'Asie. Les
habitants de cette presqu'île ainsi que des îles qui l'avoisinent, portent le nom de Malais. C'est une race particulière que nous aurons occasion de retrouver dans la
plupart des îles de l'océan Pacifique, quand nous parcour-

rons l'Océanie. Les Malais sont, en général, sauvages, perfides et cruels. Le climat de Malacca est un été perpétuel : les arbres sont toujours verts, les fleurs et les fruits mûrs sont suspendus aux mêmes branches, et on y trouve de délicieux ombrages; mais les forêts sont remplies de tigres et de léopards, hôtes qui rendent très-difficiles et très-dangereux les voyages dans ce beau pays. Les rivières y sont, d'ailleurs, peuplées de crocodiles, et il arrive quelquefois que les tigres, en essayant de les traverser pour aller à la poursuite des antilopes, sont saisis et tués par ces terribles reptiles.

Il y a dans la presqu'île de Malacca une grande quantité de diamants et de pierres précieuses; on y trouve aussi beaucoup d'or, que les indigènes extraient des montagnes et recueillent sous la forme de poudre. L'étain est assez abondant dans quelques-unes de ces montagnes; mais les chefs, qui gouvernent le peuple, défendent de l'extraire, parce qu'ils sont persuadés que des esprits les habitent, et qu'ils seraient très-offensés si l'étain en était emporté.

Mes impressions les plus émouvantes, mes souvenirs les plus curieux se rapportent à mon séjour à Malacca et dans les îles de la Sonde. Vous en pourrez juger, mes enfants, par les quelques détails que voici :

Certaines tribus malaises font ce que les Malais appellent *la chasse aux têtes*. Une tête d'homme coupée a plus de prix pour eux que le butin le plus précieux. Ordinairement cinq ou six jeunes gens partent ensemble pour faire cette chasse d'une tête; ils se contentent d'un trophée et le partagent entre eux; la cabane dans laquelle ils conservent les têtes conquises, s'appelle baileo. Quand le baileo com-

mence à tomber en ruines et qu'on en construit un nouveau,
on ne le couvre qu'autant qu'on y transporte les têtes de
l'ancien baileo.

L'Alfore, qui s'en va seul à la chasse aux têtes, se cache
comme le Dayak derrière des arbres ou des buissons, se
couche par terre à plat ventre, se couvre tout à fait de
feuillage et de branches, et guette des jours entiers une
proie sans songer ni à manger ni à boire. De son embus-
cade et avec une adresse qui ne manque jamais son but,
il lance sur le malheureux son javelot dont la pointe n'est
que de bambou, mais aiguisée comme l'acier, puis il se
précipite par derrière sur sa victime et lui abat la tête ;
pour le corps, il le cache avec le plus grand soin dans
des creux de rocher et dans des lieux isolés, afin d'empêcher autant que possible que le meurtre ne se découvre.

Lorsque, au jour d'une grande solennité, toute une tribu
ou toute la population d'un village va faire la chasse aux
têtes, elle cherche à surprendre le village voisin dans un
moment où les hommes sont partis pour aller travailler
aux champs ; les Alfores estiment les têtes des femmes et
même des enfants, autant que celles des hommes. En revenant avec leur butin, ils annoncent de loin leurs succès
en poussant avec une coquille des sifflements aigus; les
femmes et les enfants viennent au-devant des vainqueurs
avec des chants et des cris d'allégresse, et les conduisent
en triomphe au baileo. Là, on abandonne les têtes aux
garçons et aux filles au-dessous de dix ans; ceux-ci en
sucent avidement chaque goutte de sang, ce qui leur donne,
suivant l'opinion de leurs parents, du courage et de la

bravoure. On grille ensuite un peu les têtes, on en détache la chair et on les pend dans le baileo. Les fêtes durent plusieurs jours, pendant lesquels on mange des sangliers, des chevreuils et des cochons; les mâchoires des animaux qui ont servi à ces repas, sont pendues également aux murs du baileo. C'est dans ces occasions solennelles que les enfants reçoivent leur premier vêtement : les garçons une ceinture d'écorce de la largeur de la main, les filles une petite robe de trente centimètres à peine de largeur. On appelle cette ceinture ainsi que cette robe des tijdaks.

D'autres tribus malaises vont plus loin encore dans leur cruauté : elles ne se contentent pas de couper des têtes, elles font de la chair de leurs victimes des repas délicieux.

Voici ce que m'ont raconté pendant un séjour que j'ai fait à Sumatra les chefs ou rajahs de ce pays.

Les prisonniers de guerre sont attachés à un arbre et décapités; on recueille leur sang, et on le boit pendant qu'il est encore chaud, ou on le mange avec du riz cuit, ensuite on procède au partage; les oreilles, le nez, le foie et la plante des pieds appartiennent exclusivement au rajah, qui reçoit, en outre, sa part du corps. Les parties les plus délicates sont les plantes des pieds, les paumes des mains, la peau de la tête, le cœur et le foie; on rôtit ordinairement la chair, et on la mange avec du sel. Il n'est pas permis aux femmes de prendre part à ce festin. Les rajahs m'assurèrent avec un air de grande convoitise que la chair humaine avait bon goût, et qu'ils voudraient bien en manger.

On taille dans l'arbre sur lequel on attache les malheureuses victimes des bâtons de quatre à six pieds, qu'on orne d'une figure ou de quelques arabesques, et qu'on couvre de cheveux d'hommes ou de plumes, on appelle ces bâtons *tungal-panalnam*, c'est-à-dire baguettes enchantées; on leur attribue des vertus merveilleuses, et on ne visite jamais un malade, on ne donne jamais un remède sans en tenir un à la main.

Les Battaks comme les Dayaks n'ont point de rite religieux; ils ne prient pas, et n'ont ni prêtres, ni temples; ils croient aux bons et aux mauvais génies, ils en admettent un petit nombre de bons, un grand nombre de mauvais. Si un homme est malade, ils disent que le mauvais génie est en lui; ils attribuent tous les malheurs à ce démon. Quelquefois aussi, pensent-ils, le mauvais génie entre dans un homme sans le rendre malade; celui qui en est possédé devient aussitôt l'objet d'un profond respect; car on craindrait, en offensant l'homme, de blesser le génie, et tout ce qu'il prescrit est regardé comme un oracle et exécuté fidèlement. Le rajah a ordinairement l'honneur d'être visité par les mauvais génies; il fait alors une foule de grimaces et de contorsions, se démène, dans les danses surtout, d'une manière plus sauvage que tous les autres, et profite dans cet état de la crédulité du peuple, pour faire accepter ses volontés parmi les assistants. J'ai rencontré aussi un enfant qu'on appelait le fils du démon, parce que son père était possédé du mauvais génie.

Cependant, laissant derrière nous les îles de la Sonde, nous entrâmes dans la mer de Chine; puis, remontant vers le Nord, nous nous trouvâmes enfin à l'embouchure d'un

très-grand fleuve. Il y avait là quantité d'îles qui rendaient
assez difficile la direction de notre vaisseau.

Nous arrivâmes enfin à la ville de Macao, bâtie, il y a
près de trois siècles, par les Portugais, sur une presqu'île de
la baie de Canton. C'était, autrefois, une place fort considérable, mais qui a beaucoup perdu de son importance.
Nous continuâmes de remonter la rivière, et nous approchâmes de Canton. Les bords du fleuve sont admirablement
cultivés; les plaines, les talus, les collines sont couverts de
fruits, de grains, de végétaux, et tout le paysage, sur les
deux rives, offre l'aspect d'un beau jardin.

La surface des eaux était couverte d'une quantité innombrable de bateaux de toutes formes, de toutes grandeurs et
très-différents des bateaux anglais ou français. Sur beaucoup
d'entre eux, on voit peints à la proue, qui est le devant
du bateau, deux yeux qui, dans la pensée des Chinois,
aident les navigateurs à trouver leur chemin; et la poupe
ou arrière représentait des figures de bêtes, d'oiseaux ou
de serpents. Quelques-unes de ces embarcations lourdement
chargées marchaient lentement; d'autres glissaient sur la
rivière avec rapidité, comme des oiseaux fendant les airs.
C'était un étrange et superbe spectacle. L'air était doux et
embaumé, et les rives du fleuve, couvertes de maisons,
étaient animées par une multitude d'hommes et de femmes
qui s'y livraient à leurs différentes occupations.

Tout cela me fit d'abord l'effet d'un rêve. Les maisons
ne ressemblaient en rien à aucune de celles que j'avais vues
jusque-là; la manière de cultiver les champs, les plantes,
les arbres, avait un caractère tout particulier; le teint, les

traits, le costume des gens du peuple, tout était nouveau pour moi.

Je me tenais sur le pont du navire, contemplant avec admiration les objets qui se succédaient autour de moi, lorsque des cris perçants s'élevèrent tout à coup de l'un des bateaux; ils furent suivis d'un craquement terrible, et de nouveaux cris de détresse se firent entendre : c'était notre bâtiment qui venait de culbuter un bateau monté par trois hommes et deux femmes. Ces pauvres gens furent entraînés sous le navire, et je ne doutai pas qu'ils dussent être promptement noyés; mais, à ma grande surprise et à ma plus grande joie, je les vis bientôt au milieu des flots agités, à la poupe du vaisseau, nageant comme des canards, enfonçant et remontant avec les vagues, semblables à des bouchons de liége. On les recueillit immédiatement et sains et saufs sur un autre bateau.

Près de Whampoa, le fleuve se divise en plusieurs bras; celui qui conduit à Canton s'appelle le fleuve aux Perles.

Les nombreux bas-fonds du fleuve aux Perles obligent tous les grands vaisseaux de jeter l'ancre à Whampoa. Avant d'arriver à ce port de bien peu d'importance, le fleuve roule majestueusement au milieu d'immenses plantations de riz bordées de bananiers et de toute espèce d'arbres fruitiers, dont la disposition forme souvent de jolies allées, mais qu'on plante moins pour l'ornement que par nécessité. Comme le riz exige un terrain très-humide, les arbres plantés entre les rizières soutiennent le sol, qui sans cela serait entraîné à force d'être arrosé. De jolies maisons de campagne d'un style vraiment chinois, avec des toits échan-

crés, pointus et dentelés, couvertes de tuiles et de briques
de différentes couleurs sont placées sous des groupes d'arbres
aux ombrages épais. Des pagodes de constructions diverses
(appelées tas) de trois à neuf étages, s'élèvent sur de petites
collines près des villages et attirent de loin l'attention.

De nombreuses fortifications, mais qui ressemblent plutôt
à de grandes maisons sans toitures, défendent le fleuve
en amont.

A plusieurs milles avant Canton, on voit une suite de
bourgades composées de méchantes baraques, qui sont en
grande partie établies dans le fleuve même sur de hauts
pilotis, et entourées d'innombrables baraques également
habitées. Plus on approche de Canton, plus le mouvement
de la navigation, plus le nombre de vaisseaux et de bateaux servant d'habitations augmente; on voit des bâtiments des formes les plus étranges, des jonques à l'arrière
desquelles s'élève comme une maison à deux étages avec
de hautes fenêtres, des galeries et un toit; ces navires
sont souvent d'une grandeur surprenante et chargent jusqu'à mille tonnes. Plus loin, on aperçoit des vaisseaux de
guerre chinois d'une construction plate, large et longue,
armés de vingt à trente canons; des bateaux de mandarins qui, avec leurs portes et leurs croisées peintes, leurs
galeries ciselées et leurs pavillons en soie ressemblent
aux plus jolies maisons.

Ceux qui méritent le plus d'attention sont les superbes
bateaux à fleurs dont les galeries supérieures sont ornées
de guirlandes et d'arabesques; des portes et des fenêtres
de style gothique conduisent dans l'intérieur, composé d'un

grand salon et de quelques cabinets; des glaces, des tapis
de soie ornent les murs, des lustres de verre, des lan-
ternes en papier de couleur, entre lesquels se balancent de

Jonques chinoises.

petites corbeilles remplies des fleurs les plus fraîches, com-
plètent cet aspect enchanteur. Ces bateaux à fleurs restent
toujours à l'ancre et servent aux Chinois, jour et nuit, de

lieux de divertissements; on y exécute des comédies, des danses et des jongleries auxquelles n'assistent pas les femmes de bonne compagnie. L'accès n'en est pas précisément interdit aux Européens; mais avec la disposition actuelle des esprits, ils courent plus ou moins le risque d'être injuriés ou maltraités.

A côté de ces singuliers bateaux apparaissent des milliers de petits canots qui sont à l'ancre ou qui croisent dans tous les sens. Ici on aperçoit des pêcheurs qui jettent de tous côtés leurs filets, là des enfants et des jeunes gens qui se baignent et nagent. Souvent on détourne les regards avec inquiétude, quand on voit sur de petits bateaux étroits des gamins jouer et se chamailler, à tout instant on se figure qu'un de ces petits êtres va tomber par-dessus le bord; mais les parents prudents attachent au dos de leurs enfants âgés de moins de six ans des citrouilles creuses ou des vessies de bœuf remplies d'air, pour qu'en tombant dans l'eau ils n'aillent pas si vite au fond.

Ces diverses occupations des indigènes, cette vie active et agitée offrent les tableaux les plus variés; on ne peut s'en faire une idée exacte si l'on n'en a été soi-même témoin.

La ville de Canton est presque carrée et entourée de murs épais. Les rues sont longues et droites, le plus souvent pavées de pierres taillées; elles sont entretenues avec une grande propreté; plusieurs sont couvertes de toits formant des arcades, sous lesquelles on trouve des boutiques pleines de riches et belles marchandises.

Les maisons, bâties en briques, n'ont qu'un étage, sans

fenêtres donnant à l'extérieur. Les rues sont remplies de monde, surtout de *porteurs ;* car il n'y a là ni équipages, ni voitures de place, ni voitures de transport. Tous les fardeaux, même les Chinois et les Chinoises qui sont trop riches ou trop paresseux pour se donner la peine de marcher, sont portés dans des litières par des hommes. Ces porteurs ont la tête, les jambes et les pieds nus ; ils sont revêtus d'une espèce de petite jaquette courte ; et leurs cheveux nattés, qui sont durs, noirs, et qui ont près d'un mètre de long, pendent comme une longue queue derrière leur dos.

Il se fait à Canton un commerce immense. On peut compter parfois jusqu'à cinq mille navires étrangers à Whampoa, et quand ils y sont rassemblés, leurs innombrables mâts ressemblent à une grande forêt. Ces vaisseaux viennent de toutes les parties de l'Europe et de l'Amérique. Ce n'est pas que les Chinois aient besoin des produits et des marchandises des autres contrées, leur propre pays est très-fertile, et ils sont eux-mêmes si industrieux, qu'ils trouvent chez eux tout ce qu'il leur faut. Les vaisseaux étrangers n'apportent donc en Chine que l'argent monnayé, l'opium et quelques autres articles, tandis que les indigènes, attirés par le numéraire qui afflue à Canton, accourent de toutes les provinces du Céleste-Empire pour offrir leurs marchandises aux étrangers.

Ces marchandises consistent en thés, porcelaines, belles poteries, nankins, soieries, or en barres, nacre de perles, et divers objets travaillés en ivoire. Elles sont transportées à Canton par des canaux qui mettent en communication toutes les parties de l'empire. On voit en tout temps des milliers de bateaux chargés de marchandises, descendre la rivière appelée *le Pé-Kiang*, qui est navigable sur une longueur de cent lieues, au milieu d'un pays fertile et bien cultivé.

Peu d'Européens amènent leurs familles en Chine, et surtout à Canton, où les femmes et les enfants vivent à peu près comme en prison, et ne peuvent guère sortir que dans une litière bien fermée; d'ailleurs tout est si cher dans ce pays, que comparativement on vit encore à bon marché à Londres : on n'a pas un appartement quelque peu convenable, de six chambres avec cuisine, à moins de sept ou huit cents dollars par an; on donne à un domestique de quatre à huit dollars par mois; une servante se paye souvent de neuf à dix dollars; car les Chinoises ne veulent servir les Européens qu'à des prix exorbitants. Avec cela, il règne dans ce pays la singulière coutume d'affecter à chaque genre d'occupation une personne particulière, ce qui nécessite un grand nombre de domestiques. Une famille composée de quatre personnes exige au moins de dix à douze domestiques, et quelquefois plus; chaque membre de famille a d'abord un domestique attaché exclusivement à son service, puis il faut un cuisinier, quelques bonnes d'enfants et plusieurs caolis employés aux travaux plus communs, tels que pour le nettoyage des chambres, le transport du bois et de l'eau. Malgré un personnel si nombreux, on est souvent très-mal servi; car si l'un ou l'autre de ces gens sort et qu'on ait besoin de son service, il faut attendre qu'il soit rentré : aucun domestique ne voudrait faire l'ouvrage de son camarade. Toute la maison est sous la direction d'une espèce d'intendant nommé camprador, il

est chargé de l'argenterie, des meubles, du linge; il reçoit
et nourrit les domestiques, s'occupe de tout ce qu'il leur faut
et répond de leur fidélité; mais il retient aussi à chacun sur
ses gages, deux dollars par mois. Il fait les achats, les
comptes de cuisine, en un mot toutes les dépenses, et indique
à la fin de chaque mois le total, sans trop entrer dans les
détails.

Outre la direction de la maison, le camprador est chargé
de tenir la caisse de la maison de commerce, il passe par ses
mains des centaines de mille dollars, et s'il se glisse des
fausses pièces il en est responsable. Pour les payements et
pour les recettes, il a ses commis à lui, qui vérifient chaque
pièce avec une rapidité incroyable : ils prennent une poignée
de monnaies, les lancent en l'air chacune séparément avec
le pouce et le doigt du milieu, écoutent le son et regardent en
même temps le revers de la pièce qui retombe dans le creux
de la main. Des milliers de pièces sont ainsi comptées dans
l'espace de quelques heures; cet examen est indispensable à
cause de la quantité de faux dollars que fabriquent les Chinois.
Pour prouver que les pièces sont bonnes, on imprime sur
chacune le cachet de la maison, ce qui finit par les aplatir,
les élargir, et par les séparer en plusieurs morceaux, mais les
morceaux ne perdent rien de leur valeur, car la somme se
détermine au poids. Indépendamment des dollars, on se sert
encore d'argent pur non monnayé en petites barres; on en
coupe des morceaux plus ou moins gros, selon que la somme
est plus ou moins forte. La caisse se trouve au rez-de-chaussée,
dans la chambre du camprador, et l'Européen n'a point à s'occuper d'argent, aussi n'en porte-t-il jamais sur lui.

Le camprador ne touche pas de traitement, mais il a un intérêt dans chaque affaire ; pour les comptes de la maison, il sait les faire sans y perdre, d'ailleurs, on prend en général des hommes de confiance ; ils versent une caution entre les mains des mandarins, qui ensuite répondent d'eux.

Voici quelle est à peu près la vie des Européens établis à Canton : après s'être levé et avoir bu une tasse de thé dans sa chambre, on prend un bain froid. A neuf heures, vient le déjeuner, qui se compose de poissons frits ou de côtelettes, de rôti froid, d'œufs, de beurre, de pain et de thé. Chacun va alors à ses affaires jusqu'à l'heure du dîner, qui a lieu ordinairement à quatre heures ; on mange de la soupe à la tortue, du curri et du riz, du rôti, des ragoûts et des pâtés. Tous les mets, à l'exception du curri et du riz, sont préparés à l'anglaise, par des cuisiniers chinois ; le dessert se compose de fromage et de fruits, tels que ananas, long-zen, mangues et lit-chi. Les Chinois prétendent que ce dernier fruit est le meilleur qui existe, il est de la grosseur d'une noix, a une peau brun-rouge un peu chagrinée, une pulpe blanche et délicate, et un noyau noir ; le long-zen, un peu plus petit que le lit-chi, a aussi une chair blanche et délicate, mais un peu aqueuse. Je ne trouvai pas ces deux fruits extrêmement bons ; les ananas ne me parurent ni aussi savoureux, ni aussi parfumés que ceux qui viennent dans les serres d'Europe ; seulement ils sont beaucoup plus gros que les nôtres.

On boit à Canton du vin de Portugal et de la bière anglaise, avec chaque boisson on vous offre de la glace cassée en petits morceaux et enveloppée d'un linge ; la glace est un article assez dispendieux, car on l'apporte de l'Amérique du Nord. On prend du thé pendant le repas.

Une grande punka répand de l'air et de la fraîcheur sur toute la société ; la punka est un cadre d'environ trois mètres de long et d'un mètre de haut, couvert de percale blanche et suspendu par de forts cordons au plafond de la chambre; un autre cordon passe, comme la corde d'une cloche, à travers le mur de la chambre, et va dans une pièce voisine ou au rez-de-chaussée, où un domestique le tire d'une manière régulière, et maintient ainsi le cadre dans un mouvement léger et constant qui donne le courant d'air le plus agréable.

La vie pour les Européens est, comme on voit, très-chère en Chine : l'entretien annuel d'une maison européenne monte, pour le moins, à trente mille francs (six mille dollars), somme considérable, quand on songe comme on a peu de chose pour cet argent : on n'a ni chevaux, ni voitures, ni réunions, ni spectacles, ni rien de semblable; le seul plaisir de beaucoup de personnes est d'avoir un bateau dont la location coûte sept dollars par mois, ou bien de se promener le soir dans un petit jardin que les Européens établis à Canton ont fait planter, comme lieu d'agrément; il se trouve en face de la factorerie, et est entouré de murs de trois côtés; le quatrième est borné par le fleuve aux Perles.

Les Chinois, au contraire, vivent à très-bon marché, un homme peut parfaitement se tirer d'affaire avec soixante cashs par jour (mille deux cents cashs font un dollar). Aussi le salaire de l'ouvrier est très-minime; c'est ainsi qu'on peut

louer un bateau pour toute la journée au prix d'un demi-
dollar; et cet argent sert souvent à nourrir toute une
famille de six à neuf personnes. Il est vrai que les Chinois ne sont pas très-difficiles sur le choix de leurs aliments : ils mangent des chiens, des chats, des souris, des
rats, des intestins d'oiseaux, du sang de toute espèce
d'animal, et même, à ce qu'on m'a assuré, des chenilles,
des vers de terre et des bêtes mortes. Leur principale
nourriture est le riz, qui ne leur sert pas seulement de
plat, mais qui leur tient aussi lieu de pain; il est très-
bon marché : le picoul (cent livres de Vienne, ou cent
vingt-cinq de Hambourg, ou cinquante kilogrammes),
coûte de un dollar trois quarts à deux dollars et demi.

Les vêtements des deux sexes, pour le peuple, se composent de larges pantalons et de longues tuniques, et se
distinguent par une saleté extraordinaire. Le Chinois est
ennemi des bains et des ablutions; il ne porte pas de
chemise, et il garde le même pantalon jusqu'à ce qu'il
lui tombe du corps. Les tuniques des hommes leur descendent jusqu'au-dessus du genou, et celles des femmes un
peu plus bas, elles sont faites de nankin ou de soie, de
couleur bleu foncé, brune ou noire. Pendant l'hiver, ils
mettent par-dessus leur vêtement un habit d'été qu'ils
serrent contre celui de dessous à l'aide de la ceinture ;
mais, dans les grandes chaleurs, ils le laissent flotter
légèrement autour du corps.

Les hommes ont la tête rasée, à l'exception d'une petite
partie de l'occiput, où les cheveux sont entretenus avec
beaucoup de soin et tressés en queue; plus la queue d'un

Chinois est épaisse, plus il en tire vanité, aussi y mêle-
t-on des faux cheveux et des rubans noirs, et cette queue
descend quelquefois jusqu'aux chevilles. Pendant le travail,
le Chinois roule cette queue autour de son cou; mais en
entrant dans une chambre il la détache, parce que ce
serait blesser les convenances de la politesse que de se
présenter avec la queue retroussée. Les femmes gardent
leur chevelure toute en arrière; elles la tressent et l'attachent avec beaucoup d'art sur le sommet de la tête; ces
soins leur demandent beaucoup de temps, mais une fois
qu'elles sont coiffées, c'est pour toute une semaine. Les
hommes et les femmes ne mettent rien sur leur tête, ou
bien ils portent des chapeaux de bambou très-mince, qui
ont souvent près d'un mètre de large. Ces chapeaux les
garantissent du soleil et de la pluie; ils sont excessivement
légers et imperméables.

Leur chaussure se compose de bas cousus et de souliers
d'étoffe de soie ou de coton noir; la semelle des souliers,
haute de plus de trois centimètres, est faite de carton
épais, ou de bandes de feutre plusieurs fois repliées l'une
sur l'autre. Les pauvres ne portent pas de chaussure.

Les maisons du peuple sont de misérables barraques
construites en tuiles ou en bois; l'ameublement est extrêmement pauvre : une méchante table, quelques chaises,
deux ou trois nattes de bambou, de petits escabeaux pour
la tête, de vieilles couvertures, composent tout le mobilier;
cependant les pots de fleurs ne manquent nulle part.

On accuse les Chinois de tuer beaucoup d'enfants nouveau-
nés, ou chétifs et malingres; ils les étouffent, dit-on, dès

leur naissance et les jettent à l'eau, ou bien ils les exposent dans les rues, ce qui est encore plus affreux, car il y a beaucoup de cochons et chiens errants qui se jettent avec voracité sur la proie qui leur est offerte : c'est surtout le sort des filles. Pour les garçons, toute famille s'estime heureuse d'en avoir, parce que c'est un devoir pour eux de nourrir leurs parents dans la vieillesse. Le fils aîné même, quand son père vient à mourir, est obligé de le remplacer et de prendre soin de ses autres frères et sœurs, qui, en échange, lui doivent le plus grand respect et une obéissance sans bornes. On tient rigoureusement à l'exécution de ces lois, et celui qui les transgresse est puni de mort.

A trois milles environ de Canton, il y a une espèce de cité appelée la ville des Bateaux. Elle consiste en quarante mille bateaux, à peu près, qui couvrent la rivière et constituent une sorte de cité flottante. Tous ces bateaux, rangés de manière à former des rues, touchent l'un à l'autre. Ceux qui les habitent n'ont pas d'autre demeure, et il leur est défendu de former des établissements sur la côte. Chaque bateau loge une famille, y compris les grands-parents, les enfants et petits-enfants. La population de cette ville extraordinaire paraît être de cent mille âmes.

Le pays qui environne Canton est sain et très-beau ; on y trouve en abondance tout ce qui est nécessaire à la vie et même à ses délicatesses. A l'époque où j'ai visité la Chine, Canton était la seule ville où il fût permis aux Européens de commercer. Mais ceux-ci désiraient toujours pénétrer plus avant, et, ainsi que je vous l'ai dit, le résultat des dernières guerres leur en a heureusement ménagé les moyens. Les traités récemment conclus permettent, en effet, aux Français, aux Anglais, aux Russes et aux Américains le libre accès de la Chine.

Le principal article d'exportation en Chine est le thé, dont les étrangers tirent, dit-on, vingt millions de kilogrammes chaque année. Les soins relatifs au commerce sont dévolus à un conseil appelé Hong. Ce conseil est composé de douze ou quatorze riches marchands. Les négociants chinois sont très-honorables dans leurs relations commerciales, quoique les friponneries des subalternes qu'ils emploient les aient fait quelquefois soupçonner de fourberie. Ainsi un de mes amis reçut, un jour, en cadeau une caisse de thé qui lui était directement envoyée de Chine. En ouvrant la caisse, il trouva que le milieu était rempli de sciure de bois, laquelle avait été sans nul doute substituée au thé par les gens qui avaient été chargés de l'emballer ou de le porter au vaisseau.

Après nous être entretenus de Canton, qui, jusqu'à présent, a été pour nous la ville la plus importante de la Chine, nous allons dire quelque chose de cet empire en général.

La Chine est un très-vaste pays, prodigieusement peuplé. On prétend que huit Chinois se trouveraient à l'aise où deux Français sont gênés. On demandait à un Chinois, amené à Paris, il y a une dizaine d'années, comment il trouvait cette ville. « Assez jolie, répondit-il, mais si petite et si déserte! » On assure que la Chine contient plus de deux ou même de trois cent millions d'habitants. Très-peu d'Européens, excepté nos missionnaires, ont pu jusqu'à présent voir l'intérieur du pays, à cause de la difficulté qu'il y avait à s'y introduire. Cependant, on raconte qu'un Ecossais, qui parlait très-bien le chinois, ayant pris le costume des indigènes, traversa Canton et fit plus de cent cinquante milles sans être inquiété; mais enfin on le reconnut pour un étranger, et il fut renvoyé sur-le-champ, avec l'avertissement que si jamais il renouvelait la même tentative, il paierait son audace de sa tête.

Les Chinois prétendent qu'il y a dans leur pays plus de quatre mille villes, que les côtes sont défendues par quatre cent trente-neuf châteaux, et que les villages qui couvrent le pays sont innombrables. Leur armée serait d'un million d'hommes. Tout cela peut être vrai; mais quant à la force des citadelles et à la valeur de l'armée qui défendent le *Céleste-Empire*, ainsi que les Chinois appellent emphatiquement leur patrie, nous en avons fait en 1860 une expérience qui permet de ne pas les craindre.

Presque toute la surface de la Chine est admirablement cultivée; les parties montagneuses mêmes sont mises en rapport. Comme autrefois en Judée, on bâtit des murs pour supporter les terres, et au moyen de pompes, l'on fait monter l'eau pour arroser et fertiliser ces terrasses superposées en amphithéâtre.

Les travaux d'irrigation sont admirablement entendus en Chine; partout où n'existent pas des grands cours d'eau naturels, l'art y a suppléé par des canaux navigables. Le plus considérable de ces canaux, appelé canal Impérial, s'étend de Canton à Pékin. Ces deux villes sont à plus de trois cents lieues l'une de l'autre, et le canal, à cause de ses détours, a plus de cinq cent cinquante lieues de longueur.

Mais ce qu'il y a de plus célèbre et peut-être de plus curieux en Chine, c'est la grande muraille bâtie tout en pierres, mesurant cinq cents lieues de long et traversant vallées et montagnes ou plutôt, en ce qui touche à ces dernières, grimpant à leurs flancs, escaladant leurs arêtes les plus aiguës. Ce mur, dont la hauteur moyenne est de dix mètres environ, est si épais que son sommet forme une sorte de route où six hommes à cheval peuvent galoper de front. Elle borne la Chine au nord, et elle a été élevée, il y a bien des siècles, pour protéger le pays contre les fréquentes invasions des Tartares. C'est la construction la plus gigantesque qui soit sortie des mains des hommes, et le témoignage le plus évident de la patience opiniâtre des Chinois.

L'empereur de Chine réside à Pékin, qui est une des plus grandes villes du monde. Elle est entourée de hautes murailles et exactement carrée. Les rues y sont droites; plusieurs ont une lieue de parcours. La foule qui ne cesse de s'y presser est presque incroyable, et l'on y voit un nombre incalculable de mules, de chariots, de chameaux et d'équipages. Ce qu'il y a de singulier, c'est que, au milieu de cette quantité de personnes qui circulent, on ne découvre pas une femme. En voici la raison. Dès que les petites Chinoises ont atteint l'âge de sept ans, on enferme leurs pieds dans des espèces de chaussures excessivement étroites, qui les serrent, les contournent et les empêchent de croître. De plus, comme tous les doigts sont resserrés sous la plante du pied, ils ôtent absolument aux pauvres femmes la faculté de marcher; ou, du moins, elles ne peuvent le faire qu'avec la plus grande peine et avec une souffrance qui doit nécessairement leur en ôter le désir.

Vue du palais impérial et du parc, à Pékin.

Le palais de l'empereur couvre un espace de près d'une lieue et demie de circonférence, et présente un curieux assemblage de vastes bâtiments, de kiosques, grandes cours et de magnifiques jardins; ce palais est entièrement entouré d'une double muraille.

Nankin (c'est-à-dire *la Cour-du-midi*) est aussi une ville

très-renommée. Elle a été une des plus grandes de l'empire, mais elle a beaucoup perdu de son importance. Le mur dont elle est entourée a plus de cinq lieues de circonférence. On trouve à Nankin un grand nombre de manufactures, et elle a donné son nom à un tissu de coton fin, serré et très-solide qui a été longtemps fort à la mode en France et qui est toujours d'un très-grand usage dans nos colonies.

Hors des murs de la ville, au milieu des vastes bâtiments d'un couvent de bonzes, s'élève la fameuse tour de Nankin, la plus remarquable des prétendues tours de porcelaine en Chine. Haute de plus de soixante mètres, elle est divisée en neuf étages, et l'on y monte par huit cent quatre-vingt-quatre marches. Aux coins des corniches de chaque galerie pendent des cloches sans nombre, qui produisent, quand elles sont agitées par le vent, une sorte de carillon très-agréable... au moins pour les oreilles chinoises.

Le gouvernement de la Chine est ce qu'on appelle absolu ; c'est-à-dire que la volonté de l'empereur n'est contrôlée par aucune loi, qu'il peut faire tout ce qui lui plaît, et qu'il dispose arbitrairement de la vie et des biens de tous ses sujets ; en sorte que, s'il est disposé au mal, rien ne peut s'opposer aux mauvaises actions qu'il voudrait commettre. Le peuple chinois obéit à son autorité avec la soumission la plus aveugle et la plus servile. On lui donne les titres de *fils du ciel,* de *seul maître de toute la terre*, etc., etc., et beaucoup d'autres non moins pompeux. Il est quelquefois entouré d'une garde de qua-

rante mille soldats avec leurs drapeaux et leur musique.
Dans ces circonstances solennelles, des princes nombreux,
des grands de l'empire, et souvent même des rois tribu-
taires, rehaussent par leur présence l'éclat du cortége.

Tel est le respect porté à l'empereur, qu'il est d'usage
de s'agenouiller devant ses mandats ou ses ordres écrits,
et que l'on ne paraît point en sa présence sans toucher
neuf fois la terre de son front. Peu d'années après mon
voyage en Chine, un ambassadeur européen fut renvoyé
sans avoir pu être admis à une audience de l'empereur,
parce qu'il avait refusé de se soumettre à ce cérémonial.

On sait peu de chose des véritables croyances des Chinois lettrés, c'est-à-dire savants. On sait seulement qu'ils
ont un grand respect pour les opinions de Confucius, ancien philosophe très-célèbre. Quant au peuple, il est payen;
les temples sont remplis d'idoles gigantesques, pour lesquelles il montre une grande vénération et auxquelles il
attribue une grande puissance.

Nos intrépides et généreux missionnaires ont souvent
pénétré en Chine, au péril de leur vie, pour évangéliser
ce pauvre peuple, dont le fanatisme grossier et surtout
l'ignorance de toute vérité chrétienne sont si dignes de
compassion ; ils y ont bravé les plus affreux supplices et
souffert le martyre; mais plus d'une fois, Dieu merci, ils
sont parvenus à travailler avec quelque succès à la conversion de ces pauvres infidèles. Cependant le nombre des
convertis est encore bien minime. En revanche ceux qui
ont le bonheur d'être appelés dans le sein de l'Eglise y
apportent un zèle, une bonne volonté, une ferveur qui ne

sauraient manquer d'attirer sur le pays tout entier les bénédictions divines. Je lisais dernièrement une lettre écrite à ce sujet par un lieutenant de vaisseau qui a fait une croisière dans la mer de Chine et habité quelque temps Canton; il disait qu'ayant eu l'occasion de voir quelques familles chinoises catholiques, dans leur intérieur, il avait reconnu que leurs habitudes de vie et leurs vertus privées offraient le contraste le plus frappant et le plus édifiant avec le caractère et les habitudes des autres familles. »

Ici Mme du Plessis prit la parole :

« J'ai eu, dit-elle, il y a quelques années, l'honneur et le plaisir de déjeuner et de passer une matinée avec le vicaire apostolique actuel de la mission de Canton, qui était venu en France pour affaires. Nous avons été profondément émus et attendris jusqu'aux larmes, des détails que nous a donnés cet excellent prélat, avec une simplicité, une douceur et une humilité incomparable, sur les travaux et les résultats de la mission. Sous le calme et la modeste dignité de ses paroles, on sentait vibrer l'ardente foi, le zèle infatigable du missionnaire, et ses simples récits échauffaient nos cœurs et forçaient nos larmes plus que ne l'eût fait la plus vive éloquence.

Il aime les Chinois, parmi lesquels il a la consolation de trouver, ainsi que le disait tout à l'heure M. de Mareuil, la foi ardente, la fermeté inébranlable des premiers chrétiens, et il nous en a cité les exemples les plus touchants. Je vous en répèterai seulement deux.

Il faut d'abord que vous sachiez, mes enfants, que la mission de Canton se compose de plus d'un million d'âmes et s'étend à plus de trois cents lieues. Il n'était pas autrefois possible aux missionnaires de se montrer dans les villages; et quand ils le faisaient en certaines circonstances, c'était au risque de leur vie. Ils s'établissaient d'ordinaire dans un bateau, où ils se tenaient cachés, ne sortant que la nuit et rarement, quand les néophytes estimaient pouvoir sans danger leur faire faire une petite promenade; mais ils ne laissaient pas pour cela de travailler assidûment à la conversion des idolâtres. Ils ont formé des catéchistes, convertis par eux, à qui ils donnent leurs instructions, qui leur rendent compte de leurs travaux et qui leur amènent, pendant la nuit, ceux auxquels ils ont enseigné les premières vérités de la foi, pour que *le Père* (c'est ainsi qu'on nomme le missionnaire) achève de les instruire et leur donne le baptême. Les catéchistes chinois sont entretenus aux frais de la mission et rendent les plus grands services par leur zèle apostolique.

Le bon évêque nous contait donç qu'une femme chinoise, convertie depuis un an, était un jour venue le trouver. Les convertis abordent toujours le Père en se mettant à genoux pour recevoir sa bénédiction, et lui baisent la main. C'est ce que fit avec beaucoup de respect et de dévotion, la femme dont nous parlons, elle était accompagnée de deux enfants et avait l'air fort triste et abattue.

« Eh bien, ma fille, lui dit l'évêque, que vous est-il arrivé depuis que nous ne nous sommes vus? »

La pauvre femme écarta modestement son vêtement et montra ses épaules qui étaient couvertes de profondes cicatrices. Elle fit également voir ses bras entièrement labourés par des traces de blessures et de coups. « C'est mon mari, dit-elle, qui m'a traitée ainsi, à cause de ma foi. »

Le bon Père, attendri, lui dit : « Mon enfant, au milieu de tous ces tourments, ne vous êtes-vous pas repentie de vous être faite catholique? n'avez-vous jamais murmuré contre la providence de Dieu ?

— Jamais! mon Père, répondit-elle. Et elle ajouta : Je vous amène mes deux derniers enfants pour que vous les baptisiez; après cela, mon mari fera de nous ce qu'il voudra. »

N'est-on pas ému jusqu'au fond de l'âme par la sublime simplicité de ces paroles?

Voici le second trait :

Un jeune garçon de quatorze ans avait été converti, baptisé, puis il était retourné chez son père. Au bout de quelque temps, celui-ci remarqua que son fils ne se joignait plus à la famille pour prendre part à ses pratiques superstitieuses. Il lui dit : « Mon fils, tu n'es plus le même, tu ne prends plus part à nos prières et à nos cérémonies; je crains que tu n'aies prêté l'oreille à de mauvais conseils et que tu ne sois devenu chrétien.

— Vous ne vous trompez pas, mon père, reprit modestement et avec fermeté le jeune homme, je suis chrétien et je n'ai pas de désir plus ardent que de vous voir partager ma croyance. »

Le père éclata en reproches et en menaces : « Je t'ordonne, s'écria-t-il en terminant, de revenir à nos dieux. Si tu ne le fais pas, je te chasserai de chez moi, et tu n'y rentreras jamais.

— Mon père, reprit l'enfant, vous savez que je vous ai toujours obéi, et je voudrais vous obéir encore; mais je dois premièrement obéir à Dieu : la vérité est dans la foi chrétienne; je resterai chrétien. »

Le père, voyant qu'il ne parviendrait pas à vaincre la résolution de son fils, le mit sur-le-champ à la porte de sa demeure. C'était le soir.

Le pauvre enfant alla demander un asile à deux ou trois personnes, qui le repoussèrent impitoyablement. Le lendemain matin, il sollicita des secours; mais, par une disposition de Dieu, tous ceux à qui il s'adressa, le repoussèrent : il ne put obtenir même quelques aliments.

« Que ferai-je? se dit-il; j'irai au Père, lui ne me repoussera pas! »

Mais la Mission était éloignée de plus de quatre-vingts lieues; comment parcourir cette distance à pied, et dénué de tout? L'héroïque enfant ne se découragea pas, il entreprit ce long voyage, qu'il dut accomplir tout entier sans que personne vînt à son secours? Il marcha constamment à pied, se soutenant à peine avec des fruits sauvages, des feuilles, de l'écorce d'arbre; quand il arriva, il était si épuisé, qu'il tomba presque évanoui aux pieds de l'évêque. Jugez de la tendresse paternelle avec laquelle le digne missionnaire accueillit ce noble et courageux enfant! Après l'avoir soigné et rétabli, il l'a placé, nous dit-il, dans une famille chinoise catholique, où il est très-heureux.

Vous voyez, mes enfants, ce que l'on peut faire avec la ferme volonté d'obéir à Dieu et de le bien servir. »

L'oncle Charles reprit la parole :

« Les Chinois, dit-il, sont un peu plus petits que les Européens, et leur teint est jaunâtre. Un grand embonpoint est considéré comme une beauté chez les hommes.

L'empereur et sa famille ont seuls le droit de porter des vêtements jaunes. Le peuple ne porte que du bleu ou du noir; le blanc est la couleur du deuil. Les modes ne varient jamais.

Ils ont beaucoup de force et d'adresse, et j'ai vu un tour de leur façon qui m'a paru surprenant. Quatre hommes se sont placés à côté l'un de l'autre de manière à former un carré parfait et solide; alors deux autres hommes ont grimpé sur leurs épaules, où ils se sont tenus très-droits et très-fermes, tandis qu'un troisième s'établit sur les épaules des deux derniers, tous formant ainsi une pyramide. Vous vous demanderez peut-être comment le dernier de ces hommes peut rester fermement debout, à cette place, et comment les premiers soutiennent le fardeau qui repose sur leurs épaules, mais je n'ai pas encore tout dit. Un autre homme, grimpant au moyen d'une échelle, vient se mettre à son tour sur une des épaules du dernier monté, où il s'assure d'une manière solide; puis, du bas de la scène, on fait parvenir jusqu'à lui un autre individu, qu'il prend par la ceinture, l'y balance au dessus de sa tête, en se plaçant lui-même, pendant ce temps, sur une seule jambe ; il se tient ainsi pendant quelques instants. Il semble que tout cet échafaudage va s'écrouler et qu'il y aura pour le moins une ou deux têtes fendues et une demi-douzaine de bras et de jambes cassés ; mais pas du tout : celui qui tient le dernier homme, le lance tout à coup, la tête en bas, les jambes en l'air, parmi les spectateurs, qui le reçoivent dans leurs bras, tandis que lui-même, se jetant de côté, disparaît au milieu de la foule.

— Ce sont là des jeux que je n'aime pas, dit Paul, il me semble que des hommes si forts et si adroits devraient faire un meilleur usage de leur force et de leur adresse, et ne pas risquer leur vie, qu'ils pourraient rendre si utile, pour inquiéter ou amuser des badauds !

— Ta réflexion est juste, mon cher Paul, dit M. de Mareuil ; je dois cependant te faire observer que ces sortes de spectacles qui sont en honneur chez tous les peuples, ont l'avantage de donner aux populations, qu'ils inté-ressent et récréent, le goût des exercices du corps, exercices si nécessaires au développement physique de la jeunesse.

Mais revenons à nos récents alliés et nouvaux amis les Chinois dont le caractère, malheureusement faussé par une religion et un despotisme abrutissants, est loin d'être esti-mable. Ils n'ont, en effet, montré jusqu'ici dans leurs re-lations non-seulement avec les individus, mais même avec les gouvernements européens, ni bonne foi, ni droiture, ni courage. Lâches au moment du danger et traîtres quand ils pensent pouvoir s'assurer l'impunité, ils ne sauraient inspirer la moindre confiance. Les écrits de Confucius témoignent cependant encore de la sagesse qui autrefois faisait leur renommée; mais en même temps que le trop grand essor donné à leur civilisation les amenait à cet état de matérialisme égoïste dont je vous ai signalé les dangers en vous parlant des Perses, le sens moral s'est corrompu chez eux.

Sans doute, il doit y avoir d'honorables exceptions au portrait qu'on a plusieurs fois tracé des défauts de leur caractère, et, maintenant que des traités internationaux permettent de faire pénétrer plus librement chez eux les vérités et les préceptes du christianisme, il est permis d'espérer pour eux une entière régénération.

Je ne saurais quitter la Chine sans vous parler de celle de ses productions qui est la plus populaire en Europe, je veux parler du thé.

L'arbre à thé, abandonné à lui-même, atteint à la hauteur d'environ trois mètres; mais on le taille de manière à le réduire aux proportions d'un de ces arbustes qui, dans nos jardins, portent le cassis.

Sa végétation est très-active et très-abondante. Sur la même plante on voit à la fois les feuilles, les fleurs et les graines. La graine est amère et ne sert à aucun usage; les feuilles seules ont du prix. On les recueille habituellement le matin, quand elles sont encore couvertes de rosée; on les roule sur des assiettes de fer blanc, et on les fait sécher au soleil. Le thé subit plusieurs préparations avant d'être livré au commerce; mais ces préparations, très-minutieuses, dit-on, sont le secret des Chinois, et nous ne les connaissons pas. Il est à remarquer que cette plante ne -croît dans aucune autre contrée qu'en Chine, au Japon, et dans le royaume d'Assam, qui est situé sur la frontière orientale de l'Inde. Le thé pousse naturellement dans ces pays, mais on le cultive en immense quantité en Chine. Il vient quelquefois sur de hauts rochers et sur des côtes escarpées et inaccessibles. On dit que dans ce cas les industrieux Chinois ont dressé des singes à grimper sur ces arbustes, en quelque position qu'ils soient, et à les dépouiller de leurs feuilles. Si la récolte est bien faite, les singes reçoivent de leurs maîtres quelques friandises; mais s'ils s'y prennent maladroitement, ils sont battus.

Le thé a été apporté en Europe il y a environ deux cents ans; auparavant, ce précieux produit n'était pas connu chez nous. Il se passa ensuite bien des années avant qu'on l'employât dans le Nouveau-Monde. Un Américain m'a raconté que son grand-père ayant reçu en cadeau une petite quantité de thé, sa famille, qui avait entendu parler de cette plante, ne sut cependant comment l'employer. On imagina d'en mettre un peu dans une cafetière d'eau, et quand il eut bien bouilli, on essaya de manger les feuilles. Mais cela parut si horriblement amer, que l'on dut recourir à une autre méthode. On mit des feuilles dans une poële, et on les fit frire; cela ne valait pas mieux. On fit plusieurs autres expériences sans plus de succès, jusqu'à ce que le thé fût mis de côté comme une chose non-seulement inutile, mais détestable. Il y a plus de cent ans que cela se passait. Aujourd'hui le thé, en Amérique aussi bien qu'en Angleterre, en Russie et en France, est un breuvage très-populaire et très-apprécié.

———

Nous n'avons qu'à franchir par la pensée la haute muraille de la Chine pour nous trouver dans une des parties les moins civilisées de l'Asie. C'est la Tartarie, suite interminable de steppes sauvages se déroulant au milieu de chaînes de montagnes plus sauvages encore, qui borne la Chine au nord et à l'ouest et qui, située à peu près au milieu de l'Asie, est souvent appelée Asie centrale.

Cette immense région est peu peuplée, ses rares habitants sont divisés en hordes ou peuplades nomades, répandues sur tout le pays et appelées du nom général de Tartares. On distingue toutefois trois groupes distincts de Tartares : les Mantchoux, qui vivent près de la Chine; les Mongols, et les Calmouks. Ni les uns ni les autres ne se fixent dans des villes; ils mènent une vie errante et regardent avec mépris ceux qui ont des demeures fixes et se livrent à des occupations sédentaires. Les Tartares ne cultivent pas la terre et mangent très-peu de végétaux. Ils se nourrissent principalement de viande, et aiment surtout la chair de cheval, le mouton et la venaison. Ils ont du lait en abondance et font du beurre et du fromage. Ils préfèrent le lait de jument à tout autre, et en font une espèce de boisson fermentée, dont ils sont très-friands. Ces peuples s'abritent sous des tentes faites avec une sorte de drap grossier supporté par des piquets plantés en terre.

Les Tartares ont de très-beaux et bons chevaux; ils sont excellents cavaliers et passent à cheval la plus grande partie de leur vie. On prétendait autrefois qu'ils buvaient, mangeaient et dormaient à cheval, mais ce sont là des contes de voyageurs qui n'ont aucun fondement. La lance est pour eux l'arme nationale; ils la manient avec la plus grande dextérité. Ces lances sont deux fois longues comme le corps d'un homme, et terminées par une pointe de fer. Ils s'en servent à la guerre, comme dans les chasses d'animaux féroces, et cela avec tant de force et d'adresse, qu'en la lançant à distance, ils la font passer à travers le corps d'un homme ou d'un animal. Outre la lance, les Tartares ont comme arme offensive l'arc et la flèche. Quand ils ont décidé qu'une grande chasse aura lieu, ils s'assemblent en grand nombre, et se lancent, à cheval, à la poursuite des cerfs ou autres animaux. La vitesse des chevaux, la hardiesse des cavaliers, l'adresse et l'ardeur des chasseurs donnent à cet amusement un aspect plein d'animation et d'interêt.

Les Tartares sont, en général, mahométans. Parmi beaucoup d'autres singulières coutumes, ils ont celle d'enterrer avec tout homme mort, le meilleur de ses chevaux et différents autres objets, qu'ils considèrent comme ayant une grande valeur, parce qu'ils s'imaginent qu'ils pourront être fort utiles, dans l'autre monde, à l'individu qui vient de quitter celui-ci.

L'histoire de cette race célèbre n'est pas à beaucoup

près dénuée d'intérêt; il s'est trouvé parmi eux quelques hommes très-remarquables; entre autres, deux fameux conquérants : Gengis-Khan, qui, de simple chef d'une horde mongole, soumit à son autorité souveraine un territoire de plus de six mille kilomètres, s'étendant de la mer à Pékin. Plus tard, Tamerlan, ou Timour-Leng, descendant par les femmes de Gengis-Khan, étendit ses conquêtes jusqu'à l'Egypte, et marcha vers la Chine, à la tête de deux cent mille hommes; mais il mourut en route.

Un des fils de Gengis-Khan régna en Chine et y fonda la dynastie des Yen ou Mongols, et l'empereur de Chine actuel est de race tartare. Maintenant les différentes tribus de la Tartarie sont assujetties à la Chine, et le pays entier s'appelle Tartarie chinoise.

Une autre contrée remarquable, assujettie à la Chine, est le Thibet. C'est un pays de hautes montagnes et de profondes vallées, où se trouvent des précipices profonds, de larges et bruyantes cataractes, et des pics gigantesques dont les sommets sont toujours couverts de neige. Le Thibet est borné au midi par les plus hautes montagnes qu'il y ait au monde; c'est l'Himalaya, dont les cimes n'ont jamais été foulées par un pied humain. Aucun être vivant ne tente l'ascension de ces montagnes, si ce n'est quelques chèvres au pas assuré, et, de temps à autre, quelques oiseaux qui voltigent à l'entour, tandis que le voyageur stupétait regarde à distance, avec une surprise mêlée d'effroi, ces prodigieux ouvrages de la nature.

Quand le soleil brille sur les sommets éblouissants de l'Himalaya, ils ressemblent à de magnifiques cités d'or et d'argent, avec des tours, des clochers, des palais; mais quand ils sont enveloppés des ombres du soir, tous ces objets fantastiques s'évanouissent, et les montagnes prennent l'aspect de sombres nuages, pesant sur le ciel, et menaçant d'une effroyable tempête tous les pays voisins.

L'intérieur du Thibet est peu connu ; bien peu de voyageurs européens ont jusqu'ici pénétré dans ces régions sauvages, dont les habitants paraissent avoir des mœurs douces et humaines. Le Thibet est renommé par une espèce de chèvres qui s'y trouvent en grand nombre et qui fournissent la belle laine dont on fait le cachemire. Cette laine est envoyée dans l'Inde septentrionale, où elle est mise en œuvre, et produit les magnifiques châles dont on fait si grand cas et que l'on paye à prix d'or en France et dans tous les pays civilisés.

C'est au Thibet, dans un temple érigé sur une haute montagne, que réside le grand Lama, idole vivante, adorée dans une grande partie de l'Asie. On dit que ce temple contient dix mille chambres, remplies d'images et d'idoles en or et en argent. Un nombre immense de pèle-. rins de toutes les parties de l'Asie se pressent sans cesse dans ce temple, pour y rendre hommage au grand Lama, qui, entouré de tous ses prêtres, appelés comme lui lamas, est assis, les jambes croisées, à l'orientale, sur un trône élevé où il s'offre à la vénération de ses adorateurs. Ceux-ci croient que le grand Lama est un homme en qui réside l'Esprit de Dieu, et qui ne peut mourir. Ils pensent seulement que sa jeunesse se renouvelle à certaines époques. Pour les entretenir dans cette croyance, les lamas cherchent, de son vivant, un enfant qui lui ressemble, et, quand ils l'ont trouvé, ils l'instruisent du rôle qu'il doit jouer, et le substituent adroitement au grand Lama quand celui-ci meurt. Il faut que le plaisir d'être adoré soit bien vif et bien puissant sur les âmes païennes, pour qu'il se trouve des êtres qui consentent à tromper ainsi leurs semblables, et à jouer toute leur vie la triste et fatigante comédie qu'exige cette supercherie. Heureux le chrétien qui place au-dessus de tous les honneurs et de tous les biens de la terre, la gloire d'aimer Dieu et de le servir en toute simplicité et humilité. La vérité lui sert de guide, et c'est dans la vérité qu'il trouvera sa récompense.

———

Nous arrivons maintenant au Japon, dont les habitants ont extérieurement beaucoup de ressemblance avec les Chinois, quoiqu'ils en diffèrent beaucoup par le caractère.

Le Japon consiste en un groupe d'îles situées à l'est de l'Asie, et dont les principales sont : Yéso, Niphon, Ximo ou Kiousien, et Sikokf. La capitale de l'empire est Yeddo, dans l'île de Niphon. Ces îles sont très-montagneuses, et il s'y trouve plusieurs volcans; mais l'aspect en est généralement pittoresque, et le sol parfaitement cultivé. Comme les tremblements de terre et les ouragans sont fréquents dans ces parages, on est obligé de ne donner aux maisons qu'un seul étage, pour éviter qu'elles soient renversées lorsque se produisent inopinément ces terribles convulsions de la nature.

Les Japonais sont très-intelligents, instruits, industrieux et d'une propreté remarquable; aussi trouvent-ils les Européens très-sales. Ils n'enferment pas leurs femmes comme les Chinois, et il paraît que l'habitude de celles-ci est de faire leur toilette en public, à la porte de leur maison. Une lettre particulière d'un des attachés à l'ambassade anglaise, qui a dernièrement pénétré au Japon, nous apprend, en effet, qu'en défilant dans les rues de Yeddo, il a vu des dames japonaises qui se lavaient dans un baquet, placé devant leur maison, sans se préoccuper le moins du monde des passants, pas même des étrangers qu'elles voyaient pour la première fois. Notre ambassade, arrivée plus tard à Yeddo, a eu moins d'occasions de faire des observations, parce que le pays était dans un grand deuil par suite de la mort de l'empereur.

Les Japonais sont idolâtres, superstitieux et généralement portés à la cruauté, quoique aimables et extraordinairement polis dans leurs manières. Ils sont si cérémonieux et tiennent tellement à l'étiquette, qu'ils ont sur ce sujet des livres qui leur donnent les règles de politesse les plus minutieuses et dont ils ne s'écartent jamais.

Avant le XVIᵉ siècle, les étrangers étaient admis dans les villes du Japon, et les missionnaires portugais y avaient fait un grand nombre de conversions; le gouvernement en prit de l'ombrage et bannit tous les Européens de l'empire, ne laissant aux Portugais que l'accès d'une seule ville, où il leur fût permis de trafiquer. Puis commença une horrible persécution contre les familles japonaises qui avaient embrassé le christianisme; plus de quarante mille personnes périrent dans cette cruelle persécution. Un traité récemment conclu avec le Japon permet à tous les étrangers l'entrée de ce pays et stipule la résidence d'un ambassadeur de chaque nation. Tout permet donc d'espérer que nos missionnaires pourront s'y livrer avec de nouveaux succès à leur glorieux apostolat.

Les Japonais paraissaient se trouver parfaitement heureux sous leur gouvernement, qui était pourtant tout à fait despotique et exerçait un contrôle incessant sur toutes leurs actions publiques et privées, mais il faut ajouter qu'il vient d'y éclater une révolution dont l'avenir seul fera connaître les résultats.

Du Japon j'étais revenu en Chine d'où, après un second séjour à Canton, pour attendre que le navire sur lequel je devais m'embarquer eût achevé d'opérer son chargement de thé et de soieries, je fis voile pour l'Amérique.

Nous descendîmes la rivière de Canton, nous traversâmes la mer de Chine; puis, repassant devant la presqu'île de Malacca et entre les grandes îles asiatiques, nous voguâmes bientôt sur l'océan Indien.

Pendant que nous naviguons paisiblement sous un des

plus beaux climats du monde, nous employâmes les loisirs de la traversée à recueillir les récits du capitaine de notre navire sur quelques-unes des contrées de l'Asie que la plupart d'entre nous n'avaient pas encore visitées.

L'Indo-Chine, nous dit-il, situé au sud de la Chine et du Thibet entre la mer de Chine, le détroit de Malacca et le golfe du Bengale, est un pays fort curieux à étudier. Je comprends ces contrées fameuses que les anciens nommaient la *Chersonnèse-d'Or*, et qui justifient si bien ce titre par leur merveilleuse fécondité. En quelques endroits, assure-t-on, on fait jusqu'à quatre récoltes par an. De plus les mines d'or et d'argent y abondent.

L'Indo-Chine se divise en cinq grandes parties : à l'est, le royaume d'Annam, qui comprend le Tonkin et la Cochinchine. Il est habité par des colonies chinoises qui y ont implanté les doctrines de Confucius. La capitale du royaume est Hué, et Saïgon une de ses villes principales. A la suite de plusieurs expéditions ayant pour objet de demander raison du massacre de nos missionnaires, nous avons fondé en ce pays des établissements considérables dont l'extrême Orient et l'Europe peuvent attendre également les meilleurs résultats, au double point de vue de la religion et de la civilisation.

Au centre se trouve le royaume de Siam, appelé aussi Youdra-Zée (pays des hommes libres). L'organisation publique et sociale de ce pays est bien loin de justifier ce titre. Comme dans toutes les monarchies asiatiques, le roi jouit d'un pouvoir illimité et despotique dont rien dans notre histoire et dans nos mœurs européennes ne peut donner une idée. Le peuple est idolâtre et très-cruel. Bankok, la capitale, est la seule ville de quelque importance que connaissent les Européens. Les Siamois sont très-fiers de la supériorité de leur langue sur tous les autres idiomes de l'Indo-Chine.

Au sud s'avance très en pointe dans la mer la presqu'île de Malacca, dont nous avons déjà parlé.

Enfin, à l'ouest, s'étendent l'empire Birman et l'Indo-Chine anglaise. Cette dernière s'est formée de l'ancien et célèbre royaume d'Assam, placé dans une large vallée que baigne le Brahmapoutra; c'est une des terres les plus fertiles du monde. La soie, le coton, le musc, la laque, l'ivoire, le poivre y sont l'objet d'un commerce actif et intelligent.

Mais c'est surtout l'empire Birman, fondé par Alempra, conquérant illustre, qui, de simple particulier, devint chef d'un vaste et puissant Etat, qui mérite de fixer l'attention du voyageur.

Non-seulement cet empire, dont la capitale est Ava, est de beaucoup plus considérable que les autres Etats de l'Indo-Chine, mais il a, grâce au caractère courageux et entreprenant des peuples qui l'habitent, une importance incontestable. Ce sont en effet les Birmans qui, il y a une cinquantaine d'années, ont pris l'initiative de la lutte contre la domination anglaise. La guerre qu'ils ont déclarée alors aux oppresseurs de l'Inde, ravivée plusieurs fois sur divers points, menace sans cesse de se rallumer, et nul n'en peut prévoir l'issue.

L'empereur des Birmans habite à Ava un palais magnifique. Des missionnaires, qui l'ont vu passer au milieu d'un splendide cortége, racontent qu'il avait à sa suite des vice-rois en grand costume, des officiers, des soldats, des chevaux et des équipages de tous genres, des centaines d'éléphants montés par des personnages d'importance, et une foule d'hommes, de femmes et d'enfants.

Au centre du cortége s'avançait un superbe éléphant blanc couvert de merveilleux ornements et accompagné de gens très-richement habillés. Cet éléphant paraissait inspirer le plus grand respect, et tout le monde, sur son passage, tombait à genoux, la face contre terre.

C'était un splendide et très-curieux spectacle.

Sauf les Malais, tous les habitants de ces différents royaumes ont beaucoup de ressemblance avec les Chinois, mais ils sont moins civilisés. Le climat est très-chaud, et la terre produit différentes espèces de plantes aromatiques, d'arbustes à épices et des fleurs magnifiques en profusion. Mais la culture des terres est généralement négligée.

Si maintenant nous franchissons le golfe du Bengale, nous nous trouvons dans l'Indoustan ou presqu'île occidentale de l'Inde, qui, déjà célèbre dans l'antiquité, a été de tout temps l'objet de l'admiration et des convoitises de l'Occident.

Occupé jusqu'à la fin du XIVe siècle par des Musulmans venus de la Perse et de l'Arabie, l'Indoustan fut conquis par Tamerlan qui l'incorpora au vaste empire du Mogol. Trois siècles plus tard, Kouli-Khan, en détruisant ce puissant empire, fit entrer l'Indoustan dans des voies nouvelles. L'esprit d'indépendance se réveilla chez ces populations si longtemps courbées sous un joug de fer; des guerres intestines éclatèrent, et les Européens, appelés comme alliés et protecteurs par les factions rivales, purent réaliser des projets d'établissements et de conquêtes depuis longtemps formés.

Tippo-Saeb fut le dernier défenseur de la nationalité indienne, et sa mort, arrivée en 1709, anéantit la puissance réelle de ce célèbre empire, possédé aujourd'hui en grande partie par les Européens et surtout par les Anglais, pour lesquels cette partie de l'Asie est une inépuisable source de richesses.

Sur cent cinquante et un millions cinq cent mille habitants que compte l'Indoustan, trois millions sept cent mille seulement échappent à la domination anglaise et se divisent ainsi : deux cent mille dans nos établissements ; cinq cent mille dans les possessions portugaises, et deux millions cinq cent mille dans le royaume indépendant de Népaul.

Les Indiens classés par castes, dont ils ne peuvent sortir, sont les victimes des plus grandes erreurs et du plus profond despotisme. Ces castes sont au nombre de quatre : 1° celle des *brahmines* ou prêtres; 2° celle des militaires; 3° celle des laboureurs et des commerçants; 4° celle des parias qui comprend les ouvriers et domestiques, et dont tous les membres sont fatalement voués à l'asservissement et à l'abjection.

Le christianisme a cependant été prêché en ce magnifique et malheureux pays dès les temps apostoliques, et plus tard saint François Xavier y mérita le titre glorieux d'*apôtre des Indes*. Mais aux premiers siècles de l'Eglise aussi bien qu'aux temps modernes, la prépondérance que les brahmines exercent non-seulement sur le peuple mais sur le gouvernement, tout absolu et despotique qu'il paraisse, a empêché la divine lumière de se répandre parmi le peuple.

On ne connaît dans l'Indoustan que deux saisons : celle des pluies et celle de la sécheresse. Dans la première, la pluie tombe sans cesse ; les rivières se gonflent et débordent, et souvent elles entraînent les maisons avec leurs habitants. Pendant la sécheresse, la terre est fréquemment si brûlée que les fleurs et les feuilles tombent flétries sur le sol. Trop souvent, de terribles famines en sont la suite. En 1793, par exemple, la détresse fut telle, que bien des gens vendirent leurs enfants pour un peu de riz.

On ne connaît pas le froid dans ce pays, et, sinon sur le sommet des montagnes, on ne voit jamais ni glace ni neige ; aussi les Indous se couvrent-ils à peine, et leurs légers vêtements sont-ils faits de coton ou de soie. Leurs maisons ne sont pas grandes et solides comme les nôtres ; ce sont de petites cabanes de roseaux ou de bambou, couvertes de larges feuilles de palmiers.

L'Indoustan est sujet à de violents ouragans, avec des éclairs et des coups de tonnerre épouvantables. Nos orages, mes enfants, ne peuvent même pas donner une idée des trombes et des cyclones dont je veux parler. Figurez-vous cependant un beau jour d'été, à la campagne : tout est calme et tranquille ; les oiseaux s'abritent sous un épais feuillage, les troupeaux dorment étendus à l'ombre, le soleil brille de tout son éclat sur le paysage, la nature entière offre le spectacle du repos et de la sécurité.

Cependant on aperçoit au loin un tout petit nuage ; ce nuage s'étend peu à peu, jusqu'à ce qu'il semble couvrir le ciel. Il approche alors rapidement, accompagné d'un bruit sourd et prolongé qui retentit de colline en colline. Le nuage s'agite violemment, tourbillonne, et semble bouillonner comme les flots d'une cataracte, ou les laves d'un volcan. Les arbres tordent leur cime sous son passage ; les gazons, les moissons et les plantes jonchent le sol. Les maisons tremblent, les montagnes mêmes sont ébranlées. Le ciel devient presque aussi noir que si la nuit était arrivée ; puis un épouvantable rugissement se fait entendre, et des fragments de bois, de pierres, de maisons sont arrachés par le vent et emportés dans les airs.

Le craquement des arbres qui tombent dans la campagne, ou des navires qui se brisent sur le rivage, le vacarme des maisons réduites en mille pièces, la chute des rochers qui se détachent de leurs bases, le beuglement des animaux, les cris des hommes épouvantés, et le tumulte de la tempête résonnent à la fois dans les airs ; on pourrait se croire à la fin du monde !

Tout à coup le calme succède à cette horrible tourmente. On voit le nuage se retirer rapidement, portant avec lui en d'autres lieux, la même épouvante et les mêmes ravages. Les habitants peuvent alors contempler avec désolation leurs habitations renversées, leurs récoltes anéanties, et leur bétail étendu sans vie sur le sol.

Je ne saurais trop, mes enfants, vous recommander de bénir Dieu qui vous a fait naître dans une zône terrestre, où ces grandes convulsions de la nature se présentent fort rarement et n'atteignent jamais cette excessive violence.

Si nous nous occupons de la zoologie et de la flore de ces splendides contrées, nous aurons à y admirer d'immenses richesses. Les animaux sauvages et féroces y comptent de nombreuses espèces, notamment le tigre, l'éléphant, le rhinocéros. On apprivoise sans peine l'éléphant quand on le prend tout jeune. Non-seulement ensuite on lui fait porter des fardeaux, mais encore il devient une monture pour les hommes, qui sont transportés très-commodément sur son dos, dans des espèces de tentes, appelées palanquins, plus ou moins ornées, mais souvent magnifiques, où plusieurs personnes à la fois sont à l'aise. Dans les guerres, les éléphants portent des hommes armés qui combattent avec avantage d'une si grande hauteur. Ces énormes animaux ont souvent fait gagner des batailles contre les Européens, en s'avançant au milieu de l'armée ennemie, et en y portant le désordre et l'épouvante.

Puisque je viens de prononcer le nom de palanquin, laissez-moi vous dire que les éléphants ne sont pas les seuls porteurs de ces sortes de chaises-longues couvertes qui, aux Indes, comme dans presque toute l'Asie, remplacent nos voitures et servent presque uniquement de moyen de transport. Toute une catégorie d'hommes, prise dans la plus pauvre caste, est employée à cet office.

Un sentiment très-désagréable s'empara de moi quand je me trouvai pour la première fois en palanquin, car il me semblait par trop déshonorant pour les hommes de les employer comme des animaux.

Les palanquins ont près de deux mètres de long et un mètre de haut, et sont munis de portes à coulisses et de jalousies, de matelas et de coussins, de sorte qu'on y est couché comme dans un lit. Quatre porteurs suffisent pour la ville, huit pour les excursions plus longues, ils se relayent sans cesse, et courent si vite, qu'ils font quatre milles en une heure et même en trois quarts d'heure. Comme tous ces palanquins sont peints extérieurement en noir, il me semblait voir porter des mourants à l'hôpital ou des morts au cimetière.

Le tigre de l'Indoustan, appelé tigre royal, est le plus grand et le plus puissant de cette espèce redoutable. Pour la force, il égale le lion, et il est beaucoup plus féroce et plus fougueux. Les Indous chassent souvent le tigre, mais c'est un divertissement fort dangereux.

Les tigres, que possèdent les divers jardins zoologiques du monde civilisé, sont pris, dans leur jeunesse, de la manière suivante : quand un chasseur a découvert une tanière dans laquelle il y a de jeunes tigres, il se met aux aguets pour attendre le moment où la mère s'éloigne. Dès qu'elle est hors de vue, il pénètre dans la tanière, et prend les petits qui sont ordinairement trois ou quatre. Ce sont de beaux animaux, dont le poil est aussi doux que celui des jeunes chats. Bientôt la tigresse revient et s'aperçoit qu'on a enlevé ses petits; à l'instant, elle évente la trace du chasseur, qu'elle poursuit avec vitesse, la gueule ouverte, les yeux flamboyants, les griffes tendues, prête à saisir et à déchirer le ravisseur de ses petits.

Le chasseur, qui a prévu cette dangereuse poursuite, fuit rapidement au travers des bois. Bientôt il entend bondir la tigresse derrière lui. Il regarde et la voit venir. Alors il laisse tomber un des jeunes tigres, et continue de fuir. La tigresse s'arrête auprès de son petit, le prend, et court le déposer en lieu de sûreté; après quoi, elle reprend sa course à la poursuite du ravisseur, qui laisse tomber à propos un autre jeune tigre, et continue à fuir de toutes ses forces. Le jeune tigre est pris à son tour par la mère, qui le porte à côté du premier et se remet à poursuivre le chasseur. Mais pendant ce temps, celui-ci est d'ordinaire arrivé à un village, à un bateau, ou enfin à un lieu de refuge quelconque; et il s'est ainsi assuré un ou deux des petits animaux pour lesquels il a couru un si grand danger.

Le rhinocéros est presque aussi grand que l'éléphant et encore plus laid. Il a la peau épaisse, rugueuse, et beaucoup trop large, semble-t-il, pour son corps; elle tombe en plis sur ses épaules, sur son dos, sur ses jambes, et lui donne un singulier aspect. On prétend qu'un boulet de canon ne la percerait pas quand l'animal est avancé en âge. Il peut être agréable de voir ces énormes bêtes quand elles sont en cage ou entourées de barrières; mais il y a, vraiment, peu de plaisir à les rencontrer en plein champ ou dans une forêt.

Je ne dois pas omettre de mentionner les serpents qui sont en grand nombre dans l'Indoustan, les uns sont très-grands, les autres très-venimeux. Ils se multiplient tellement qu'il y en a jusque dans les villes, et un voyageur anglais, qui a écrit un ouvrage fort intéressant sur ces contrées, dit qu'ils viennent souvent dans les maisons, et qu'on en trouve parfois jusque dans les chambres à coucher.

Les productions de l'Indoustan, sont l'objet d'un immense commerce et en font le centre des richesses du monde. La nature a prodigué ses trésors les plus précieux à cette terre magnifique qui s'appuie au nord contre le versant méridional des monts Himalaya, dont les dernières ondulations sont entremêlées de délicieuses vallées. Les campagnes du centre sont fécondées par les inondations du Gange et de l'Indus. Enfin, au sud, se trouve un plateau élevé, qui jouit du plus doux climat et où croissent à profusion des plantes aromatiques et des fruits exquis.

Parmi les principaux produits de l'Inde, figurent le riz, la canne à sucre, le café, le poivre, le gingembre, l'opium, la soie, le plus beau coton du monde, l'indigo, la gomme laque, l'encens, le benjoin, le camphre, plusieurs sortes de bois précieux, l'étain, le zinc et enfin les perles, les diamants et presque toutes les pierres précieuses connues. Ses nombreuses manufactures livrent au commerce les châles, dits de cachemire, de beaux velours, des taffetas, des basins, des percales, des mousselines, etc.

Deux des productions que je viens de mentionner méritent de nous arrêter quelques instants.

C'est d'abord le cocotier, dont la véritable patrie est l'Inde, où il arrive à plus de vingt-cinq mètres de hauteur, et où il porte du fruit dès la sixième année.

Dans d'autres pays, il n'atteint guère plus de quinze mètres, et ne porte des fruits que dans sa douzième ou quinzième année, cet arbre est peut-être le plus utile qu'il y ait au monde; il fournit un gros fruit nourrissant, un lait délicieux, de grandes feuilles qui servent à couvrir et à enclore les cabanes, les cables les plus forts, l'huile à brûler la plus pure, des nattes, des étoffes tissées, des matières colorantes, et même une boisson, appelée toddy, ou l'eau-de-vie de palmier, que l'on obtient en faisant des entailles dans la couronne de l'arbre. Pendant tout un mois, les Indous grimpent matin et soir jusque sous la couronne du palmier, font quelques entailles dans le tronc, et attachent des pots dessous pour recueillir le suc qui en découle. Comme l'écorce de l'arbre est très-rugueuse, l'Indien trouve beaucoup de facilité à y grimper, il passe un fort lacet autour du tronc de l'arbre et autour de son corps, et un second autour de ses pieds, qu'il appuie contre l'arbre; puis il s'élance en haut, en tirant la partie inférieure du lacet avec la main et avec la pointe de ses pieds. Je vis monter de cette manière aux arbres les plus élevés, avec une grande légèreté, en moins de deux minutes. Ils ont autour du corps une courroie à laquelle sont pendus un couteau et un ou deux pots.

Le suc tiré de l'arbre est d'abord clair, doux et agréable; mais au bout de six à huit heures il devient blanchâtre et prend un goût dur et âcre; en ajoutant du riz, on peut en faire de l'arak très-fort. Un bon arbre fournit en vingt-quatre heures plus de deux pintes de ce suc ; mais dans l'année où l'on extrait ce toddy, il ne porte pas de fruits.

C'est ensuite l'indigottier, arbuste de cinquante centimètres à un mètre de haut, à petites feuilles délicates d'un vert-bleu. La récolte d'indigo se fait d'ordinaire au mois d'août ; la plante est coupée assez près du tronc, liée en fascicules, et placée dans de grandes tonnes en bois. On recouvre l'indigo de planches chargées de grosses pierres, et on verse de l'eau par dessus. Au bout de seize heures, ou seulement de quelques jours, selon la nature de l'eau, ce mélange commence à fermenter ; c'est là le moment critique de l'opération ; car il faut que la fermentation ne soit ni trop longue ni trop courte, quand l'eau prend une couleur vert foncé, on la fait couler dans d'autres cuves de bois, on y mêle de la chaux, et on l'agite avec des pelles de bois, jusqu'à ce qu'on obtienne un précipité bleu. Puis on laisse dépasser la masse et on fait écouler l'eau ; la substance qui reste au fond, c'est-à-dire l'indigo, est mise dans des sacs de lin, à travers lesquels l'eau dégoutte entièrement. Dès que l'indigo est sec et durci, on le casse par morceaux et on l'emballe.

Quand je vous ai parlé des castes, j'ai oublié, je crois, d'insister sur la rigueur avec laquelle chaque Indou est en quelque sorte parqué dans celle où il est né et au-dessus de laquelle il ne peut jamais s'élever.

Notre capitaine nous raconta à ce sujet, qu'étant à Calcutta, il avait beaucoup connu un petit Indou qui était commis d'un marchand et qui pourtant appartenait à la caste des brahmines. Près de sa maison vivait un très-riche négociant indigène, qui appartenait à la troisième caste. Ces deux hommes se rencontraient fort souvent, et, en toute occasion, le vieux et riche négociant était obligé de faire les plus profonds saluts au pauvre petit brahmine.

Si, des magnificences du climat et des richesses du sol de l'Inde, nous passons aux croyances religieuses de ses habitants, nous tombons de toutes les splendeurs du plus beau ciel du monde jusqu'au plus profond abîme de l'ignorance et de la superstition. La religion chrétienne nous prescrit de faire pour les autres ce que nous voudrions qu'ils fissent pour nous. Elle nous prescrit encore d'aimer la vérité, de pratiquer la charité, de faire du bien à tous nos semblables. Elle nous défend le mensonge, la cruauté, l'injustice, le faux témoignage, la paresse et l'intempérance; toutes ces choses sont formellement ordonnées ou défendues par les commandements de Dieu. Mais la religion des Indous ne dit rien de tout cela. Elle leur ordonne certaines pratiques, certaines cérémonies; puis, elle leur conseille de noyer leurs enfants, de s'ensevelir tout vivants dans la terre, de déchirer leur corps avec des crochets, de couper leur chair avec des instruments tranchants, et autres choses semblables; promettant, à ce prix, que leurs dieux jetteront sur eux un regard favorable.

Quiconque sait et comprend que tous les hommes ont été créés à l'image de Dieu pour le connaître, l'aimer et le servir sur la terre et jouir ensuite auprès de lui, dans le Ciel, d'un bonheur sans fin, ne saurait voir sans ressentir une immense douleur et une vraie compassion, l'état

d'ignorance religieuse et d'abjection morale et intellectuelle
où vivent ces peuples. Cette ignorance, cette abjection im-
pressionnent d'autant plus qu'on les rencontre plus près
de ce qui fut le berceau du monde, le centre et le point
de départ de toutes les civilisations humaines, et qu'elles
sont le partage de populations remarquables et intéressantes à tous autres égards.

Les Indous sont d'une taille moyenne, élancée et d'une
complexion délicate, leur physionomie est agréable et
porte le cachet de la bonté; ils ont la figure ovale, le
nez éminent et fin, leurs lèvres ne sont pas grosses; leurs
yeux sont beaux et doux; leurs cheveux, lisses et noirs;
leur teint varie selon les pays, du brun foncé au brun
clair. Dans les hautes classes, on trouve même des individus presque blancs, surtout parmi les femmes. Il y a
dans l'Inde beaucoup de mahométans, qui, étant très-habiles et très-actifs, ont entre les mains une grande partie
du commerce et presque tous les métiers. Ils aiment aussi
beaucoup à entrer au service des Européens; les hommes
se livrent également aux travaux que nous sommes ha-
bitués à voir exécuter par les femmes : ils font de la
broderie en laine blanche, en soie de couleurs et en or,
et des coiffures de dames; ils lavent et repassent; ils
raccommodent le linge et font même le service de bonnes
d'enfants. On trouve aussi dans le Bengale quelques Chinois qui exercent presque tous le métier de cordonnier.

Calcutta, capitale du Bengale, est située sur l'Hougly, si
large et si profond en cet endroit que les plus grands
vaisseaux de guerre et les grands paquebots des Indes

peuvent jeter l'ancre devant la ville. La population est de près de un million six cent mille habitants, parmi lesquels, en exceptant toutefois les troupes anglaises, ne figurent guère plus de deux mille Européens et Américains. La ville est divisée en plusieurs parties : la ville commerçante, la ville noire et le quartier européen. La ville commerçante et la ville noire sont laides; les rues en sont étroites et tortueuses, surchargées de vilaines maisons et de misérables huttes, entre lesquelles se trouvent les magasins, les comptoirs de commerce et quelquefois des palais isolés; de petits canaux en maçonnerie traversent toutes les rues, car il faut beaucoup d'eau aux Indous pour leurs fréquentes ablutions de chaque jour. Dans la ville commerçante et dans la ville noire, les rues sont tellement encombrées de monde que quand un équipage y passe, les domestiques descendent de voiture, courent devant et crient aux masses amoncelées de faire place, ou bien les dispersent de force.

Mais, aussi laids sont les deux quartiers dont nous venons de parler, aussi beau est le quartier européen, que l'on appelle souvent aussi la ville des palais, nom mérité en grande partie; seulement il faut savoir que, comme à Venise, toute maison un peu plus grande que les autres est appelée palais. La plupart de ces palais sont placés dans des jardins entourés de hautes murailles. Il est rare que plusieurs édifices se touchent, aussi y a-t-il peu de places imposantes et peu de belles rues. Si l'on excepte celui du gouverneur, aucun de ces palais ne peut rivaliser avec les grands palais de Rome, de Florence et de

Venise pour le style, l'éclat et la magnificence. La plupart ne se distinguent des maisons ordinaires que par un joli portail avec des colonnes, et par des toits en terrasses. A l'intérieur, les pièces sont très-grandes et très-hautes; les escaliers, dont la cage est très-simple, sont en marbre gris ou en bois. On ne voit nulle part de belles statues ni de sculptures dans l'intérieur ou au dehors des palais.

Pendant que notre brave capitaine nous faisait parcourir l'Indo-Chine et l'Indoustan, que je ne connaissais pas à l'époque de ce premier voyage, mais que j'ai parcourus depuis, ce qui m'a permis de vérifier l'exactitude de ses récits, nous arrivions à travers l'océan Indien au cap de Bonne-Espérance, et nous rentrions dans l'océan Atlantique.

Nous dûmes faire relâche à l'île Sainte-Hélène pour y prendre de l'eau; j'obtins du capitaine la permission de débarquer, et ce fut avec un sentiment de patriotique respect que je foulai aux pieds ce sol désolé où Napoléon a achevé, dans l'exil et dans de cruelles souffrances, une carrière si glorieuse qu'elle n'a jamais eu peut-être son égale.

Les cendres de l'empereur avaient déjà trouvé leur suprême asile sous le dôme des Invalides, lorsque je visitai le rocher stérile qui pendant tant d'années avait gardé ce triste et précieux dépôt.

A la hauteur des Indes occidentales, nous fûmes témoins d'un spectacle véritablement sublime : je veux parler du phénomène qu'on appelle une *trombe*. Il parut dans les airs un épais nuage qui était dans un continuel mouvement. Au-dessous la mer s'agita avec violence, et un immense volume d'eau s'éleva en écumant et tourbillant; il semblait sortir du sein de l'onde, attiré par le nuage. On aurait dit l'éruption d'un volcan; étroit à sa base, il s'élargissait beaucoup en s'élevant et retombait de tous côtés.

Notre capitaine craignit un instant que le navire, entraîné par le tourbillon, ne fût englouti et ne sombrât; grâce à Dieu, le phénomène disparut presqu'aussi rapidement qu'il s'était produit, et nous échappâmes ainsi au danger.

Peu après nous arrivions à Boston, d'où je devais repartir pour la France; mais auparavant je désirais beaucoup avoir des nouvelles de mon ami, James Jenkins, dont je vous ai déjà parlé. Au moment où, lors de notre séparation, je m'embarquais pour la Méditerranée, le bâtiment sur lequel il avait été engagé comme quartier-maître mettait à la voile pour Bombay, ville située sur la côte occidentale de l'Indoustan. On prétendait que ce navire avait péri corps et biens dans la mer d'Arabie, et les amis que Jenkins avait à Boston étaient tous convaincus qu'ils ne le reverraient jamais.

Je ne sais pourquoi je ne pouvais me persuader que ce joyeux et brave marin eût ainsi trouvé une mort prématurée sur cet élément, qu'il aimait avec passion et auquel il se confiait avec tant de sécurité. Je m'attendais toujours à le revoir, et cet espoir, tout vague qu'il fût, m'empêchait de quitter Boston. Je n'oserais prétendre que cette espérance, qui m'assiégeait comme une sorte d'idée fixe, fût un pressentiment; ce qu'il y a de sûr, c'est que cette espérance ne tarda pas à se transformer en heureuse réalité.

Un jour de rude et froide bise, assis près de mon feu, je songeai à ma chère France et à ma bien-aimée famille; mon souvenir s'égara dans le passé et fit capricieusement revivre et se dérouler devant mes yeux, comme une série d'images se succédant dans un stéréoscope, les événements dont ma vie était déjà remplie. Je m'arrêtai plus particulièrement à ceux de ces événements auxquels Jenkins s'était trouvé mêlé; son amitié, son dévouement, les preuves qu'il m'en avait données en mille circonstances m'apparurent avec une netteté et une force qui m'arrachèrent des larmes et me portèrent à m'attacher avec une insistance nouvelle à la conviction intime que je n'étais point séparé pour toujours de cet ami fidèle et si sûr, dont la rude physionomie et les manières brusques ne parvenaient pas, même à première vue, à dissimuler le fond de candeur, de franchise et d'honnêteté qu'elles recouvraient.

J'étais bien loin en ce moment de Boston et même des réalités de la vie, si loin qu'un coup frappé à ma porte me fit tressaillir ni plus ni moins que si je me fusse trouvé dans une solitude où aucun être vivant n'eût dû me troubler.

On frappa un second coup avant que je fusse revenu à moi.

— Entrez, dis-je enfin, mais non sans quelque hésitation.

Ma porte s'ouvrit, et je vis debout sur le seuil un homme de forte corpulence, occupé à secouer la neige qui couvrait son petit chapeau ciré et son caban de marin. Cette opération méthodiquement achevée, l'étranger, à qui dans ma surprise je n'avais pas encore adressé une seule parole, vint à moi les deux mains tendues.

— Eh bien! s'écria-t-il, est-ce donc là l'accueil que l'on fait à un camarade que l'on croyait dans l'autre monde!

Mon cœur battait à rompre ma poitrine. Etait-ce bien là Jenkins? Etait-ce lui en chair et en os, ou devais-je croire que ma méditation m'avait égaré dans les champs trompeurs de l'hallucination?

Un serrement de mains, qui eût broyé un poignet plus délicat que le mien, me fit reconnaître l'identité de mon brave ami.

Nous nous jetâmes dans les bras l'un de l'autre, nous confondîmes ces bonnes larmes et ces sanglots bruyants que les natures les plus viriles n'ont pas honte d'avouer.

Quelques instants plus tard, assis tous deux près de mon feu qui me semblait briller avec une toute autre ardeur joyeuse que lorsque je rêvais seul devant sa grille non moins bien remplie cependant, je questionnais avidement mon cher ressuscité.

Voici en quels termes à peu près il me raconta ses intéressantes aventures :

— Nous avions appareillé, vous vous en souvenez, pour Bombay; notre voyage avait été heureux, et il ne nous restait plus que deux ou trois jours de navigation pour arriver au terme de la traversée, lorsqu'une terrible bourrasque nous força à plier rapidement toutes nos voiles. Cette manœuvre, faite à temps cependant, ne nous préserva que pendant quelques instants des fureurs de l'ouragan. Un coup de vent coucha notre navire sur le côté; l'accident était prévu, et des hommes pourvus de haches avaient été placés au pied du grand mât. Les haches s'élevèrent et retombèrent en sifflant; le mât rendit un lugubre gémissement et disparut avec ses agrès dans les ondes bouillonnantes.

Le navire se releva et, comme un brave coursier, excité par l'éperon, il s'élança poussé par le vent et obéissant à ses rapides changements de direction, sans que le gouvernail eût aucune action sur lui.

Certes la situation était terrible; mais ce fut bien autre chose lorsque, vers le milieu de la nuit, à la suite d'une épouvantable raffale, une voie d'eau se déclara. Officiers, matelots, passagers, tout le monde se mit aux pompes; après deux jours d'incessants efforts, grâce auxquels nous nous maintînmes à flot, nous reconnûmes que l'eau nous gagnait sensiblement.

La tempête continuait, et nous comptions en quelque sorte les heures — presque les minutes — qui nous séparaient d'une entière destruction.

On dut se résigner à se réfugier sur la grande chaloupe où l'on embarqua tout ce que l'on put d'eau et de provisions, après quoi nous y prîmes place, les passagers d'abord, les hommes de l'équipage ensuite, le capitaine le dernier.

Je ne vous dirai pas, continua Jenkins, l'émotion qui

nous agitait tous. Vous savez à quel point le marin est attaché à son navire; vous savez que c'est pour lui plus qu'une masse insensible de bois, de fer, de cordages et d'agrès : c'est un ami, presqu'un être organisé dont le matelot croit sentir vibrer *l'âme* et qui sur la vaste mer est pour lui la patrie tout entière.

En nous éloignant de cette coque abandonnée qui n'était déjà plus qu'un débris flottant, nous avions tous les larmes aux yeux, et en ce moment nous étions bien plus préoccupés, croyez-moi, de la destruction prochaine qui l'attendait que des périls qui nous menaçaient nous-mêmes.

Ces périls cependant étaient tels que nous ne pouvions nous le dissimuler : un miracle de la Providence était notre seule espérance.

A peine nous étions-nous éloignés à force de rames d'une centaine de mètres, qu'il se forma comme une montagne d'eau à la place où nous apercevions encore, mais déjà tout à fait à fleur d'eau, notre pauvre bâtiment. Un bruit sourd se fit entendre, il se produisit, mais dans des proportions énormes, ce qui se passe quand des enfants lancent en jouant une pierre dans l'eau : *des ronds* se creusèrent, ouvrant entre eux des abîmes et agitant si violemment notre embarcation que nous crûmes que nous allions sombrer.

A ce moment la nuit tombait; les ténèbres ne m'ont jamais paru aussi mystérieuses, aussi menaçantes; il y eut là quelques heures d'angoisse qui, assurément, ne durent permettre à aucun de nous de compter sur ses propres ressources et forcèrent les cœurs les plus durs à s'amollir et à s'élever vers Celui dont on peut, à certains moments de la vie, oublier les bienfaits, contester même l'existence, mais dont, en présence de la mort, la puissance s'affirme avec une netteté qui ne laisse aucune place au doute.

Le commandant d'un navire ne se sépare jamais des instruments que la science a tour à tour inventés et améliorés pour lui permettre, non-seulement de se diriger sur l'immensité des mers, mais encore pour reconnaître le point précis que son embarcation occupe sur cette immensité.

Grâce à ces instruments, grâce surtout au calme qui, dès le point du jour, succéda à la tempête, nous étions parvenus à nous rapprocher sensiblement du continent Asiatique, lorsque, pendant un grain qui nous assaillit à l'improviste, le capitaine, qui était debout sur un des bancs du rameur, laissa échapper sa boussole et son sextant. Dès lors nous dûmes naviguer au hasard.

Près d'une semaine se passe cependant avant qu'aucun signe appréciable nous indiquât l'approche de la terre ; nos provisions étaient achevées, nous n'avions plus d'eau, et nous sentions venir le moment où nos forces épuisées ne nous permettraient plus de manier les rames.

Etions-nous donc destinés, après tant d'efforts et de fatigues, à devenir la proie des flots insatiables ! Je crois que plus on lutte pour conserver la vie, plus cette vie devient précieuse ; sa valeur s'accroît de toutes les peines, de toutes les souffrances endurées pour la défendre. Ce fut donc avec des élans indicibles de joie que, dans la matinée du septième jour, nous vîmes flotter autour de la chaloupe certaines plantes marines qui ne se rencontrent que dans le voisinage des côtes.

La terre se montra bientôt en effet. Un immense hourra, suivi d'une ardente action de grâce adressée au Seigneur, salua ce rivage qui nous parut une vraie terre promise et qui en réalité n'était, hélas! qu'une plage infertile et entièrement déserte. Quelques autruches, effrayées, fuyant à notre aspect, nous apparaissaient comme à travers un nuage, enveloppées qu'elles étaient par le sable fin et brûlant que soulevait la rapidité de leur course; aucun autre être vivant ne troublait la solitude de ce désert que nous voyions se dérouler à perte de vue devant nous.

La gorge brûlée par la soif, l'estomac dévoré par la faim, nous rentrâmes dans la chaloupe, et nous longeâmes la côte dans l'espoir de rencontrer enfin une terre plus hospitalière; mais la plage présentait partout le même aspect stérile, sec et désolé.

Nous nous décidâmes cependant à débarquer : il fallait à tout prix trouver de l'eau potable, ou se résigner à mourir, et, en ce dernier cas, pensions-nous, les sables du désert valaient bien, comme linceul, les vagues de l'océan !

Quatre d'entre nous étaient si complétement épuisés qu'à peine débarqués, ils se couchèrent sur le sable pour y attendre, ou que nous vinssions les secourir, ou — ce qui était plus probable — que la mort vînt les délivrer.

Nous leur fîmes un abri de la chaloupe que nous retirâmes des flots et, après leur avoir donné tous les encouragements qui étaient en notre pouvoir, après les avoir recommandés avec ferveur à la garde de Dieu, nous nous éloignâmes pour aller à la recherche d'un peu d'eau.

Nous nous étions divisés en petits groupes, et j'avais avec moi un matelot qui m'était très-attaché.

Nous allâmes bien loin, mais sans trouver d'eau. La chaleur était devenue intolérable, et le sable était si brûlant que nos pieds en étaient écorchés. L'air était suffoquant, et pas une goutte d'eau pour rafraîchir nos lèvres! Mon pauvre matelot fut incapable d'aller plus loin. Sa langue était si gonflée, et sa bouche si sèche, qu'il ne pouvait plus articuler une seule parole. Il me fit signe de le quitter et de l'abandonner à son sort; mais je m'y refusai formellement; et, m'asseyant auprès de mon malheureux compagnon, je cherchai tous les moyens de soulager ses souffrances.

J'étais occupé de ces soins, malheureusement infructueux, lorsque tout à coup j'entendis un bruit de pas, et, levant les yeux pour savoir d'où ce bruit venait, j'aperçus, à ma grande surprise, un homme singulièrement vêtu, qui, debout à quelque distance m'observait avec attention. Je compris à première vue que l'homme était un Arabe, et je le suppliai par signes, de nous donner de l'eau. Il me tendit une bouteille de cuir qui en contenait en grande quantité, et je l'approchai des lèvres du mourant; mais il était trop tard; l'infortuné s'étendit sur le sable, et poussant un faible gémissement, il rendit le dernier soupir.

Après m'être rafraîchi avec une partie de l'eau que contenait la bouteille, je me disposai à porter le reste à mes compagnons; mais l'Arabe s'y opposa. En vain je m'efforçai de lui faire comprendre que j'avais tout près de là des amis qui mouraient de soif, il fut inflexible. Bientôt après parurent une douzaine d'autres Arabes avec autant de chameaux; ils me lièrent les mains derrière le dos et me placèrent sur l'un des chameaux. Pendant plusieurs jours, nous voyageâmes dans le désert, et enfin nous arrivâmes dans un campement composé de plusieurs centaines d'Arabes possédant une grande quantité de bétail. Ils vivaient sous des tentes et se nourrissaient principalement du lait des chameaux. Ils avaient des chevaux remarquablement beaux et légers à la course, qu'ils paraissaient aimer avec passion. Ils donnaient les plus grands soins à leur nourriture, les gardaient sous les tentes où ils couchaient eux-mêmes, et leur prodiguaient les plus tendres caresses comme à des amis et à de chers compagnons. A tous ces signes, je reconnus que j'étais en Arabie, parmi l'une des tribus errantes qui habitent cette contrée. »

M. de Mareuil s'interrompit après ces mots, et s'adressant à son jeune auditoire :

« Avant de poursuivre le récit de mon ami Jenkins, je dois, leur dit-il, vous donner quelques rapides explications sur cette partie de l'Asie, où nous allons pénétrer avec lui.

L'Arabie, comme vous le voyez sur la carte, est à l'extrémité occidentale et un peu méridionale de l'Asie, et séparée de la partie orientale de l'Egypte par la mer Rouge.

Vous savez que, lorsque les Israélites s'enfuirent de l'Egypte pour échapper aux persécutions de Pharaon,

Monastère de Sainte-Catharine sur le mont Sinaï.

Dieu sépara les eaux de la mer Rouge pour qu'ils pussent la passer à pieds secs, qu'il laissa ensuite retomber les eaux et qu'elles engloutirent toute l'armée de Pharaon. C'est dans le grand désert de l'Arabie, où nous allons tout à l'heure retrouver Jenkins, que les Israélites errèrent pendant quarante ans, en cherchant la Terre promise.

On voit dans la partie occidentale, le mont Sinaï, au pied duquel ils campèrent, et où Moïse reçut les dix commandements de Dieu. On remarque aujourd'hui sur ce mont le couvent de Sainte-Catherine, siége d'un archevêché. La porte de ce couvent ne s'ouvre que pour recevoir un nouvel archevêque. On y introduit toutes les autres personnes, en les hissant, par une fenêtre, dans une espèce de corbeille.

Lorsque de grandes caravanes de pèlerins ou de marchands traversent le désert, Indous, Malais, Persans, Arabes, Nègres et autres marchent de compagnie, pour se protéger mutuellement contre les tribus errantes et belliqueuses qui le parcourent en tous sens. Ces tribus vivent de la chair et du lait de leurs vaches et de leurs chameaux, et pillent tous les voyageurs qu'ils rencontrent sur le chemin. C'est au pouvoir d'une de ces hordes sauvages que Jenkins avait eu le malheur de tomber. Sa situation parmi eux n'était nullement agréable; au fait, il était réduit à l'esclavage et chargé des fonctions les plus sales et les plus fatiguantes. Les Arabes sont mahométans, et comme Jenkins était chrétien, ils se faisaient un plaisir de le tourmenter et le rendre malheureux. Mais intérieurement résolu à saisir la première occasion de fuir ses persécuteurs et de recouvrer sa liberté, il supportait tout avec patience. Six mois s'étaient écoulés avant qu'aucune circonstance favorable se fût offerte, lorsque les troupeaux ayant dévoré toute l'herbe et rongé jusqu'à la moëlle les buissons qui croissaient dans ces parages, la tribu se disposa à les quitter.

Les tentes furent levées et roulées pour être emportées. On les plaça sur les chameaux avec les quelques meubles et ustensiles de cuisine, et la troupe se mit en marche à travers le désert. Comme le temps était excessivement chaud, on voyageait la nuit, et l'on se reposait pendant le jour. Les Arabes se guidaient dans leur marche par les étoiles du ciel.

Rendons ici la parole à Jenkins : « Un jour, dit-il, je m'aperçus que la tribu était saisie d'une frayeur soudaine et comme frappée de terreur. Les hommes et les femmes tombèrent la face contre terre et s'étendirent sur le sol. Les chameaux, eux aussi, s'agenouillèrent et cachèrent leurs narines dans le sable. En cherchant la cause de ce mouvement précipité, je vis, à une petite distance, un épais nuage de sable qui se dirigeait de notre côté; on aurait dit une montagne roulante et prête à nous engloutir. Je me hâtai de faire comme tout le monde et je me couchai à plat sur le visage. Le tourbillon vint en roulant et nous ensevelit sous la poussière; il était presque impossible de respirer, tant l'air était lourd et rempli de sable.

Le nuage fut bientôt passé; tout le monde se releva, on secoua la poussière dont on était couvert, et on se remit en marche. Ces déplacements de sable sont très-communs dans les déserts de l'Arabie; souvent des caravanes entières y trouvent la mort.

Deux ou trois jours après, un vent brûlant, appelé *simoun*, commença à souffler, et les effets désastreux s'en firent aussitôt sentir. Les feuilles et les fleurs chétives

qui croissent çà et là dans le désert furent instantanément
flétries et desséchées comme si le soleil les eût brûlées.
Les chevaux inclinèrent la tête et laissèrent pendre leur
langue comme à demi suffoqués. Plusieurs de nos chameaux périrent; nous-mêmes nous souffrions cruellement
de la chaleur suffocante de l'atmosphère et de la qualité
empoisonnée de l'air. Ce fléau dura deux jours, après lesquels nous pûmes enfin reprendre notre marche.

Une nuit, la troupe s'arrêta tout à coup. Une trentaine
d'hommes montèrent leurs chevaux les plus légers et se
répandirent en différentes directions. Je ne pouvais m'imaginer cè que cela signifiait, quand j'appris qu'une caravane
venait d'être signalée. Cette caravane était composée d'une
cinquantaine d'hommes, ayant avec eux cent chameaux
chargés de marchandises d'un grand prix. Les trente
Arabes, quoiqu'ils se fussent dispersés de différents côtés,
se réunirent tout à coup et, entourant la caravane, tombèrent à l'improviste sur les voyageurs surpris.

On fit peu ou point de résistance, et les Arabes pillèrent
tout ce qu'il y avait de plus précieux; puis, chargeant
leurs chevaux du butin, ils laissèrent la caravane continuer son chemin.

On arriva enfin à un endroit du désert relativement
fertile. La tribu dressa ses tentes, et ayant appris qu'on
n'était pas à plus de soixante-dix lieues de la côte nord-
est de l'Arabie, je pris la résolution de partir secrètement
le plus tôt possible.

Une nuit que le ciel était sombre et couvert, je m'éloignai en silence du camp des Arabes, et je me dirigeai

vers l'est. Je m'étais emparé d'un cimeterre et d'une paire de pistolets, déterminé à une vigoureuse défense, si j'étais poursuivi et découvert. Je marchai toute la nuit et, quand vint le jour, je me cachai sous un buisson épineux où je dormis une grande partie de la journée. J'avais emporté de la chair de chameau desséchée, et un peu d'eau saumâtre, que j'eus la bonne fortune de découvrir, suffit à me désaltérer. Vers la nuit, je me remis en marche, et je continuai ma route avec le plus de promptitude possible.

Je poursuivis pendant quatre jours et quatre nuits mon pénible voyage sans avoir trop à souffrir; mais le cinquième jour, la chair de chameau me manqua entièrement, et je commençai à sentir les tortures de la faim. Dans cette extrémité, j'aperçus une jeune autruche qui sortait d'un buisson, et je la tuai d'un coup de pistolet. Tout en remerciant le ciel qui m'avait envoyé ce secours si à propos, je m'empressai de rassembler quelques branches sèches du buisson épineux qui produit la gomme arabique. J'y mis le feu et j'y fis rôtir un morceau de l'autruche que la faim qui me torturait me fit trouver excellent.

A peine achevai-je mon repas, que je vis dans le lointain un cavalier qui galopait vers moi, attiré par la vue de la fumée. Bientôt ce cavalier fut assez près pour que je pusse reconnaître en lui un Arabe de la tribu que j'avais quittée. L'Arabe me reconnut aussi, car je le vis tirer son sabre et fondre sur moi avec la rapidité d'une flèche. Heureusement je ne m'étais pas laissé surprendre; non-seulement j'avais vu venir l'ennemi, mais j'avais deviné son dessein et je l'attendais de pied ferme, le sabre à la main droite et tenant mon pistolet de la main gauche.

L'Arabe avait mal calculé son coup; son cimeterre passa à un pouce de ma tête et ne m'atteignit pas. Je déchargeai mon pistolet; mais trop précipitamment sans doute, car je manquai aussi mon coup; mais le cheval, effrayé, fit un écart, renversa son cavalier et s'enfuit à toute bride. L'Arabe se releva promptement et, avec une agilité surprenante, se mit à la poursuite de son cheval. L'animal fuyait d'abord avec une grande rapidité; mais, dès qu'il entendit la voix de son maître, il se retourna, dressa les oreilles et revint vers lui au petit trot, comme un ami retourne à son ami; alors l'Arabe, sautant sur son dos, s'élança de nouveau dans le désert, sans s'occuper davantage de moi.

Je venais d'échapper, pour le moment du moins, à un danger d'autant plus imminent que j'avais dû craindre que mon adversaire fût suivi de plusieurs autres. Sa conduite cependant était loin de me rassurer : il me paraissait évident que, ne voulant pas se risquer seul dans une lutte contre un ennemi déterminé, il était retourné vers les siens pour leur communiquer sa découverte et les ramener sur mes traces. Je crus donc devoir précipiter ma fuite, et je marchai sans m'arrêter toute cette journée et toute la nuit suivante.

A l'aurore je m'aperçus que l'aspect du pays avait complétement changé. Le sol allait toujours en s'élevant, et à une très-faible distance se dressaient, semblables aux colonnes gothiques d'une immense et merveilleuse cathédrale, les troncs lisses et élevés d'un groupe de palmiers et de dattiers.

Je m'engageai avec ravissement sous les arcades majestueuses de ces bois de la flore asiatique. Je n'osai toutefois m'arrêter longtemps au bord de la source qui coulait doucement dans cette fraîche oasis ; je me bornai, après y avoir bu à longs traits, à y baigner mes pieds et mes mains ; je ramassai quelques dattes que le vent avait fait tomber au pied des arbres, et, fortifié, réconforté, je repris ma marche ou plutôt ma course à travers le désert dont le caractère sauvage et désolé s'adoucissait de plus en plus à mesure que j'avançais.

Le matin suivant, je découvris enfin la mer ; quelques heures après, je tombais agenouillé sur ses rives : je bénissais le Seigneur qui m'avait conduit et sauvé !

Sauvé ! L'étais-je aussi complétement que je le pensais. A une certaine distance quelques pauvres huttes semblaient former un village vers lequel je me dirigeai, le cœur plein d'espoir que les Arabes qui s'établissent au bord de la mer sont fort hospitaliers et se font un devoir nonseulement d'héberger mais de protéger au besoin l'étranger qui se présente à leur foyer, cet étranger soit-il même un de ces chrétiens qu'ils ont en si grande haine.

Hélas ! le village tout en ruine était depuis longtemps abandonné. Je cherchai, j'appelai ; le silence seul répondit à ma voix. La mer elle-même promenait ses vagues doucement et sans bruit sur le sable de ses rives, comme si rien n'eût dû troubler la complète et paisible solitude de ces rives.

J'avais encore quelques-unes des dattes ramassées la veille dans l'oasis ; je m'assis pour les manger au bord de la mer dont le flot venait caresser et rafraîchir mes pieds fatigués et meurtris. Ma pensée allait loin, bien loin au delà de l'horizon, chercher sur d'autres rivages que je devais peut-être ne jamais revoir, chercher la chère image de tous ceux que j'aimais. Et mes compagnons de naufrage et de souffrance qu'étaient-ils devenus?.... Avais-je seul survécu?....

La nuit survint; je me levai et j'allai chercher un abri sous le toit à moitié effondré d'une des huttes où d'abord j'avais espéré recevoir l'hospitalité.

Le lendemain, après avoir passé une partie de la matinée à errer sur la rive où je ne rencontrai aucune trace humaine, mais où je découvris une source où plutôt un léger suintement d'eau potable, je me décidai à m'établir dans la hutte où j'avais passé la nuit, et à guetter de là le passage de quelque navire qui me rapatriât.

Je réparai la cabane tant bien que mal; je fis du feu avec les débris de la toiture des autres huttes, et grâce à l'eau de la source et à une espèce de petits poissons excellents que je prenais avec la main, je vécus plusieurs jours sans éprouver de trop grandes souffrances.

Enfin, j'aperçus une embarcation assez près de la côte, j'allumai aussitôt un grand feu sur le rivage, pour avertir de ma présence. La fumée fut remarquée par les gens de la barque qui s'approchèrent avec précaution. J'allai à leur rencontre; mais quelle fut ma consternation, quand je reconnus que c'étaient des espèces de sauvages de l'aspect le plus farouche! Il eût été superflu de chercher à leur échapper ou de faire aucune résistance; ils me firent

monter sur leur navire, et, après deux jours de navigation, nous abordâmes près d'un village dont les huttes
étaient bâties en terre.

L'Arabie est séparée du Beloutchistan par un étroit bras
de mer appelé le golfe d'Ormus. C'est ce golfe que nous
venions de traverser. Le Beloutchistan est habité par quelques tribus, qui vivent toutes dans un état plus ou moins
sauvage. Plusieurs sont composées de voleurs qui, montés
sur des chameaux, vont au loin attaquer et piller les
habitations isolées et même les villages dont ils emmènent
les habitants, à qui ils bandent les yeux, afin qu'ils ne
puissent voir le chemin par lequel on les conduit, ni trouver les moyens de retourner chez eux.

C'est par une de ces tribus de Beloutchis, que j'avais
été pris. Je ne vous donnerai pas tous les détails de ma
captivité parmi eux, je vous dirai seulement qu'au bout
de quelques jours on me fit traverser un désert de sable
pour me conduire à Kélat, où je fus vendu comme esclave
au *Khan* ou roi de ce pays.

Kélat est la capitale du Beloutchistan, petit royaume
situé entre la mer d'Oman et l'Afghanistan, et dont les habitants, longtemps soumis aux Perses et aux Indiens, se
sont, il y a quelques années, rendus indépendants. On y
compte environ quatre millions d'habitants, pour la plupart musulmans. Les Beloutchis sont de hardis cavaliers
et d'habiles tireurs; on dit qu'ils peuvent, au grand galop, envoyer une balle au travers du corps d'un oiseau
au vol.

Après être resté quelque temps esclave à Kélat, je fus

acheté par un marchand de Caboul, et conduit dans cette grande ville, qui est la capitale de l'Afghanistan. Les Afghans sont bien supérieurs aux Beloutchis. Ils ont le goût de l'instruction et aiment passionnément les contes et les histoires.

L'Afghanistan occupe une des positions les plus importantes de l'Asie. Avant-poste des Indes, il est borné au nord par le Turkestan et le petit royaume de Kérat, à l'est par l'Indoustan, au sud par le Beloutchistan, et à l'ouest par le royaume de Perse. La compagnie des Indes s'en était emparée; mais les Anglais en ont été chassés; depuis la bataille de Djelalabab en 1841, ils n'y conservent plus qu'une seule ville nommée Peichawer.

L'Afghanistan trouve une source immense de richesse dans ses troupeaux de chèvres, dont le poil sert avec celui du thibet à faire les châles de cachemire et les belles étoffes connues sous le nom de poil de chèvres. On y élève une race particulière de moutons dont la toison courte et frisée donne la fourrure dite astracan.

De Caboul, je suivis mon maître à Ispahan. C'était autrefois une ville magnifique, capitale de toute la Perse; elle renfermait sept cent mille habitants, et les Perses l'appelaient la *moitié de l'univers*, mais elle a perdu son ancienne splendeur. A Ispahan, je fis connaissance d'un voyageur anglais, qui paya ma rançon au marchand de Caboul, et m'attacha à sa personne. Libre désormais, et en compagnie de personnes qui parlaient la même langue que moi, je retrouvai vite toute ma gaîté et l'entrain que vous me connaissez.

Nous partîmes pour Téhéran , capitale actuelle de la Perse; nous eûmes à traverser un vaste désert, dont la mer sans doute a autrefois occupé la place, car il est entièrement couvert d'une couche de sel. En plusieurs endroits, ce sel est si épais, que la terre en est couverte comme d'une croûte qui ressemble à de la neige.

La fondation du royaume de Perse remonte à la plus haute antiquité. L'ancien Testament en fait mention dès l'époque d'Abraham. Mais il était réservé à Cyrus d'élever ce royaume au-dessus de toutes les autres monarchies de l'Asie , et d'en faire ce colossal empire dont la puissance effraie la pensée humaine. Soumise à Alexandre, et plus tard aux Parthes, la Perse, vous le savez , acquit, sous son roi Sapor, une déplorable célébrité par la persécution sanglante qui coûta la vie à quatre-vingt mille martyrs et détruisit ainsi une des chrétientés les plus florissantes de l'Orient.

Vers l'année 600 de notre ère , les Arabes s'emparèrent de la Perse; mais après quelques siècles de puissance et de grandeur, leurs princes, efféminés par l'excès même de la prospérité, ne surent point défendre leur conquête contre l'invasion turque. Leur gloire cependant sembla renaître avec le célèbre Gengis-Khan, qui repoussa les Turcs; mais ce retour de la fortune ne fut pas de longue durée : les descendants de Gengis-Khan furent bientôt après sa mort dépossédés par Tamerlan et ses Tartares. Soixante ans plus tard, une seconde dynastie tartare monta sur le trône et l'occupa jusqu'à l'avénement de Kouli-Khan dont l'assassinat en 1747 replongea ce malheureux pays dans une série

de guerres civiles et de malheurs publics dont il est à peine
sorti.

Au point de vue topographique, on trouve en Perse les
aspects les plus pittoresques par les contrastes qu'ils offrent
aux regards. Cette vaste région, en effet, est alternativement couverte de déserts sablonneux, de plaines d'une admirable fécondité et de montagnes abruptes. Par une étrange
exception aux lois ordinaires de la nature, aucun cours
d'eau de quelque importance ne descend de ces hautes
cimes, ce qui cause même dans les parties les plus fertiles
de fréquentes sécheresses.

Fidèles aux traditions des âges primitifs, la majeure
partie des habitants de la Perse, groupés en tribus, vivent
nomades et errants, et se créent ainsi une existence à
peu près indépendante bien que soumis à un gouvernement
absolu et despotique. La Perse, patrie de Zoroastre, qui, le
premier, donna la forme régulière d'un culte national à l'a-
doration du feu, est restée presque toute entière sabéiste,
bien que le mahométisme y soit devenu la religion de
l'Etat.

Au point de vue de l'industrie, la Perse est seulement renommée pour ses manufactures de tapis, de soieries et
d'étoffes de coton imprimées, dites toiles de Perse.

Les Persans sont braves, polis et spirituels, mais indolents, portés aux vices et trop grands amis du luxe.
L'instruction est très-répandue chez eux, mais ils n'aiment
que la poésie et les fables.

En quittant Téhéran, nous nous dirigeâmes vers la mer
Caspienne, que nous traversâmes pour entrer dans la

Tartarie indépendante. Ce pays est peu peuplé. Les parties avoisinantes de la mer sont assez fertiles, mais le centre est montagneux et désolé. Attaqués plusieurs fois par les habitants, qui sont passablement voleurs, nous nous hâtâmes de quitter cette terre inhospitalière, et traversant de nouveau la mer Caspienne, nous nous engageâmes dans les pays Caucasiens, où ce qui frappe tout d'abord est l'abrupte majesté des montagnes et l'admirable beauté physique des habitants.

De là nous allâmes en Syrie, où nous séjournâmes d'abord à Alep, où il se fait un commerce considérable, et ensuite à Jérusalem.

A ce dernier nom, la pensée évoque tout un monde de souvenirs, et quels souvenirs ! L'histoire entière du peuple de Dieu, sa grandeur et ses fautes, sa prospérité et ses châtiments ! C'est sur cette terre, autrefois d'une fécondité, d'une richesse merveilleuse, et aujourd'hui triste et desséchée, que se sont conservées intactes à travers tant de siècles les saintes traditions de la vérité ; là que s'élevait avant la venue insigne du Rédempteur, le temple unique du Seigneur ; là que les prophètes ont annoncé le Messie ; là enfin que ce Messie est né, a prêché, a souffert, est mort et est ressuscité. C'est de là que sont partis les apôtres pour évangéliser le monde, et là que plus tard un magnifique élan de foi religieuse a ramené les chevaliers d'Occident, avides d'arracher les lieux saints aux infidèles qui les profanaient.

En approchant de la ville sainte, les émotions les plus diverses se disputaient mon cœur. Tantôt il me semblait voir revivre David et Salomon dans leur gloire; tantôt je croyais distinguer au loin sur la route poudreuse le flot du peuple Israélite, traîné en captivité par les Assyriens vainqueurs. Tour à tour la trompette de Gédéon résonnait à mes oreilles, et soudain le fracas du temple s'écroulant sous les coups des légions romaines, faisait succéder la terreur aux cris du triomphe.

Mais ce qui dominait en moi, c'était surtout ce qui a trait au Nouveau Testament. Les récits de l'Evangile depuis longtemps, hélas! négligés, en partie oubliés, reprenant en quelque sorte vie, se présentaient à ma mémoire avec une netteté qui eût pu me faire croire que j'étais à peine au lendemain de ces jours bénis de mon enfance où, sur les bancs de l'école, nous les étudiions avec ardeur, mes petits camarades et moi.

Mes compagnons étaient sans doute sous le même charme pieux que moi, car nul ne rompait le silence, et des larmes brillaient dans tous les yeux.

Au moment de franchir les portes de la ville, le cœur se serra douloureusement : des musulmans, des ennemis du nom et de l'Eglise Jésus-Christ, en gardent l'entrée qu'ils semblent toujours prêts à interdire aux chretiens, tant ils allongent à plaisir les formalités minutieuses imposées par la Turquie aux étrangers.

Je n'ai ni le loisir, ni la prétention de vous décrire l'aspect moderne de Jérusalem. Je vous dirai seulement que, si une mosquée musulmane s'élève sur l'ancien emplacement du magnifique temple que Salomon avait fait construire, les chrétiens n'ont pas cessé néanmoins d'aller en

Arcade de l'*Ecce Homo*, à Jérusalem.

grand nombre visiter les lieux consacrés par la passion
du Sauveur, et qu'ils sont parvenus, grâce surtout au zèle
et au dévouement des religieux franciscains, à conserver
un certain nombre de leurs principaux monuments.

L'arcade, appelée maintenant de l'*Ecce Homo*, faisait
partie du palais de Ponce-Pilate. Des deux pilastres qui
la supportent, l'une est enclavée dans une dépen-
dance de ce palais, et l'autre dans les bâtiments qui
forment maintenant la communauté de Notre-Dame de
Sion. C'est du haut de cette arcade que, pour tenter un
dernier effort et être bien vu du peuple qui encombrait
la rue, Pilate présenta Jésus portant la couronne d'épines
et le vêtement de pourpre, en disant : « Voici que je vous
l'amène dehors, afin que vous sachiez que je ne trouve en
lui aucune cause de mort. »

Après quelques semaines passées à Jérusalem, je me
séparai du voyageur anglais qui se disposait à aller visiter
à la Mecque, la célèbre maison de Mahomet, et je me
disposai de regagner ma chère ville de Boston, où cependant je n'espérais pas vous rencontrer.

Je me rendis à cet effet à Smyrne, où j'étais bien sûr
de ne pas attendre longtemps un navire à destination de
l'Amérique.

A dater de ce moment, mes aventures peuvent se résu-
mer en quelques mots. J'ai payé mon passage en me
rendant utile à bord, et après plusieurs relâches dans différents ports — relâches dont chaque heure me semblait un
siècle — j'ai eu la bonne fortune, il y a quelques heures,
de débarquer à Boston. J'ai appris que vous vous y étiez

arrêté pour me chercher, et sans même prendre le temps de quitter mon costume de matelot, je suis accouru vous serrer la main. »

Sur ces paroles, nous nous embrassâmes de nouveau, après quoi notre conversation roula sur des sujets tout à fait étrangers à la géographie.

Aussi bien, mes enfants, ai-je épuisé moi-même tout ce que, dans ces rapides causeries, je puis vous dire sur l'Asie. C'est donc une autre partie du monde, l'Afrique, qui sera l'objet de nos prochaines excursions. »

RÉCITS SUR L'AFRIQUE

Plusieurs jours s'écoulèrent sans que M. de Mareuil pût se trouver, le soir, aux réunions de famille. Les enfants attendaient avec grande impatience le moment où l'oncle Charles serait libre de reprendre les récits auxquels ils trouvaient tant d'intérêt. Louise, nous devons l'avouer, n'y cherchait guère que de l'amusement, quoiqu'elle fît un véritable effort sur son étourderie et sur sa vivacité pour questionner chaque matin sa petite sœur et lui expliquer ce qui n'était pas tout à fait à sa portée dans ce qu'on avait dit la veille. Jeanne écoutait son oncle avec une curiosité attentive qui lui donnait les moyens de comprendre beaucoup mieux qu'on n'eût pu l'attendre d'une enfant de son âge. Quant à Paul, rien n'était perdu pour lui, et son intelligence, à la fois active et réfléchie, lui rendait extrêmement profitables les récits abrégés de son oncle à qui il ne manquait aucune occasion d'adresser des questions intelligentes. M. de Mareuil répondait à ces questions avec d'autant plus de complaisance qu'il jouissait, par avance, du plaisir avec lequel son frère remarquerait le développement qui s'opérait dans l'esprit de cet aimable enfant.

Ce fut donc avec un cri de joie, qu'après une semaine de privation, l'aimable petite famille entendit M. de Ma-

reuil annoncer, pour le soir même, le commencement de
ce fameux voyage en Afrique, si vivement désiré.

———

« Laissant Jenkins au milieu de ses amis et de ses parents qui ne se lassaient pas de le féliciter et de lui faire
raconter les divers épisodes de son dernier voyage, ce
qui, par parenthèse, est le plus grand des bonheurs pour
un marin lorsque, par aventure, il est retenu à terre, je
pris passage sur un trois-mâts à destination du Hâvre.

Les vicissitudes qui menacent et accompagnent le voyageur dans les régions lointaines m'avaient donné fort à ré-
fléchir, et j'étais fermement décidé à ne plus quitter la
France, de longtemps du moins. Les circonstances en dé-
cidèrent autrement.

En arrivant à Paris, j'appris que votre père l'avait
quitté la veille pour se rendre en Algérie où il allait remplir une mission du gouvernement.

Je n'ouvris même pas mes malles; le soir même je
traversais la France sur ses pas; j'espérais être à temps
à Marseille pour prendre le même bateau que lui, et je
fus d'autant plus contrarié d'arriver de quelques heures en
retard qu'à cette époque, le service entre la France et sa
nouvelle colonie était loin d'être ce qu'il est devenu. Il
n'y avait alors que trois départs par mois, ce qui m'obli-
geait à perdre dix jours à Marseille.

Je dis à perdre parce que, connaissant depuis longtemps

cette ville et ayant en quelque sorte une pensée fixe :
embrasser mon frère qui, unique survivant avec moi d'une
nombreuse famille, était ce qu'il est encore : l'objet de
ma plus tendre affection, je ne m'intéressais que fort peu
à un spectacle qui vous enchantera, mes enfants, quand
il vous sera donné d'en être témoins.

Marseille, en effet, est une des villes les plus curieuses
de l'Europe. On y coudoie, pendant une même promenade, quelques échantillons de toutes les nations du
monde; il n'est pas un costume, pas un dialecte connu
qui ne s'y montre et ne s'y fasse entendre. A cela ajoutez
l'animation du caractère provençal, l'ardeur du climat, la
prodigieuse activité des transactions commerciales, et vous
aurez un tableau qu'aucune parole ne saurait retracer
fidèlement.

Nous allons, si vous le voulez bien, mes enfants,
mettre à profit ma halte forcée à Marseille pour jeter, par
avance, un coup d'œil sur cette terre d'Afrique où tout à
l'heure vous allez vous engager sur mes pas.

La forme de l'Afrique, comme vous pouvez le voir sur
la carte, est un peu celle d'un gigot de mouton dont la
partie la plus méridionale, appelée cap de Bonne-Espérance, serait le manche.

L'Afrique est séparée de l'Amérique, ou continent occidental, par l'océan Atlantique. Du nord au midi elle a
six mille huit cents kilomètres, et dans sa plus grande
largeur de l'est à l'ouest, huit mille kilomètres. Ses habitants étaient originairement des nègres et des Arabes;
ces deux races se sont mêlées et en ont produit d'autres,

moitié nègres, moitié arabes, qui portent différents noms
et sont divisées en une multitude de tribus et nations.
On croit que l'Afrique contient environ soixante millions
d'habitants.

Ceux de la Barbarie sont principalement des Maures, à
peu près semblables aux Arabes. Ils ont le teint basané,
de beaux yeux, de belles dents; ils sont avides, avares
et cruels, et fort adonnés à la piraterie. Ils ont un grand
nombre d'esclaves nègres, qu'ils tirent du centre de l'Afrique.

La Barbarie est divisée en quatre Etats, qui sont les
régences de Tunis et de Tripoli, l'Algérie et l'empire du
Maroc. Chacun de ces Etats a une capitale qui porte le
même nom. Tous ces peuples sont mahométans, grands
ennemis des chrétiens, et, avant que la France eut mis
un terme à ce trafic honteux, c'était chez eux un commerce régulier que d'envoyer en mer des vaisseaux qui
pillaient des navires appartenant aux pays chrétiens.

Au midi de la Barbarie est un immense désert, appelé
désert de Sahara, qui a six mille quatre cent kilomètres
d'étendue de l'est à l'ouest, et neuf cent vingt kilomètres du nord au midi; on ne peut le traverser que
sur des chameaux, et il est très-dangereux d'y voyager,
car le vent élève quelquefois des tourbillons de sable sous
lesquels sont ensevelis les infortunés voyageurs. En outre,
plusieurs tribus arabes sont errantes dans ces vastes soli-
tudes, où elles attaquent et pillent tous ceux qu'elles rencontrent. Il s'y trouve, de loin en loin, un puits ou une
fontaine entourés d'arbres qui servent de haltes aux caravanes et qu'on appelle oasis.

Au midi de ce grand désert, plusieurs nations nègres habitent des pays très-fertiles. Le capitaine Clapperton, qui a fait plusieurs découvertes dans cette partie de l'Afrique, a visité quelques-uns des rois ou sultans de ces différentes tribus sauvages. Dans le cours de son voyage, il vit sur la route de Koulfa, grande ville de marché et capitale du Nyffé, royaume de la Nigritie, deux villages pleins de boutiques de serruriers, où se trouvaient plusieurs forges. Les montagnes qui les avoisinent contiennent du minerai de fer, qu'on travaille à l'endroit même où il est extrait de la montagne. Le pays est bien cultivé et produit des blés, de l'igname et du coton. C'est là que le capitaine Clapperton a trouvé des fourmilières telles qu'il n'en avait jamais vu, hautes de quinze ou vingt pieds, et ressemblant, dit-il, à des églises gothiques en miniature.

La première nuit après son arrivée à Koulfa, était celle de la nouvelle lune, qui fut saluée avec des cris de joie; car elle mettait fin à un long jeûne, que les mahométans observent très-rigoureusement et qu'ils appellent le *Ramadan*, et le jour qui suivit fut un jour de fête pour toute la ville. Chacun, paré de son mieux, faisait et recevait des visites, donnait et acceptait des présents, ou se promenait dans les rues avec des instruments, tels que des cors, des guitares et des flûtes, tandis que de petites réunions d'hommes et de femmes s'étaient formées sous les devantures des portes ou sous des arbres, buvant une espèce de bière qui porte le nom de *booga*. Les femmes étaient habillées à la plus grande mode de Nyffé; coiffées avec de la laine tressée et passée à l'indigo; les sourcils teints en indigo, les lèvres en jaune et les dents en rouge. Leurs bras et leurs jambes étaient ornés de bracelets de verre, de cuivre ou d'argent, et leurs doigts de bagues de cuivre, d'argent, d'étain, etc. Plusieurs avaient des dollars espagnols soudés sur leurs bagues (1).

Sur la côte d'Afrique, depuis le grand fleuve de Sénégal, que vous pouvez voir sur la carte, jusqu'au cap de Bonne-Espérance, la population nègre se divise en un grand nombre de tribus. C'est là que se trouve la côte de Guinée, d'où l'on tire tant d'esclaves pour les contrées de l'Amérique où l'esclavage n'est pas encore aboli. Le commerce des esclaves est impie et cruel; c'est un trafic qui fait la honte de ceux qui s'y livrent et de ceux qui en profitent.

Vers le cap de Bonne-Espérance est le pays des Hottentots, race de nègres dont je vous parlerai plus tard; et au cap de Bonne-Espérance est la ville du Cap, appartenant aux Anglais. On trouve, en outre, près de cette ville, beaucoup de petits villages anglais.

Sur la côte orientale de la pointe méridionale de l'Afrique, se sont fixées plusieurs tribus de nègres dont la plus remarquable est celle des Cafres.

Après avoir remonté le pays qu'ils habitent, on arrive à la côte de Mozambique que l'on traverse, puis à l'Abyssinie, contrée montagneuse, habitée par une race très-singulière. Le Nil, un des fleuves les plus célèbres du monde, coule au milieu de l'Abyssinie. Il parcourt ensuite la Nubie

(1) Le dollar est une monnaie d'argent qui vaut cinq francs.

et l'Egypte, et se jette dans la Méditerranée, à l'extrémité orientale de l'Egypte.

***

Mais revenons à Marseille. Après avoir trompé, comme je le pus, mon impatience, j'arrivai enfin au moment de m'embarquer. Je connaissais déjà presque toutes les mers de l'Europe, et jamais cependant je n'avais navigué sur des flots plus purs, plus paisibles et sous un ciel plus beau.

Un vieux matelot, doyen de l'équipage, à qui j'exprimais ces sentiments d'admiration, en lui tenant compagnie pendant son quart de nuit, m'écoutait en souriant.

— Oui, reprit-il après un assez long silence, oui, la Méditerranée est merveilleusement belle, et quand elle n'est pas en colère, elle vous berce d'une façon si caressante et si douce qu'il semble qu'on nage sur du velours; mais, quand elle se fâche, elle est terrible. Je vous souhaite, monsieur, de n'en point faire l'expérience. Cependant, et pour si rude que fût la tempête, vous ne sauriez rencontrer sur ses flots bouleversés un danger tel que celui que j'ai couru à peu près à la hauteur où nous nous trouvons, par un temps aussi beau que celui dont nous jouissons cette nuit. J'étais bien jeune alors, et la France n'avait pas encore purgé la Méditerranée des brigands qui l'infestaient. J'étais embarqué sur la *Minerve*, qui croisait dans les mers d'Amérique et qui reçut ordre de faire voile pour les côtes barbaresques.

Nous appareillâmes par un bon vent, et en peu de jours

nous nous approchâmes des Bermudes, groupe de petites îles qui appartiennent aux Anglais. Elles sont au nombre de quatre cents, mais peu d'entre elles sont habitables. La principale de ces îles est Saint-Georges, dans laquelle il y a une petite ville et plusieurs ports, et qui est défendue par deux forts. L'air y est en général salubre, excepté dans le milieu de l'été, quand la chaleur est excessive. A peine s'y aperçoit-on de l'hiver. Les îles Bermudes produisent le cèdre, le palmier, surtout le genévrier, du tabac, des légumes et une grande variété de fruits; les endroits les plus fertiles donnent, par an, deux récoltes de blé indien. On voit aussi dans ces îlots beaucoup de différents oiseaux et du poisson en abondance. Malheureusement on y est exposé à des ouragans effroyables.

Peu après, nous vîmes les îles Canaries, d'où sont originairement venus les jolis serins jaunes qui portent leur nom. Ces îles sont au nombre de treize, dont sept sont très-grandes; les six autres sont petites. On suppose qu'elles étaient connues des anciens sous le nom d'*îles Fortunées*. Elles sont couvertes de montagnes, dont un point, appelé le pic de Ténériffe, est un des sommets les plus élevés du monde; nous l'aperçûmes de cinquante lieues en mer, et il me fit l'effet d'un gros nuage flottant très-haut dans les airs. M. de Humboldt, célèbre voyageur, raconte que le capitaine d'un vaisseau sur lequel il se trouvait le prit pour un château fort et envoya un bateau pour complimenter le gouverneur! Ces îles sont d'un très-bel aspect; la principale, appelée la grande Canarie, donne deux et quelquefois trois récoltes par an. Les habitants cultivent la canne à sucre, les vignes, dont le fruit produit le célèbre vin de Canarie, et ils ont d'autres excellents fruits, tels que limons, poires, pommes, figues de plusieurs espèces, et ananas.

L'Île de Ténériffe.

Nous arrivâmes enfin en vue de Gibraltar; c'est une ville située sur un roc de quinze cents pieds de haut, et défendue par une forteresse imprenable. Gibraltar est en Espagne et forme la pointe la plus méridionale de l'Europe. La forteresse et la ville appartiennent aux Anglais, qui s'en sont emparés par surprise.

Gibraltar donne son nom au détroit qui fait communiquer l'océan Atlantique et la mer Méditerranée. Le détroit est large de cinq lieues dans sa partie la plus étroite : c'est ce que les anciens appelaient *les colonnes d'Hercule.*

Nous entrâmes dans la Méditerranée. Notre voyage avait été très-prospère ; il arrive rarement qu'un vaisseau traverse l'Atlantique sans essuyer de mauvais temps ; nous n'avions cependant pas eu un seul orage, et quarante jours après avoir quitté New-York, nous étions en Sicile, qui est la plus grande des îles de la Méditerranée ; elle est située entre l'Afrique et l'Italie à qui elle appartient. Le climat de la Sicile est délicieux, les chaleurs de l'île se trouvant tempérées par les fraîches brises de la mer ; mais il y a de fréquents tremblements de terre, et le *sirocco,* vent du sud, très-malsain, y souffle souvent. Néanmoins cette grande île a toujours été renommée par sa fertilité. Les principaux objets d'exportation sont la soie, les blés, le sel, l'huile d'olive, les vins, le safran et différentes sortes de fruits ; ainsi que des peaux de chèvres et d'autres animaux.

La *Minerve* fit relâche à Palerme, et j'obtins la permission de débarquer ; je me proposais de visiter le mont Etna ; diverses circonstances s'opposèrent à ce que je pusse monter jusqu'au sommet du volcan, mais je fus assez heureux pour pouvoir être témoin de l'une de ses éruptions : c'est un spectacle vraiment imposant et terrible. Une nuit, des bruits souterrains se firent entendre dans la montagne ; ils ressemblaient à un roulement de tonnerre éloigné. Bientôt on vit sortir du cratère des flammes qui semblaient s'élever jusqu'aux nues et formaient sur la montagne comme une colonne de feu. En même temps des nuages d'une fumée noire tourbillonnaient à l'entrée du cratère, tandis que la lueur projetée par les flammes transformait la nuit en un véritable jour.

Au bout de quelque temps, les flammes disparurent subitement comme si elles fussent rentrées dans le sein de la montagne, et l'obscurité devint complète. Mais ce ne fut pas pour longtemps; bientôt des pierres rougies par le feu furent lancées à leur tour par la bouche du volcan, et s'élevèrent dans les airs en faisant entendre une espèce de sifflement, pour retomber de tous côtés. Elles roulaient comme un torrent avec un bruit affreux, et se répandaient en détruisant les villages qui faisaient obstacle à leur passage. C'était une scène terrible et désolante, à laquelle je ne puis encore penser sans frémir.

Ces éruptions se sont fréquemment renouvelées depuis des milliers d'années.

Un peu après avoir quitté Palerme, nous fûmes assaillis par une tempête. Le vent soufflait avec violence, et l'agitation de la mer croissait toujours. Notre vaisseau était horriblement ballotté, si bien qu'en quelques heures deux de nos mâts furent brisés et tombèrent à la mer. On ne pouvait plus gouverner le navire; il s'y fit une voie d'eau, et, malgré le travail incessant des pompes, l'eau monta rapidement. On donna l'ordre d'alléger le vaisseau, et une grande partie de ce qu'il contenait fut immédiatement jetée à la mer. La nuit vint, et le vent s'accrut. Le navire s'agitait comme si la terreur eût saisi

jusqu'au bois même dont il était construit. Cependant notre
capitaine, homme brave et intrépide, conserva le plus
grand calme et toute sa présence d'esprit ; il fit tout ce
qu'il était humainement possible de faire : son expérience,
ses efforts, tout fut inutile. La foudre tomba sur la *Minerve* et embrasa la voilure. Ainsi attaqué à la fois par
le feu et l'eau, le vaisseau ne pouvait résister longtemps;
une partie de l'équipage avait péri, emportée par les lames
furieuses qui, à chaque instant, balayaient le pont; déjà
des craquements sinistres annonçaient une prochaine et
certaine destruction. La grande embarcation fut mise à
flots, et nous y prîmes place en silence, et les larmes aux
yeux. Il nous semblait à tous que nous laissions quelque
chose de nous-mêmes à bord de ce fier bâtiment que
l'abîme attirait déjà et qu'il allait bientôt engloutir.

J'avais fait le sacrifice de ma vie et remis mon âme
entre les mains de Dieu; je n'espérais pas revoir un autre
matin; mais le jour vint, et l'espérance qui renaît si facilement dans le cœur de l'homme, se ranima dans le
mien. Les nuages se dissipèrent, et le soleil parut. Mais
notre embarcation trop chargée avançait lourdement, et la
moindre fausse manœuvre pouvait nous faire chavirer.

Dans cette situation désespérée nous aperçûmes un bâtiment qui se dirigeait vers nous. Notre premier mouvement fut de bénir la Providence qui nous envoyait des
secours; cette joie ne fut pas de longue durée : le navire
qui avait toutes ses voiles dehors et que le vent poussait
rapidement vers nous, n'avait encore arboré aucun pavillon
que déjà, à certains signes particuliers, nous avions re-

connu en lui un de ces terribles écumeurs de mer qui parcouraient alors la Méditerranée, pillant les navires marchands, ravageant les côtes et enlevant les passagers et les hommes d'équipage qu'ils vendaient ensuite comme esclaves sur les marchés de l'Afrique.

Nous résolûmes de périr plutôt que de nous laisser prendre. Nous avions eu soin de nous munir de piques et de haches d'abordage, et nous attendîmes les pirates de pied ferme. Malheureusement, la mer à ce moment redevint très-houleuse. Notre barque, ballottée par les vagues, nous jetait pêle-mêle d'un bord à l'autre. Nous pouvions à peine nous tenir en équilibre. Nous repoussâmes néanmoins le premier essai d'abordage des pirates; mais, notre capitaine et trois d'entre nous ayant été tués à coups de pistolet, nous comprîmes que toute résistance était impossible, et nous mîmes bas les armes.

Nous reconnûmes bientôt que le corsaire qui nous avait capturés venait de Tripoli. La régence de Tripoli est un pays très-étendu, au nord de l'Afrique; les habitants cruels et barbares s'adonnaient principalement à la piraterie et pillaient tous les vaisseaux dont ils pouvaient s'emparer. Nous savions que beaucoup de chrétiens étaient déjà leurs prisonniers, et nous n'avions pas pour nous-mêmes une perspective plus agréable.

Au bout de cinq jours, nous arrivâmes dans le port de Tripoli. Nous fûmes conduits, escortés par des soldats dont la peau était noire et le costume bizarre, à un lourd bâtiment de pierre qui était un château fort. On nous fit entrer dans une grande chambre obscure, où nous restâmes quatre jours, n'ayant pour toute nourriture que du pain et de l'eau. Au bout de ce temps, on nous fit sortir de cette prison, et on nous fit traverser la ville, toujours entourés de soldats. Tout ce que je vis me parut étrange et triste. Les rues étaient très-étroites, et les toits des maisons auxquelles on n'apercevait extérieurement d'autre ouverture qu'une petite porte cintrée fort basse, étaient tout à fait plats.

Enfin nous arrivâmes à une autre prison, où j'eus la douleur de me voir séparé de mes compagnons d'infortune et confiné dans une chambre à part. Cette chambre ne recevait un peu de lumière que par une sorte de meurtrière, pratiquée dans le mur épais. Je fus laissé seul, livré à toute l'amertume de mes pensées, ne recevant chaque jour, pour unique nourriture, que du pain et de l'eau, que m'apportait un homme à mine rébarbative, qui ne paraissait pas avoir pour moi plus d'égards que pour un animal. Je ne connaissais pas son langage et n'aurais pu me faire comprendre de lui; mais il était facile de voir que toutes mes paroles, eussent-elles été comprises, seraient restées sans réponse.

Cependant ma captivité se prolongeait; la nuit succédait au jour, et le jour à la nuit, sans qu'il se fît aucun changement dans ma triste position. J'essayais de me distraire par des projets de fuite; mais je dus bientôt me convaincre que la chose était impossible, et je retombai dans le découragement. J'étais bien près de me livrer au désespoir; mais la religion vint à mon secours, et je finis par me résigner à mon malheur, non sans faire bien des vœux pour revoir la lumière du jour et respirer un air libre, ne fût-ce que pendant quelques instants, dussé-je mourir après !

Une nuit, cependant, je crus entendre un léger bruit près de l'étroite ouverture qui servait de fenêtre ; j'écoutai attentivement, et je m'assurai que quelqu'un s'en était approché. Qui cela pouvait-il être ? Je ne connaissais personne à Tripoli ; personne au sein de cette population hostile à tout ce qui porte le nom chrétien, ne pouvait me vouloir du bien ; je n'avais donc à attendre de cet incident qu'une aggravation à mes maux, si tant est qu'ils eussent pu être aggravés. J'écoutai cependant avec une attention émue ; bientôt le bruit cessa et j'eusse pu croire à une illusion de mes sens si, quand vint le jour, je n'avais reconnu que la toile d'une araignée, dont le travail m'intéressait, avait été arrachée de la misérable fenêtre, et que l'araignée avait disparu.

Les deux nuits suivantes, j'entendis encore du bruit, il me sembla qu'on s'adressait à moi à voix basse, mais je ne distinguais pas les sons, et je crus m'être trompé. Hélas ! il fallait bien que ce fut une illusion, car les nuits se succédèrent sans que le bruit se renouvelât ; le faible espoir que cet incident avait éveillé s'éteignit bientôt, et je retombai dans l'uniformité de ma vie et de mes chagrins.

Une nuit que je dormais de ce sommeil lourd et accablant qui accompagne la fièvre, je rêvai que j'avais subitement recouvré la liberté ; je me sentis si heureux que les transports de ma joie m'éveillèrent. Au même moment, j'entendis distinctement une clef entrer dans la serrure, tourner doucement, puis la porte s'ouvrir avec précautions. Un homme, dont les pieds touchaient à peine la terre, s'approcha et me dit bien bas en italien : « Suivez-moi, et silence ! »

Je n'hésitai pas un instant; nous sortîmes, la porte fut soigneusement refermée par mon libérateur, et nous continuions de marcher sans bruit, quand un homme qui dormait, étendu sur la terre, s'élança tout d'un coup et leva son sabre pour frapper mon conducteur. Celui-ci, plus prompt que l'éclair, lui donna sur la tête un coup de bâton si bien asséné, que l'homme tomba sans mouvement. Nous prîmes alors plusieurs étroits passages, et nous arrivâmes enfin à une sorte de préau assez grand et entouré de murs élevés.

Mon compagnon franchit le mur, au moyen d'une échelle de corde qui s'y trouvait attachée; je le suivis, et nous nous servîmes de la même échelle pour descendre dans la rue. Nous entendîmes alors derrière nous un bruit de voix et de pas qui nous fit craindre que ma fuite eût été découverte; nous vîmes aussi des lumières se refléter sur la muraille qui faisait face au bâtiment; mon guide se mit alors à courir, en me faisant signe de le suivre, et, par de nombreux détours dans des rues étroites et tournantes, me conduisit bientôt à une maison dans laquelle il me fit entrer, en me disant d'y rester sans inquiétude et d'attendre son retour pour recevoir les explications que je pourrais désirer. Puis il me quitta, me laissant dans une profonde obscurité.

Où étais-je? quel était cet inconnu qui venait me délivrer,

et pourquoi l'avait-il fait? Toutes ces questions occupaient mon esprit, et j'eus le temps de m'y livrer à loisir, car il se passa plusieurs heures avant que personne se montrât dans la chambre où j'étais. Enfin, une femme entra et m'adressa la parole dans la langue du pays. Voyant que je ne l'entendais pas, elle employa la langue italienne que je comprenais un peu, et m'assura que je n'avais rien à craindre; elle ajouta qu'il était indispensable à ma propre sûreté comme à celle de mon libérateur, que je restasse soigneusement enfermé, et que, dans quelques jours, je reverrais celui qui m'avait rendu la liberté et qui répondrait à toutes mes questions. Tout cela fut dit d'un ton si évidemment bienveillant que je me sentis tout à fait rassuré, cette digne femme eut, en effet, pour moi toutes sortes de soins et d'attentions, et comme elle passait souvent assez de temps avec moi et que je comprenais son assez mauvais italien, elle m'apprit, sur le pays où j'étais et le peuple qui l'habitait, beaucoup de choses très-intéressantes.

Je sus ainsi ce que j'ignorais encore, n'ayant jamais entendu parler des Etats barbaresques qu'au sujet de leurs déprédations, non-seulement sur mer, mais sur les côtes d'Italie, de Provence et de Languedoc. Je sus que Tripoli est une grande et importante cité, entourée de fortes et hautes murailles, avec des remparts qui les défendent de toute attaque. Ces murs ont deux portes pour entrer dans la ville et en sortir : l'une ouvre au nord, vers la mer; l'autre donne au midi, sur le pays. A l'extrémité orientale de la ville, on voit le château dans lequel réside le pacha, dont le royaume, appelé Régence, est très-grand et s'étend jusqu'au Fezzan, pays de plus de quatre cents kilomètres, au sud.

Le pacha gouverne despotiquement. Son château est entouré d'une forte muraille, haute de quarante pieds ; et il s'y tient généralement enfermé, de crainte d'être tué par quelqu'un de ses sujets.

La plus grande partie de la population se compose de Maures. Les Maures portent des turbans comme les Turcs ; au lieu d'habits, ils ont des vêtements fort amples et fort larges, attachés autour de la taille par une ceinture, et de grands pantalons, avec des bottes jaunes. Les femmes s'enveloppent dans une sorte de vêtement appelé barracan, qui couvre toute leur personne ; et elles le tiennent d'assez près sur leur tête pour cacher entièrement leur visage, que la modestie, dans ce pays, ne permet pas d'exposer à la vue.

Le climat est excessivement chaud. En automne, il tombe de grosses pluies pendant plusieurs jours et plusieurs nuits. Puis elles s'arrêtent tout à coup, et il ne tombe plus une goutte d'eau pendant bien des mois.

Comme les Maures sont très-indolents, ce sont les Juifs qui font le principal commerce de la ville ; les Maures les traitent avec le plus grand mépris, leur crachent au visage, leur tirent la barbe, etc. Les chrétiens, au temps dont je parle, étaient souvent non moins maltraités ; mais il n'en est plus ainsi depuis que les Français sont en Algérie. »

« Puisque j'ai prononcé le nom d'Algérie, dit en s'interrompant M. de Mareuil, laissez-moi, mes enfants, suspendre quelques instants le récit du vieux matelot, pour vous parler de cette terre devenue française depuis l'époque à laquelle remontait l'épisode qu'il me racontait.

L'Algérie, telle que les Français l'ont trouvée quand ils en ont fait la conquête en 1830, bien que relevant, sous le nom de *Régence d'Alger*, de la Porte ottomane, était gouvernée par un souverain indépendant de fait, qui portait le titre de dey. La suzeraineté de la Porte se bornait à peu près à une formalité particulière, dite d'*investiture*, à l'avénement de chaque nouveau dey, formalité qui consistait pour le sultan à envoyer un caftan d'honneur au dey et à encaisser en échange un tribut fixe.

Le dey résidait à la kasbah (château fort) d'Alger où étaient renfermés ses trésors. Dans le principe, son pouvoir était despotique et sans contrôle, mais à la suite de plusieurs révolutions de palais, dont la plus considérable fut celle des janissaires ou soldats de la garde, le pouvoir avait été souvent disputé aux deys, dont la plupart avaient péri de mort violente, ce qui, à chaque changement de règne, livrait le pays à la plus sanglante anarchie.

Mais ce qui distinguait entre tous les Etats barbaresques la Régence d'Alger, c'était l'audace de ses pirates. Alger, que les peuples de l'Afrique septentrionale nommaient avec orgueil *la bien gardée*, était réputée pour imprenable.

Cette belle cité est fièrement assise dans une des plus belles positions du littoral barbaresque, en face de Minorque, la plus célèbre des îles Baléares; elle est bâtie en forme d'amphithéâtre, et les maisons s'élèvent graduellement les unes au-dessus des autres, présentant du côté de la mer l'aspect le plus agréable. Les toits des maisons sont plats et communiquent les uns avec les autres, en sorte que l'on peut facilement parcourir sur ces toits la

Vue d'Alger.

longueur d'une rue. Du moins en était-il ainsi, avant tous les changements que nous avons introduits dans cette ville, que nous avons beaucoup embellie, trop peut-être, en la dotant de rues droites et larges, dans lesquelles le soleil ardent de cette contrée a bien plus d'accès que dans les anciennes rues étroites et tortueuses, plus propices à l'ombre et à la fraîcheur.

Beaucoup de gens ont de petits jardins sur les toits de leurs maisons ; ces maisons sont blanches avec une légère teinte rosée, et comme elles sont situées sur le penchant d'une colline, la ville, d'une certaine distance, en mer, fait l'effet d'une grande voile de vaisseau.

Ce qui rend la conquête de l'Algérie si précieuse pour nous qui ne sommes pas, il faut l'avouer, de bien intrépides colonisateurs, c'est que la température est merveilleusement tempérée. Les arbres du pays sont toujours verts, et on y voit en même temps des boutons, des fleurs et des fruits. Le climat est si salubre que les médecins français et allemands y envoient les malades, dont la poitrine est délicate ou la santé délabrée par des excès de travail ou de plaisirs.

La Régence d'Alger a, pendant des siècles, bravé le ressentiment des plus puissants Etats de l'Europe ; c'était un fléau sur la Méditerranée à cause de la piraterie qui était devenue la profession de la plupart des habitants du pays. Plusieurs tentatives furent faites pour réprimer leurs brigandages ; Charles-Quint y perdit une flotte et une armée, en 1540 ; Louis XIV bombarda trois fois la ville, et les Anglais en firent autant en 1816. Enfin le dey d'Alger, ayant insulté le consul de France en lui donnant un coup d'éventail, le roi Charles X arma contre Alger, et la ville fut prise en 1830.

Cette conquête a rendu au monde maritime un service qui mérite d'être signalé : elle a délivré la Méditerranée d'un joug humiliant; le littoral entier de cette mer, de déprédations incessantes et sanglantes. Les Etats européens lui ont dû d'être affranchis d'un impôt onéreux qu'ils étaient obligés de payer au dey pour garantir la libre navigation de la Méditerranée à leurs vaisseaux; le commerce,. enfin, lui est redevable de son affranchissement et de sa sécurité, dans les eaux de cette mer si importante, par où passent les richesses du Levant ainsi que les innombrables produits du sol et de l'industrie de l'Europe méridionale. C'est un service rendu par notre patrie à la civilisation moderne que nul ne doit oublier, et dont les Français de tout âge doivent se sentir fiers.

Avant de revenir aux aventures du vieux matelot, quelques mots sur le Maroc et Tunis doivent compléter ce que je puis vous enseigner aujourd'hui sur cette antique Mauritanie où s'élève Carthage, et qui, sous la domination romaine, mérita le nom caractéristique de *grenier de Rome*.

Maroc, capitale de l'empire du même nom, est située dans une plaine fertile et environnée de délicieux bosquets de hauts palmiers. Le pays produit avec abondance des oranges, des figues, des melons, des abricots, des pêches, des raisins, des poires, des dattes, des prunes et des grenades. On y voit aussi en profusion des fleurs les plus belles et les plus odoriférantes. Maroc est défendue par de fortes murailles, et le palais de l'empereur est un superbe édifice.

Près de Maroc, commence une haute chaîne de montagnes qui se prolonge| en Algérie, et dont les sommets, toujours couverts de neige, sont si élevés qu'on peut les apercevoir de plusieurs centaines de lieues en mer. Les anciens donnaient à ces montagnes le nom d'Atlas et croyaient qu'elles étaient les charpentes du monde. Les vallées de l'Atlas et même du Maroc sont habitées par des peuples pasteurs nommés Berbères, qui parlent une langue tout à fait différente de celle des Maures et des Arabes; ce sont, en réalité, les naturels des côtes barbaresques auxquelles ils ont donné leur nom. C'est une race hardie et vigoureuse. En hiver, eux et leurs troupeaux se retirent dans des caves où ils se tiennent chaudement au moyen de grands feux; en été, ils vivent dans des huttes.

Je reviens à Tunis, dont vous voyez à la page suivante une des principales mosquées. C'est le plus petit des Etats barbaresques. Près de Tunis était l'ancienne et célèbre Carthage, qui florissait il y a plus de deux mille ans, et qui envoya contre Rome une armée commandée par le fameux Annibal. Carthage, bâtie sur trois collines, et entourée d'une triple muraille, contenait, dit-on, sept cent mille habitants. Après avoir pendant sept ans dominé la Méditerranée, cette ville fut prise par les Romains, qui la détruisirent de fond en comble. Elle brûla pendant dix-sept jours consécutifs, et il n'en resta rien que les citernes et quelques ruines que l'on va visiter aujourd'hui, à quatre lieues de Tunis.

En 1270, lors de la dernière croisade, saint Louis passa par Tunis dont le bey lui avait fait espérer sa conversion, et sur l'aide de qui il comptait pour sa sainte entre-

TUNIS

Entrée de la grande mosquée.

prise; mais au lieu d'un allié il trouva un adversaire, et il dut mettre le siége devant Tunis. C'est là qu'il mourut de la peste et que son fils et successeur alla pieusement chercher ses restes mortels. En 1840, par les soins du roi Louis-Philippe, une statue a été élevée au saint monarque, au lieu même où campait son armée.

Tels sont, mes enfants, les grands souvenirs qui se rattachent à ces Etats barbaresques de si terrible mémoire, où nous allons retrouver, si vous le voulez bien, notre matelot évadé du bagne, mais encore prisonnier.

« Depuis un mois, me dit-il en poursuivant son récit, j'étais enfermé dans la maison où j'avais été conduit lors de mon évasion, et je n'avais pas encore vu mon libérateur, lorsqu'une nuit je sentis une main vigoureuse s'appuyer sur mon épaule, pendant que la même voix que j'avais entendue un mois auparavant, me disait :

« Levez-vous, les instants sont précieux. »

Je m'habillai en toute hâte et je suivis mon conducteur, dont je ne pouvais entrevoir les traits, enveloppé qu'il était dans les plis d'un ample manteau. Nous parcourûmes en silence des rues tortueuses et enchevêtrées qui nous conduisirent à une des portes de la ville. Là, mon ami encore inconnu s'entretint quelques instants avec le gardien de la porte qui nous laissa passer.

Nous arrivâmes au port; mon compagnon fit une petite lumière avec le bassinet de son pistolet, et aussitôt un bateau vint à notre rencontre; nous y entrâmes et nous nous dirigeâmes vers la pleine mer. Grâce à nos quatre vigoureux rameurs, le bateau avançait avec une grande rapidité. Nous fîmes environ une lieue de cette manière; alors s'approcha de nous une petite goëlette, qui semblait nous attendre, et dans laquelle nous nous installâmes. La nuit était claire, et le vent très-frais; notre bâtiment était bon voilier et glissait sur les eaux, léger et rapide comme l'oiseau qui fend les airs.

Le jour parut enfin. Je n'avais rien vu, rien entendu qui pût m'instruire de ce qu'était mon mystérieux compagnon, et, fatigué de conjectures, je m'étais étendu sur le pont où je dormais profondément. Quand je me réveillai au lever de l'aurore, je vis penché sur moi un visage aux traits expressifs et basanés; je le reconnus sur-le-champ. C'était un Maltais dont, quelques mois auparavant, j'avais sauvé la vie dans des circonstances singulières.

Je vous ai déjà dit que le vaisseau, sur lequel j'avais été embarqué à mon entrée au service, avait été envoyé en croisière dans la mer des Antilles. Or, un jour que nous étions dans les eaux de Porto-Ricco, notre commandant ayant été invité à une soirée donnée par le gouverneur de la colonie, je fis partie de l'équipage du canot qui le conduisait à terre; or rien n'est comparable à la splendeur des nuits dans ces contrées. C'était la première que je passais à terre, et, séduit par les beautés de la nature, au lieu d'entrer dans le lieu de réunion où jouaient et buvaient des marins de toutes les nations du monde, je restai à errer sur la plage. Tout à coup, dans le silence de la nuit, un cri retentit, cri affreux dont le souvenir après plus de quarante ans me fait encore tressaillir.

Je m'assurai que mes pistolets étaient passés dans ma ceinture, je sortis de sa gaîne mon couteau poignard, et je m'élançai dans la direction d'où le cri était parti.

Les nuits aux Antilles sont merveilleusement claires; à peine avais-je fait quelques pas que je vis distinctement, quoiqu'à une assez grande distance, un homme que quatre à cinq nègres athlétiques entouraient. Cet homme était encore debout; mais il devait être déjà baillonné, car le silence le plus complet avait succédé à son premier et unique cri d'alarme.

Je compris que je pourrais bien ne pas arriver à temps, et instinctivement, soit dans l'espoir de l'encourager, soit dans la pensée d'effrayer ses agresseurs, je lui criai de toute la force de ma voix :

« Nous arrivons à votre secours, courage, tenez bon!... »

Ce *nous*, que j'employai sans en avoir même conscience, fit merveille. Les nègres, en entendant parler français, se crurent sans doute menacés par l'équipage entier de notre canot, et, peu désireux de soutenir une lutte sur l'issue de laquelle la renommée traditionnelle de la bravoure française ne leur permettait pas de se faire illusion, prirent la fuite, non toutefois sans avoir serré le baillon de leur victime au point de l'étouffer, et sans lui avoir littéralement lardé la poîtrine de coups de couteau.

J'arrachai le baillon, je visitai les blessures qui, amorties par un épais scapulaire, avaient si peu de gravité que le blessé, reprenant presque aussitôt connaissance, put avec

l'aide de mes bras gagner le petit quai de débarquement
où le canot du commandant attendait sous la garde de
deux ou trois hommes.

Quelques gorgées de rhum achevèrent de le rendre à
lui-même, et il put nous raconter l'aventure qui avait été
si près de lui coûter la vie.

Maltais de naissance, il avait été amené aux Antilles
par un navire anglais, qui l'avait laissé malade à Porto-
Ricco, où il devait le reprendre quelques semaines plus tard.

Promptement rétabli, il avait profité de sa liberté pour
parcourir les environs de la ville et s'y livrer à son goût
pour la botanique et l'histoire naturelle — goût, soit dit
en passant, qui l'avait entraîné à quitter son pays et à se
procurer, au prix d'un engagement comme matelot, les
moyens de parcourir le monde.

Quelques jours auparavant, il avait rencontré dans une
de ses excursions une espèce de serpent fort rare à Porto-
Ricco, mais très-commun à la Martinique où l'on connaît
un antidote contre sa morsure, tandis qu'à Porto-Ricco son
venin est réputé mortel. Sûr de n'avoir rien à craindre
du reptile qu'il avait appris en outre à charmer, le jeune
homme n'hésita pas à le saisir, malgré les cris de terreur
de quelques nègres qui passaient et qui s'enfuirent comme
si une légion de démons les poursuivaient.

Quand, le soir venu, il rentra en ville, le récit de son
aventure l'y avait devancé; dans les rues les nègres
s'écartaient de son passage avec épouvante; la plupart le
considéraient comme sorcier; quelques-uns allaient plus
loin : imbus des superstitions de leur pays natal où ce

reptile est considéré comme sacré, l'audace de l'Européen qui avait osé le toucher leur apparaissait comme une profanation qui, si elle n'était pas châtiée, devait appeler sur ceux qui en avaient été témoins d'incalculables malheurs.

Le Maltais, à qui son hôte donna ces explications en l'engageant à une excessive prudence, ne tenant pas assez compte de cet avertissement, s'était engagé le jour même dans une des parties les plus solitaires de la plage où, entouré à l'improviste, désarmé et baillonné, il allait périr quand j'étais si heureusement accouru à son secours.

Au moment où il achevait son récit, le signal d'embarquer fut donné. Le Maltais me prit rapidement la main :

« Votre nom? me demanda-t-il.

— Yvon Keruan, de Ploërmel.

— Moi je m'appelle Paoli, et je suis d'un pays où on n'oublie pas plus un bienfait qu'une injure. Je vous dois la vie; à charge de revanche!... »

Cette revanche d'un service rendu sous le ciel des Antilles, Paoli l'avait prise dans un cachot de Tripoli. Je lui avais conservé la vie, il me rendait la liberté; c'était encore moi qui lui étais redevable !

Tels sont les hasards de la vie du marin, ni Paoli ni moi nous n'eûmes la pensée de trouver rien d'étonnant à ce que notre connaissance, commencée à Porto-Ricco, eut trouvé l'occasion de se renouer à Tripoli.

Mais ce qui était pour moi moins facile à concevoir, c'est que Paoli, que sept à huit mois auparavant j'avais laissé simple matelot à Porto-Ricco, pût se trouver à Tripoli dans une situation qui lui permît de mener à bonne fin l'entreprise difficile et surtout fort coûteuse d'une évasion d'esclave. Comment d'ailleurs avait-il connu ma présence au bagne?

Paoli éclaircit en quelques mots ce double mystère :

« Je crois vous avoir dit, lors de notre première rencontre, que j'appartenais à une famille aisée, et que c'était la fantaisie de visiter de lointains pays — fantaisie que mes parents n'avaient pas consenti à satisfaire — qui m'avait poussé à m'embarquer sur un navire anglais. Mon aventure de Porto-Ricco me fit faire de sérieuses réflexions. Je me représentai la douleur qu'auraient éprouvée mes parents en apprenant la mort de leur unique enfant! Je me demandai quelle réponse j'aurais pu faire à Dieu lorsqu'en paraissant devant lui, je l'aurais entendu me demander : « Quel motif assez puissant t'a porté à mépriser la volonté de tes parents?... » Considérant ce qui m'était arrivé comme un avertissement du ciel, je résolus de rentrer au plus vite à la maison paternelle où je savais que je trouverais la même indulgence, le même accueil que l'enfant prodigue dont le divin Maître a raconté la touchante histoire.

» Sur ces entrefaites, justement arriva à Porto-Ricco le navire qui m'y avait amené; mon engagement venait d'expirer; j'avais à toucher des parts de prise dont le chiffre fut assez élevé pour payer mon passage à bord d'un brick espagnol qui allait partir, et qui devait justement faire relâche à Malte.

» Je partis. A mesure que le moment approchait où, agenouillé aux pieds de mon père et de ma mère qui ne m'attendaient pas, je pourrais leur dire : « J'ai péché contre le ciel et contre vous, pardonnez-moi comme m'a pardonné le bon Maître qui m'a sauvé par un miracle, » je sentais mon cœur se remplir d'une immense joie.... Hélas! cette joie je ne devais l'éprouver qu'en espérance!

» Quand j'arrivai devant la demeure que mes souvenirs me rappelaient si heureuse et si gaie, je vis les portes et les fenêtres hermétiquement closes.

« Ils sont à leur maison des champs, m'écriai-je tout haut.

— Ils ont pris possession de la demeure qu'ils ne quitteront que pour prendre possession de la maison du Père céleste au jour de l'éternelle résurrection, » murmura près de moi une voix grave et triste.

» Je me retournai : une femme était à mes côtés, une femme que j'avais laissée forte et robuste encore, et que je retrouvais vieille et cassée au point de ne la reconnaître en quelque sorte qu'avec le cœur.

» Elle me regardait et secouait la tête en disant :

« Il a souffert aussi, bien souffert, mais pas autant qu'eux, pas même autant que moi.

— Par pitié, ma bonne Maria, que s'est-il passé?... Où sont-ils?...

— Vous nous aviez abandonnés, nous avons pleuré et prié, demandant à Dieu de vous conduire, lui offrant nos vies pour qu'il protégeât la vôtre. Ma vie, à moi, il n'en a pas voulu; mais il a pris celle de votre sainte mère d'abord, puis celle de votre père. Si je ne vous avais pas revu aujourd'hui,. demain c'eût été mon tour. »

» Et comme si ces paroles eussent épuisé toute sa colère, la fidèle servante de mes parents, mon excellente nourrice qui avait jusqu'alors conservé la froide et sévère attitude d'un juge, fondit en larmes et, m'ouvrant ses bras, elle s'écria :

« Oh! comme ils doivent être heureux là-haut, dans le ciel, en voyant leur cher enfant de retour au foyer paternel! »

» Et elle me fit passer ce seuil où si souvent j'avais, par la pensée, vu mon père et ma mère me tendant les bras et que je retrouvais silencieux et désert. Un moment je demandai à Dieu pourquoi il ne m'avait pas laissé mourir à Porto-Ricco; mais, revenu bientôt à moi-même, je me dis que cette vie qu'il m'avait laissée, je devais la remplir utilement et chrétiennement, certaines fautes ne se réparent pas, et la désobéissance des enfants est du nombre; mais la bonté de Dieu a voulu que même les fautes les plus irréparables pussent être rachetées par le repentir et le dévouement.

» Mais à qui me dévouer, moi qui n'avais plus de famille?

» Le fils unique de ma nourrice, mon frère de lait, avait disparu cinq à six ans auparavant; un jour qu'il était allé pêcher des moules dans un endroit assez désert, la barque vide avait été jetée par les vagues sur le rivage. On avait supposé qu'il s'était noyé, et tous nous l'avions pleuré comme mort; mais pendant mon absence, certains indices avaient été recueillis qui faisaient penser qu'il avait pu être pris par des pirates, et conduit en esclavage soit à Alger, soit à Tripoli.

» Je résolus, s'il vivait encore , de le rendre à sa mère, et réunissant à la hâte quelques marchandises, je partis pour Tripoli sous prétexte d'y faire du négoce.

» J'y étais depuis quelques jours, et toutes mes recherches avaient été vaines lorsque, passant par hasard sur le port, j'assistai à l'arrivée du pirate qui vous avait capturé; je vous reconnus, et je bénis Dieu qui m'offrait l'occasion de vous payer ma dette de reconnaissance.

» L'argent que j'avais semé , les intelligences que je m'étais ménagées dans les différentes prisons, me permirent d'assurer votre évasion. »

Je remerciai chaleureusement mon libérateur, et déjà je me voyais en sûreté à Malte où devait nous conduire la goëlette.

« Ne vous félicitez pas si vite d'avoir échappé au péril, me dit Paoli; tant que nous ne serons pas en sûreté dans un port chrétien, nous pouvons craindre à chaque pas de voir surgir une galère musulmane. »

Cette prévision ne devait pas tarder à se réaliser. Vers le soir, nous nous vîmes tout à coup barrer le passage par une flottille algérienne. Nous dûmes virer de bord et prendre chasse. Par bonheur, ce qui est assez rare dans la Méditerranée pendant la belle saison, la nuit fut très-brumeuse, ce qui nous permit d'échapper; mais ce ne fut pas avant d'avoir entendu siffler autour de nous les boulets de canons des corsaires....

— Avez-vous revu Paoli, » demandai-je au matelot qui, les yeux fixés sur un point du ciel, semblait sous le coup d'une préoccupation soudaine.

Au lieu de me répondre il murmura comme se parlant à lui-même :

« Voilà un signe que je n'aime pas!

— Quel signe?

— Ce petit nuage blanc que vous voyez tout là-bas. »

Et il me montrait un point presqu'imperceptible.

« C'est l'annonce d'un grain, ajouta-t-il. Et les *grains* sur la Méditerranée sont de vrais ouragans. Vous ne tarderez pas à en juger. »

Bientôt, en effet, le petit nuage envahit tout le ciel; le vent mugit, les vagues se soulevèrent avec une violence inouïe. Nous fûmes obligés de changer de route et de nous éloigner d'Alger dont la kasbah et les minarets étaient déjà visibles.

J'ai parcouru à peu près toutes les mers du monde, et à plusieurs reprises j'ai vu se briser et disparaître sous les flots furieux le navire qui me portait; jamais cependant je n'ai passé une nuit semblable à celle dont je parle ici.

Dix fois nous nous crûmes perdus; je me rappelai la terrible tempête qui engloutit la célèbre armée navale de Charles-Quint, devant Alger. Je me rappelai le débarquement de l'armée française, retardé pendant plusieurs jours en 1830, et j'admirai la persistance de la volonté humaine qui ne se lasse pas de lutter avec les éléments et qui finit par en triompher.

En débarquant à Alger deux jours après, j'éprouvai un véritable désappointement. Votre père, mes enfants, venait d'en repartir pour se rendre en Egypte où l'appelaient des études relatives au percement de l'isthme de Suez, lequel était à ce moment en voie d'exécution.

Plus heureux qu'à Marseille, je trouvai un navire sur le point de mettre à la voile, de sorte que je quittai l'Algérie en quelque sorte sans y avoir pris terre.

En peu de jours j'arrivai à Alexandrie, j'écrivis pour savoir où rejoindre votre père, et je mis à profit le temps qui s'écoula, avant de recevoir sa réponse, pour visiter la ville ainsi que ses environs et pour prendre toutes les informations possibles sur le pays.

L'Egypte est divisée en haute et basse Egypte. Le long de la Méditerranée, le terrain est très-plat, et la campagne ne présente aux yeux que quelques dattiers, des palmiers, des huttes bâties en terre. C'est la basse Egypte arrosée par le Nil, qui se jette dans la Méditerranée, en se divisant en plusieurs branches, dont les principales se séparent en forme de triangle, ce qui a fait donner au grand territoire compris entre ces deux branches le nom de Delta, d'une lettre de l'alphabet grec qui a la forme d'un triangle.

Ce grand fleuve, le plus considérable de l'ancien monde, prend sa source dans les montagnes dites *de la Lune*, arrose l'Abyssinie, la Nubie, et parcourt toute l'Egypte du midi au nord. Tous les ans, il déborde et inonde presque la moitié de l'Egypte, dont cette inondation fait la richesse; le fleuve, en se retirant, laisse après lui une vase ou espèce de boue qui est le meilleur des engrais. La vallée du Nil, ainsi fertilisée, donne par an une ou plus souvent deux récoltes extrêmement abondantes, et cela, sans inter-

ruption, depuis plus de trois mille ans, et comme au temps
de Moïse et de Joseph, sans diminution, et presque sans
culture! Il ne pleut jamais en Egypte; l'élévation du fleuve,
d'où dépend absolument la fécondité de ce pays, est occa-
sionnée par des pluies qui tombent dans une contrée qui en
est éloignée de sept cents lieues; et ce qu'il y a de merveilleux, c'est que cette inondation arrive néanmoins très-exac-
tement à la même époque et atteint généralement la même
hauteur.

La basse Egypte contient plusieurs grandes villes, d'abord
Alexandrie, fondée, il y a plus de deux mille ans, par
Alexandre le Grand, dont elle a retenu le nom. On voit aux
environs de la ville actuelle, beaucoup moins grande que
l'ancienne, une quantité de ruines provenant de celle-ci.
Un espace de deux lieues à la ronde est couvert de fragments des anciens édifices : piliers, colonnes, obélisques,
s'élevant aussi haut que des maisons. Beaucoup sont admirablement sculptés, et tous sont couverts d'hiéroglyphes.
Les hiéroglyphes formaient l'ancien langage de l'Egypte et
représentaient non les sons, mais les choses. Deux mille ans
s'étaient passés sans que ni anciens ni modernes pussent
comprendre ces caractères dont la clef était perdue.

Au commencement de ce siècle, un savant Français,
M. Champollion, est parvenu à les déchiffrer, ce qui a
ouvert des voies toutes nouvelles aux études et aux travaux
historiques des savants contemporains.

Près d'Alexandrie sont des lieux de sépulture, appelés ca-
tacombes, où sont réunis en grand nombre des corps embau-
més depuis deux à trois mille ans. Ces corps, appelés momies,

sont entourés de bandelettes et conservent parfaitement leurs formes premières.

Le Caire, autre ville de la basse Egypte, bâtie sur la rive droite et à quelque distance du Nil et capitale de tout le pays, est une grande ville qui contient environ trois cent mille habitants. Les rues en étaient étroites et tortueuses, mais le pacha Méhémet-Ali l'a beaucoup embellie. On y voit plusieurs palais, de grandes maisons, de belles places, de jolies mosquées au nombre de plus de quatre cents, des cimetières remarquables, des bains et des citernes en quantité, etc., etc. Le Caire a été pris en 1798, par l'empereur Napoléon Ier, alors général français, qui conquit une partie de l'Egypte; les Anglais s'en sont ensuite emparés, et elle a été enfin rendue à la Turquie en 1803. Les rues du Caire, non pavées, sont encombrées d'hommes, de chevaux, de chameaux, d'ânes et de chiens; ce mouvement continuel élève dans les rues des nuages de poussière. Il y fait si chaud qu'on ne peut se servir de cire pour cacheter les lettres, car les bâtons de cire fondent dans les armoires.

La basse Egypte est au nord de la haute Egypte. Au milieu d'une vaste plaine de sable qui en fait partie, du côté occidental du Nil, se trouvent quelques monuments que l'on met au nombre des plus remarquables du monde; ce sont les pyramides.

Vous avez certainement entendu parler, mes enfants, de ces monuments gigantesques, construits plus de deux mille ans avant Jésus-Christ et qui subsistent encore. On croit qu'ils étaient destinés à la sépulture des rois et des ani-

maux sacrés. Ce qu'il a fallu de travaux et de dépenses
pour ériger ces pyramides est au-dessus de toute compré-
hension; il y a péri sans doute une innombrable quantité
d'hommes; et l'on pense que les malheureux Israélites y
étaient employés pendant leur captivité en Egypte.

Les pyramides de Gizeh, les plus célèbres et les plus
hautes entre toutes, ne sont pas à plus de treize kilomètres
du Caire. Elles s'élèvent sur une étendue de rochers de
cinquante mètres de hauteur, ce qui fait qu'elles sont vues
à une distance considérable. La plus grande a deux cent
cinquante-trois mètres de largeur à la base, et cent cinquante mètres d'élévation. Toutes sont carrées et se ter-
minent en pointe ou par une plate-forme, qui, d'en bas,
paraît petite, mais, de près, a encore une considérable
largeur. On dit de la grande pyramide de Chéops, que cent
mille hommes ont été employés pendant vingt ans à construire ce sépulcre vide.

Plus au midi, dans la basse Egypte, et vers la Nubie,
le Nil coule à travers une étroite vallée, entre deux chaînes
de montagnes. Il y a, dans cette vallée, de merveilleuses ruines de l'antiquité. Les plus remarquables sont celles
de Thèbes, la ville aux cent portes. Les ruines en sont
éparses des deux côtés du Nil et couvrent une surface de près
de quarante kilomètres d'étendue. Là sont les restes du palais
de Karnak, le plus grandiose des monuments de Thèbes; on
y trouve des fragments de sculptures qui sont si bien conser-
vés qu'on pourrait croire qu'ils viennent de sortir des mains
de l'artiste. La terre est couverte de colonnes d'une immense
hauteur, de statues, de rangées d'obélisques, des sphinx, et

d'autres œuvres d'art, qui remplissent l'esprit d'étonnement et d'admiration. Il est impossible de se former une idée de la magnificence de ces ruines. C'est près de là qu'est situé Louqsor, d'où a été transporté jusqu'à Paris, à grande peine et à grands frais, le magnifique obélisque qu'on voit au milieu de la place de la Concorde.

Thèbes remonte à une prodigieuse antiquité; car des auteurs qui écrivaient, il y a plus de deux mille ans, en parlent comme nous en parlons aujourd'hui. Encore plus au midi, on trouve d'autres ruines très-remarquables et remontant à une époque peut-être même antérieure. Il est évident que, dès les siècles les plus reculés, l'Egypte était très-peuplée, qu'elle possédait de grandes et belles villes, cultivait des sciences et des arts dont le secret s'est ensuite perdu. Je ne finirais jamais si j'entreprenais de détailler dans nos entretiens tout ce qu'il y avait de curieux dans sa religion, ses lois, ses usages et son gouvernement. Vous trouverez tous ces récits dans des livres qui vous intéresseront beaucoup, quand vous serez à même de vous occuper plus sérieusement de l'étude de l'histoire.

— Je sais, dit Louise, que les Egyptiens adoraient le soleil, la lune, le bœuf, le chien, le chat, les légumes; cela n'est pas trop sage pour de si grand savants.

— Et j'ai entendu dire, continua Paul, que les rois, en Egypte, étaient jugés après leur mort, et que s'ils n'avaient pas été bons, on leur refusait les honneurs de la sépulture. Cela pouvait peut-être les retenir. quand ils voulaient faire une mauvaise action; mais les rois, surtout chez les chrétiens, doivent penser au jugement de Dieu, qui est bien plus terrible!

— Et bien plus justement inexorable, ajouta M. de Mareuil ;
mais, hélas! ils l'oublient trop souvent, aussi bien que les
autres hommes.

L'Egypte est assujettie au sultan de Turquie et gouvernée
en son nom par un pacha qui jouit d'un pouvoir presque
absolu et porte le titre de vice-roi ou khédive. Le pacha qui
par son courage et son génie a, si l'on peut ainsi parler,
émancipé l'Egypte, non-seulement sous le rapport de la
science militaire, de l'industrie et du commerce, se nommait Méhémet-Ali (1769-1841). Son second successeur,
Mohammed-Saïd, après avoir continué son œuvre de réorga-
nisation commencée par Méhémet-Ali, a laissé, en 1863,
à un héritier digne de lui, Ismaël-Pacha (1), son neveu,
le soin de la compléter.

En empêchant les navigateurs de se rendre aux Indes
en suivant la voie directe, c'est-à-dire en passant de la Méditerranée dans la mer Rouge, l'isthme de Suez apportait
les plus grandes entraves au commerce avec l'Inde. Les
navires, en effet, étaient forcés de faire le tour de l'Afrique
et de doubler le cap de Bonne-Espérance.

Un chemin de fer avait été établi entre Alexandrie et Suez,
c'était déjà beaucoup; mais les difficultés et les frais de trans-
bordement ne permettaient pas de l'utiliser pour les grands
chargements.

C'est alors qu'un savant français eut la pensée de mettre
en communication directe les deux mers en creusant, à

(1) Ce prince, né au Caire en 1830, est le second des trois fils d'Ibrahim-Pacha,
fils de Méhémet-Ali, et un des généraux les plus remarquables de notre siècle.
Ismaël-Pacha a fait ses études à Paris, à l'école égyptienne, et suivi avec distinction les cours de notre école d'état-major.

travers l'isthme, un canal que ses dimensions rendraient accessible aux vaisseaux du plus fort tonnage.

Ce projet rencontra de très-vives oppositions. Le gouvernement anglais surtout lui fut très-hostile, car sa réussite devait évidemment porter une atteinte sérieuse au monopole du commerce avec l'Inde que l'Angleterre s'est attribué. La lutte fut longue; le bon droit, l'intérêt général de l'Europe l'emportèrent enfin, et le percement de l'isthme fut commencé et mené en moins de dix ans à bonne fin (1860-1869).

Voici en quels termes un publiciste éminent apprécie cette œuvre gigantesque : « .... Une abréviation de plus de trois mille lieues dans la traversée d'Europe aux mers d'Asie, ne représente pas seulement une activité commerciale doublée, un frêt diminué de moitié et l'intérêt du capital général augmenté en raison de l'augmentation du nombre de voyages : elle représente surtout une diffusion des lumières et de la civilisation occidentale dans une partie du monde où l'Europe n'a accès aujourd'hui que rarement et difficilement; elle annonce l'émancipation morale et intellectuelle de centaines de millions de créatures humaines. L'Afrique occidentale va se trouver sur le passage habituel de la navigation, le commerce ne tardera pas à exploiter des régions qui lui sont maintenant fermées; cette mer Rouge, qu'on a cherché à représenter comme inhospitalière, sera bientôt parcourue en tous sens par des bateaux à vapeur : c'est une ère nouvelle qui s'ouvre pour l'Orient. »

Quant à l'Egypte elle-même, c'est une transformation complète que lui prépare le percement de l'isthme de Suez.

Cette transformation s'accusait déjà dès la fin des travaux
dans la partie où ils s'étaient accomplis.

Laissons parler ici un poëte éminent (1) :

> Le désert! l'horizon d'une morne rougeur;
> Prison sans murs, qui marche avec le voyageur;
> Point d'arbres, un sol noir, quelque vautour qui plane;
> L'hyène qui, de loin, guette la caravane;
> Et parfois le simoun, horrible et furieux,
> Soulevant l'océan des sables jusqu'aux cieux.
> Ici rien n'aime l'homme, et rien ne le redoute,
> Rien ne distrait les yeux, ne charme la route;
> Cependant en ce lieu fatal et désolé
> L'homme régnait jadis.... Il s'en est exilé.

Telle était, il y a moins de quinze ans, entre Suez sur
la mer Rouge et l'antique Péluse, sur la Méditerranée,
cette bande de terre de trente lieues à peine, que sillonnent aujourd'hui les vaisseaux des deux mondes; imperceptible barrière pour l'œil qui la cherche sur la carte du
monde; région fameuse pour la pensée qui éclaire le souvenir
des hommes et des choses qui, pendant tant de siècles, se
sont passés en cet étroit espace; terre illustre entre toutes,
pour quiconque évoque les brillantes images des destinées
qui lui sont promises, maintenant que, servant de passage
et de lien entre les deux mers, elle relie l'Occident
à l'Orient. Cette terre, plongée dans un sommeil qui
avait alourdi la succession des longs siècles écoulés et qui
semblait être le prélude de la mort, s'est réveillée de sa profonde léthargie; elle a secoué son linceul; des cadavres de ses

____

(1) M. le vicomte de Bornier : *Poëme sur l'isthme de Suez*, couronnée par l'Académie française.

villes évanouies, sont sorties des villes nouvelles ; les débris
de ses monuments ont servi de base à des monuments non
moins grandioses encore que ceux du passé ; il n'est pas jusqu'au canal des Pharaons qui n'ait vu se creuser à ses
côtés une voie plus large et plus profonde ; la terre de
Gessen a revendiqué son antique renommée et a reconquis
sa place dans l'histoire du monde.

Quels sont les illustres promoteurs de cette œuvre, une des
plus glorieuses de notre siècle , si fécond cependant en grandes
œuvres et en audacieuses entreprises ?

Le poëte va nous répondre :

.... L'un est jeune et de noble attitude,
Sérieux, attentif, comme son compagnon ;
Il gouverne l'Égypte, et Saïd est son nom.
L'autre , sur qui les ans ont pesé davantage,
A la douce énergie et le calme d'un sage ;
On sent qu'il est de ceux qui ne reculent pas,
Et qui marchent au but sans dévier d'un pas,
De Lesseps, nom qu'attend , au bout de la carrière,
La gloire impartiale ainsi que la lumière.

.... Mais quittons le présent , et, la bible à la main, re-
montons le cours des âges. Il n'est pas un seul point de la
terre qui nous occupe , qui ne nous rappelle et ne nous con-
firme les récits du saint livre : Abraham, Joseph, Jacob ,
Moïse ont partout laissé l'indélébile empreinte de leur
passage.

Abraham , durant son séjour en Egypte , s'établit à Mem-
phis ; il dut donc traverser l'isthme au moins à deux reprises ;
Jacob appelé par Joseph, son fils, à la cour du pharaon
Aménophis se rendit à Rhamsès et passa sur les bords du lac

Timsah, un des trois lacs traversés par le canal de Suez ; enfin la concession de la terre de Gessen fixa les Hébreux dans la contrée qui nous occupe ; là s'écoulèrent l'enfance et la jeunesse du libérateur du peuple de Dieu ; là s'accomplirent les premièrs actes de sa carrière prédestinée.

Si des récits de l'Ancien Testament, nous passons à ceux du Nouveau, nous trouverons l'isthme de Suez tout embaumé du souvenir de la sainte Famille.

Les Arabes, en effet, montrent près du lac de Timsah, la place où Jésus, Marie et Joseph firent halte, alors que, fuyant la persécution d'Hérode, ils venaient chercher un asile en Egypte ; Jésus enfant, selon la remarque de M. de Lesseps, séjourna ainsi près de l'endroit même où Moïse avait été sauvé des eaux.

Plus tard, quand l'Eglise naissante jeta tant d'éclat sur la terre des Pharaons, quand les déserts de l'Egypte virent naître et se développer l'esprit cénobitique, l'antique terre de Gessen ne dut pas demeurer en arrière, et ces lieux qui, tout imprégnés encore du souvenir d'un premier sauveur venu à l'Egypte de la terre de Chanaan, avaient joui de la divine présence du Sauveur du monde, ne furent pas sans recevoir la visite de pieux pèlerins et sans donner asile à de fervents anachorètes.

Dans ce désert, que le génie et la persévérance d'un Français viennent de rendre au mouvement et à la vie, tout parle donc d'un passé qui appartient au monde chrétien tout entier ; et, à ce point de vue plus encore qu'à celui des intérêts commerciaux et industriels des nations, c'est un spectacle grandiose et imposant que de voir, après des siècles de silence et d'abandon, cette terre oubliée renaître à la fécondité et devenir le rendez-vous et le point central où se rencontreront et se donneront la main tous les peuples du monde.

C'est dans une dépression longitudinale que forme de Suez à Péluse, entre les rivages de la mer Rouge et de la Méditerranée, la rencontre de deux plaines dont l'une remonte vers la Syrie et l'autre vers la vallée du Nil, qu'a été creusé le canal qui unit les deux mers. Sur son parcours, ce canal rencontre trois larges bassins qu'il traverse : ce sont les lacs Amers, le lac Timsah et le lac Menzaleh.

Situés à cinq lieues de Suez, les lacs Amers dont la superficie est de trois cent trente millions de mètres carrés, étaient depuis longtemps à sec; mais, outre l'assurance qu'en donnait la tradition, le témoignage même du sol ne permettait pas de douter que cet immense bassin eût été autrefois rempli par les eaux de la mer que la main de l'homme y a ramenées, afin de s'en servir comme d'un modérateur qui permet de tenir le canal ouvert sans écluses, et d'éviter pourtant qu'un courant trop fort ne s'y établisse et ne nuise à la navigation tout en dégradant les berges du canal.

Le lac Timsah est situé à distance à peu près égale des deux extrémités de l'isthme; sa surface couvre deux mille hectares de terrain. Le Nil dans ses plus grandes crues y jette le trop plein de ses eaux et féconde ses rivages que couvre une brillante végétation. La nature a creusé le fond de ce lac bien au-dessous du niveau de la Méditerranée; il offrait donc toutes sortes de facilités pour la création d'un port intérieur et d'un point de jonction où la grande navigation peut se relier à la navigation fluviale. Ce port intérieur a été créé, et, où naguère régnaient la solitude et le silence, s'élève une ville déjà importante, et qui, dans un avenir prochain, sera un des principaux centres commerciaux du monde : c'est Ismaïlia dont la rade merveilleuse et le climat enchanteur feront bientôt, au milieu de ce pays d'une fécondité sans égale, le premier port de repos et de ravitaillement du monde. La ville se présente aux yeux ravis comme une véritable oasis; toutes les maisons sont enveloppées par un rempart de verdure. Cette particularité donne à l'ensemble de la ville un air de calme mystérieux qui captive l'imagination.

Ismaïlia mérite donc vraiment le titre qui lui a été donné de merveille du désert. La proximité de Zagazig — le trajet en chemin de fer est de deux heures à peine — lui fournit, au point de vue du commerce égyptien, une fort grande importance, et, sous le rapport agricole, les belles cultures qui longent le chemin de fer depuis Zagazig jusqu'au sortir de la vallée de l'Ouady (terre de Gessen) ne sauraient manquer, dans un avenir prochain, de conquérir le désert et de se continuer des deux côtés du canal. La situation d'Ismaïlia est donc à tous égards admirablement choisie; voisine de Zagazig où arrivent tous les cotons et autres produits de l'Egypte, elle communique avec le vaste réseau des voies de navigation fluviale par un canal d'eau douce suffisant pour tous les transports sur les barques indigènes qui vont se décharger directement à bord des plus grands navires à l'ancre dans le lac Timsah.

Du port d'Ismaïlia — aussi profond et aussi spacieux que la petite rade de Toulon, — on se rend immédiatement dans la Méditerranée ou dans la mer Rouge. Et quand on songe que ce port qui communique ainsi avec deux mers, est situé à quatre-vingts kilomètres dans les terres, n'y a-t-il pas lieu de s'étonner et d'admirer?

Le troisième réservoir d'eau, le lac Menzaleh, borde la Méditerranée au golfe de Péluse, dont il n'est séparé que par un long ruban de terre, large de cent à cent cinquante mètres au plus. Ce lac, dont le fond est desséché autour de Péluse, s'étend à l'est sur dix ou douze lieues jusqu'à Damiette. Il communique à la mer par des coupures naturelles qui servent d'issues aux eaux du Nil dans les grandes crues et qui laissent pénétrer celles de la mer alternativement quand le niveau du fleuve est baissé.

Le canal de Suez traverse ces trois lacs qu'on dirait échelonnés exprès par la nature pour le recevoir, et c'est en sortant de celui de Menzaleh qu'il débouche dans la Méditerranée. En ce lieu, la place d'une ville était marquée; elle s'y est élevée d'elle-même et par la force des choses : ce point, il y a moins de dix ans, ignoré du monde, s'appelle aujourd'hui Port-Saïd.

En attendant qu'il fallut un port de station aux bâtiments entrant dans le canal, il fallait un quartier général aux ingénieurs qui allaient entreprendre le percement de l'isthme, il fallait un entrepôt pour recevoir les machines venant de l'Europe. Ce triple besoin a donné naissance, dès les premiers jours des travaux, à la ville qui nous occupe et a déterminé sa forme et son aspect. Port-Saïd, en effet, est un bassin entouré de chantiers; partout éclatent le mouvement et l'activité; partout la variété de couleurs, la physionomie de vie maritime et de cité ouvrière en même temps. Des fontaines publiques réparties dans les différents quartiers sont continuellement entourées de groupes d'hommes, de femmes et d'enfants aux costumes de vingt pays divers.

Voici le quartier européen qu'un espace vide de deux à trois cents mètres sépare du village arabe, dont les longues lignes de petits logements construits en pisé, en bois, en nattes, en briques, conduisent jusqu'au bout du quai dont le développement n'a pas moins de deux kilomètres.

Voici la maison des religieuses du Bon-Pasteur d'Angers avec sa gracieuse chapelle, son vaste promenoir et les classes propres et aérées où ces dignes religieuses instruisent tout un essaim de jeunes filles. Voici encore un couvent, c'est celui des Pères Franciscains dits de la Terre-Sainte; ces dignes fils de saint François tiennent l'école des petits garçons. Près de là, la chapelle catholique élève son clocher carré au-dessus des constructions environnantes, comme pour rappeler sans cesse à la ruche toujours grossissante qui s'agite autour d'elle, qu'il y a d'autres besoins que ceux du corps, d'autres intérêts que ceux qui se rapportent à la fortune et aux jouissances de la vie.

Nous continuâmes notre voyage, non sans rencontrer sans cesse de nouvelles difficultés. Tantôt le temps était si excessivement chaud, que nous étions tous accablés et haletants de soif et de fatigue. Aussitôt après, nous partîmes pour Malte, île de la mer Méditerranée, appartenant aux Anglais.

Le sol de l'île de Malte est hérissé de rochers, mais

Vue de Malte.

très-fertile en fruits exquis, légumes et coton ; elle appartenait autrefois aux Carthaginois qui y avaient leurs principales manufactures, et en tiraient leurs tissus les plus fins. Charles-Quint la céda aux Hospitaliers, qui dès lors furent appelés *Chevaliers de Malte*, et qui rendirent durant trois siècles de grands services à la chrétienté contre les Turcs, et surtout contre les pirates barbaresques. Elle forme maintenant pour les Anglais un entrepôt de commerce considérable.

Je m'occupai alors des moyens de retourner en France, et j'étais sur le point de m'embarquer pour me rendre à Marseille, lorsqu'un grand vaisseau américain, appelé *Kien-Long*, aborda dans l'île de Malte. Il venait de Smyrne, ville de l'Asie Mineure, dans la Méditerranée, où il était allé chercher de l'opium. L'opium est le jus du pavot séché au soleil, que l'on donne aux gens pour les faire dormir, et quelquefois pour les tuer : prise à certaines doses, c'est un poison violent. Les Chinois le fument et se procurent par là un genre d'ivresse qui devient une habitude: dont ils ne peuvent plus se défaire, bien qu'il en résulte pour eux les plus graves accidents. Un fumeur d'opium, en effet, finit par tomber dans l'imbécilité, et cette imbécilité le conduit à la mort. Le vaisseau *Kien-Long* était destiné pour la Chine, où il portait son opium, qu'il devait échanger contre du thé, des soieries et différentes autres marchandises.

Je n'eus pas le courage de résister à l'occasion qui se présentait pour moi de faire un second voyage en Chine. J'arrêtai donc le prix de mon passage de Malte à Canton, en doublant le cap de Bonne-Espérance; j'écrivis à votre père, non sans verser quelques larmes, et je fis tous mes préparatifs pour ce long et alors assez périlleux voyage. Entraîné par un goût presque irrésistible pour le mouvement et l'inconnu, je renonçai encore une fois au bonheur de revoir ma patrie et ma famille, et j'augmentai ainsi la distance qui m'en séparait déjà.

Nous traversâmes le détroit de Gibraltar et tournâmes vers la côte septentrionale et occidentale de l'Afrique. Nous eûmes bientôt dépassé les îles Canaries, et nous approchâmes du cap Blanc. Il paraît que la côte occidentale de l'Afrique, jusqu'à ce cap, est peuplée de tribus sauvages d'Arabes, toujours prêts à piller les infortunés navigateurs qui ont le malheur de faire naufrage près de la côte. Non contents de les dépouiller de tout ce qu'ils possèdent, ils les réduisent en esclavage et les accablent de travaux et de mauvais traitements.

Les Arabes sont bons et hospitaliers les uns envers les autres, mais ils sont sans miséricorde envers leurs ennemis. Ils considèrent tous ceux qui ne professent pas la religion de Mahomet comme des êtres méchants et maudits, et faits pour les servir. Leur principal moyen d'existence consiste à faire le plus de prisonniers possible, pour les dépouiller et les vendre ensuite comme esclaves. Les nègres, qui sont très-nombreux dans l'intérieur de l'Afrique, sont constamment chassés par ces pirates de terre, et des milliers d'entre eux se trouvent arrachés à leurs demeures, séparés de leurs familles, et transportés dans des contrées étrangères où, vendus comme esclaves, ils sont condamnés à un travail incessant.

Grâce à Dieu, l'esprit chrétien a enfin pris le dessus à cet égard : l'esclavage tend chaque jour à disparaître des mœurs et des lois des peuples modernes ; la traite des nègres est sévèrement interdite, et le temps n'est pas éloigné où non-seulement chez tous les peuples chrétiens, mais dans toutes leurs colonies, on ne trouvera plus que des travailleurs libres.

Nous continuâmes de longer la côte d'Afrique, et nous arrivâmes près du cap Vert. Un peu à l'ouest du cap, sont les îles qui portent son nom; on en compte seize, mais plusieurs d'entre elles ne sont que des rochers stériles. Sant-Iago est la principale de ces îles dont la plupart sont couvertes de marais salants, ce qui fait que beaucoup de vaisseaux y abordent pour charger du sel.

Après avoir doublé le cap Vert, nous rencontrâmes l'embouchure de la Gambie dont vous pouvez suivre le cours sur la carte. Sur aucun autre fleuve, je crois, ne se sont multipliés autant les phoques ou veaux marins, les hippopotames et les crocodiles. De nombreuses colonies de singes vivent sur ses bords.

Le premier Européen qui ait remonté ce fleuve jusque dans les parties habitées de l'intérieur des terres est un célèbre voyageur écossais nommé Mungo-Park. Avant lui, cette partie de l'Afrique était à peu près inconnue. Plusieurs autres avaient précédemment entrepris d'explorer la contrée; mais ils avaient été tués ou obligés de revenir sans avoir pu y pénétrer. Mungo-Park la trouva habitée par différentes races de nègres, et il lui arriva de curieuses aventures. Un jour, il se présenta devant le roi nègre de Bondou, à qui il donna une ombrelle et plusieurs autres choses qui plurent beaucoup au roi; mais il n'était pas tout à fait satisfait, il regardait avec envie et louait beaucoup l'habit bleu de Mungo-Park dont les boutons dorés le charmaient. Enfin, il pria le capitaine de le lui donner, lui promettant de le porter dans toutes les cérémonies publiques. Alors, Mungo-Park, qui, je suppose, en avait un autre, ôta son habit et le déposa aux pieds du roi, dont la joie fut extrême.

Un jour, Mungo-Park, épuisé de fatigue au milieu d'un désert, se sentit si découragé, qu'il se coucha par terre, croyant ne plus se relever. Mais en tournant les yeux vers l'étendue de sable dont il était entouré, il y aperçut une petite fleur. « Ah! pensa-t-il, si Dieu conserve ici cette petite fleur, comment pourrait-il me laisser périr! » Ranimé par cette pensée, il se releva par un mouvement énergique, et continuant son chemin, il finit par sortir du désert.

De retour en Angleterre, Mungo-Park publia une relation de son voyage; dix ans après, il repartit pour achever d'explorer les rives de la Gambie. Dans cette dernière expédition, il était accompagné d'une cinquantaine d'Européens. Il prit à peu près le même chemin que la première fois, mais lui et ses compagnons ne trouvèrent que difficultés et dangers. Ils ne se découragèrent pas. Ils avançaient péniblement laissant sur leur route, comme des jalons humains, les tombes de gazon surmontées d'une croix qu'ils élevaient à ceux de leurs camarades que la maladie, la fatigue, les accidents imprévus arrêtaient en chemin. Quarante-cinq de ces tumulus chrétiens avaient planté la croix sur ce sol infidèle lorsque Mungo-Park entra, lui cinquième, à Boussa, qui est situé un peu à l'est de Tombouctou. Comme ils descendaient en bateau le fleuve Niger, ils furent attaqués par les indigènes. Ils se défendirent avec la plus grande bravoure et résistèrent pendant trois jours à tous les efforts de leurs ennemis; mais enfin,

accablés par le nombre, ils périrent tous. En Europe, on
ignorait leur sort, lorsqu'un autre voyageur anglais, le capitaine Clapperton, étant allé jusqu'à Boussa, y apprit la
fin tragique de l'infortuné Mungo-Park et de ses compagnons.

Malgré le triste sort de la plupart des voyageurs qui ont
entrepris l'exploration de l'Afrique centrale, il s'en trouva
toujours d'autres assez hardis pour s'aventurer dans les
mêmes régions et s'exposer aux mêmes dangers. C'est ainsi
que, moins d'un quart de siècle après la fin tragique
de Mungo-Park, le major Denham et le capitaine Clapperton,
dont je viens de vous parler, traversèrent le désert de Tripoli
à Bornou. Ils trouvèrent là un grand lac, appelé Tchad,
sur lequel il y avait une multitude d'oiseaux tellement fami-
liers, qu'ils se dérangeaient à peine du chemin, quand ces
voyageurs s'approchaient d'eux.

Bornou est un grand et puissant royaume de nègres, dont
les soldats de cavalerie sont couverts, en temps de guerre,
de cottes de mailles, formées d'une quantité de petits an-
neaux. Le capitaine Clapperton poursuivit son voyage jusqu'à
Sakatou, et trouva le pays qu'il traversait très-peuplé. Une
grande partie de ce pays était très-beau et bien cultivé.
Les deux voyageurs retournèrent en Angleterre, et pu-
blièrent une relation fort intéressante de ce qu'ils avaient
vu.

En 1825, le même capitaine Clapperton entreprit une expédition dans l'Afrique centrale. Il alla directement d'Angleterre à Badagry, où il débarqua. De là il se dirigea vers
Boussa, où il apprit la triste fin de Mungo-Park. Il se

rendit ensuite à Sakatou, qu'il avait déjà visité, et où il tomba malade et mourut.

Tombouctou, grande ville habitée par des nègres, était le but que se proposaient les voyageurs qui se hasardaient dans les régions inhospitalières de l'Afrique centrale. Aucun d'entre eux n'avait encore atteint ce but, et la mystérieuse cité du désert n'était connue des Européens que par les récits des indigènes que les hasards de la guerre et ceux plus cruels encore de l'esclavage avaient mis en rapport avec eux, lorsque un de nos compatriotes, Réné Caillé, s'engagea à son tour dans la même entreprise d'exploration et y réussit.

Fils d'un boulanger, et orphelin dès l'enfance, Réné Caillé s'était embarqué à quinze ans pour le Sénégal, sans fortune, sans amis, sans secours. Après dix ans de voyages, de recherches, de souffrances et de fatigues inouïes, il parvint à Tombouctou, et, plus heureux que ses prédécesseurs, il revint en France, après seize ans d'absence. Il reçut de la Société de géographie un prix de dix mille francs et publia la relation de son voyage. Voyez, mes enfants, ce qu'on peut faire sans parents, sans éducation première et sans protection, avec d'heureuses dispositions, un caractère ferme et de la persévérance !

Réné Caillé est mort à l'âge de trente-neuf ans, en 1838, des suites d'une maladie qu'il avait apportée d'Afrique.

Entre le désert de Sahara et la côte de Sierra-Leone, on trouve un pays appelé Sénégambie , qui prend son nom de deux grands fleuves qui l'arrosent, le Sénégal et la Gambie, dont je vous ai déjà parlé. Nous y avons fondé des établissements auxquels on a donné le nom de Sénégal. Saint-Louis et Gorée sont les deux villes les plus importantes de cette colonie, dont le climat est malheureusement fort nuisible et souvent mortel pour les Européens. Toute la Sénégambie est d'ailleurs un pays malsain, où les fièvres sévissent d'une manière presque permanente; mais son sol est généralement très-fertile. On y fait un grand commerce de poudre d'or, de dents d'éléphants, d'ambre, d'ébène, de plumes d'autruche et de peaux de tigre.

Les autruches dont je ne vous ai pas encore parlé, bien qu'elles se trouvent déjà en grand nombre dans quelques-unes des contrées de l'Afrique que nous venons de visiter, sont à juste titre surnommées les *navires du désert*. Ce sont les plus grands oiseaux connus. On les trouve seulement en Afrique et dans une petite partie de l'Asie. Elles déposent leurs œufs, qui sont énormes, dans le sable, et la chaleur du soleil est si forte en ce pays, qu'il suffit que la mère couve ses œufs pendant la nuit pour les faire éclore. Les autruches ne peuvent voler, mais elles courent aussi vite et plus vite qu'un cheval.

On a dernièrement rendu compte dans les journaux de tentatives faites pour apprivoiser ou dompter les autruches et les monter comme des chevaux. Le plus difficile serait de les diriger à volonté, mais on a prétendu que l'on en viendrait à bout.

A Sierra-Leone, que vous voyez sur la carte, il y a un

établissement fondé par les Anglais et destiné à donner refuge aux esclaves nègres qui ont obtenu leur liberté.

Un peu au sud de Sierra-Leone, est un établissement appelé Liberia, fondé par une Société bienfaisante de l'Amérique, et également destiné à servir de résidence à des esclaves émancipés et à des blancs libres.

Un peu plus au sud encore, est une partie de l'Afrique appelée la Côte d'ivoire. Il y a, dans l'intérieur, de grands troupeaux d'éléphants. Ces animaux ne sont pas aussi hauts que les éléphants de l'Asie, mais ils ont des dents beaucoup plus grandes. Ces dents, comme vous le savez, sont en ivoire. Les habitants les apportent sur la côte et les vendent aux Européens, qui apportent et donnent, en échange, des fusils, de la poudre et des balles, du rhum et mille bagatelles qui ont beaucoup de prix aux yeux des nègres et de leurs femmes.

Près de la Côte d'ivoire est la Côte d'or. L'or est entraîné des montagnes, en petits grains, par l'eau des rivières. On le lave pour le séparer du sable auquel il est mêlé; puis les nègres l'apportent sur la côte, où ils l'échangent contre les mêmes objets que ceux donnés pour les dents d'éléphants.

Encore plus au midi, est la Guinée, où se trouvent différentes tribus de nègres; et c'est là principalement que se faisait et que se fait malheureusement encore le honteux trafic de la traite. L'Angleterre et la France se sont unies pour mettre fin à cet abominable commerce; mais il y a encore des navires de différentes contrées qui parviennent à tromper la surveillance et à transporter aux Indes occidentales et dans certaines parties de l'Amérique du sud les malheureux habitants de ces côtes, qu'ils ont achetés et arrachés pour toujours à leur pays.

Poussés par un vent favorable, nous avions passé rapidement devant les divers points de la côte que je viens de mentionner, et bientôt nous arrivions en vue de la ville du Cap.

Cette ville, à laquelle sa position donne une grande importance, a été bâtie, il y a bien longtemps, par quelques planteurs hollandais. Ils avaient trouvé le pays habité par une race de nègres d'une taille haute et élancée, et d'un caractère très-doux, appelés les Hottentots, qui sont les plus laids de tous les Africains. Ils s'emparèrent de leurs terres, refoulèrent une partie des possesseurs dans le pays et réduisirent les autres en esclavage. La colonie s'accrut ; mais, au bout d'un certain temps, elle tomba au pouvoir des Anglais qui l'ont toujours conservée depuis.

Le Cap est une assez grande ville, peuplée de vingt mille habitants, et la place la plus forte de l'Afrique. Elle est bien bâtie, les rues sont droites et bien alignées; on y voit de beaux jardins et un superbe hôtel de ville. Elle est habitée en partie par des nègres et des Hottentots, qui étaient encore esclaves il n'y a pas bien longtemps et très-cruellement traités. Beaucoup de ces esclaves étaient mahométans, et leurs maîtres égoïstes ne voulaient pas les faire instruire dans la religion chrétienne, de peur qu'ils ne connussent mieux leurs droits. Maintenant l'esclavage est aboli dans la colonie du Cap comme dans toutes les autres possessions de l'Angleterre.

Du mois de mai au mois d'août, époque de l'hiver pour ces terres australes, il tombe des pluies continuelles. Le vin dit du Cap ou de Constance est fort renommé.

On me fit visiter près de la ville du Cap une montagne très-remarquable appelée Mont de la Table. Elle est par-

Intérieur d'une hutte chez les Hottentots.

faitement plate au sommet; un de ses côtés est droit et présente une face presque perpendiculaire. Cette montagne, du sommet de laquelle on jouit d'une vue admirable, a quinze cents mètres de hauteur. Au nord de la colonie du Cap, le pays est habité par différentes tribus de Hottentots. Quelques-uns sont sauvages; mais la plus grande partie sont bons, aimables et d'un caractère très-doux.

Il y a dans toute cette partie de l'Afrique beaucoup de lions et d'éléphants, et un grand nombre d'autres animaux sauvages, tels que girafes, zèbres et quaggas, espèce d'âne sauvage, dont le lion fait souvent sa proie. On y voit aussi des troupes d'antilopes si nombreuses qu'elles couvrent au loin la plaine. Le lion se tient aux aguets près de ces troupeaux, et s'élance quelquefois sur eux. D'autres fois il pousse un sourd rugissement dont le retentissement formidable effraie les antilopes, qui, ne sachant de quel côté vient le son, fuient dans toutes les directions, de sorte que quelques-unes d'entre elles viennent justement se jeter entre les griffes de leur redoutable ennemi. Ce ne sont pas seulement les animaux, ce sont les hommes eux-mêmes que le lion attaque et dont il fait sa proie. C'est cette audace plus encore que sa force et sa majestueuse apparence qui l'a fait nommer le roi du désert.

Vous savez, mes enfants, avec quelle hardiesse et quel bonheur nos officiers ont organisé en Algérie la chasse aux lions, et je suis certain que ma petite Jeanne elle-même connaît le nom légendaire de Gérard, le tueur de lions!

Mais nous sommes chez les Hottentots et non dans les contreforts de l'Atlas, témoins des exploits du brave Gérard, ce ne sera donc pas un Français, mais un Hollandais, habitant du Cap, qui va nous occuper.

Ce hollandais, nommé Lucas, traversait à cheval une

plaine déserte, quand il aperçut un lion à peu de distance. Lucas espérait que le lion ne l'attaquerait pas; mais à peine le noble animal l'eut-il aperçu que, sortant de sa tannière, il s'élança, et sautant à la gorge du cheval il le terrassa. Profitant de cette diversion, Lucas se dégagea et s'enfuit. Le lion était si acharné à sa proie, qu'il ne le poursuivit pas. Quand le silence se fut rétabli dans la plaine brûlante, Lucas quitta l'asile qu'il avait trouvé dans une hutte abandonnée du voisinage et se hasarda à se rapprocher de la scène de carnage. Le lion était parti, après avoir entièrement dévoré les chairs du cheval dont il ne restait que les os parfaitement nettoyés. La selle elle-même avait disparu. Peut-être d'autres animaux que le lion étaient-ils venus partager son butin.

Sur la côte orientale de l'Afrique, près de la colonie du Cap, les Caffres, qui passent pour les plus beaux nègres du monde, habitent une contrée très-fertile. Ils vivent dans des huttes demi-circulaires couvertes de nattes grossières, qui forment de petits villages. Ils ont de grandes troupes de bestiaux et sont passionnés. pour la chasse; ils prennent aussi beaucoup de plaisir à une danse raide et grotesque qui est en grand honneur dans le pays.

Plus au nord, le long des côtes occidentales de l'Afrique, habitent d'autres tribus d'Arabes et des nègres, mais elles sont fort peu connues.

Autrefois, les récits que l'on faisait des peuples de l'Afrique représentaient les nègres comme une portion stupide et dégradée de la famille humaine, créée uniquement

pour le service des autres races. Mais des voyageurs
modernes, plus dignes de croyance, les représentent sous
un jour plus favorable. Denham et Clapperton ont trouvé
les nègres de l'Afrique centrale plus intelligents et plus
civilisés qu'on ne l'avait cru jusque-là ; et l'on sait maintenant que les Caffres et les Hottentots sont très-supé-
rieurs, à tous égards, au portrait qu'en avaient fait leurs
voisins les Hollandais.

Après un séjour de quelques semaines à la ville du Cap,
notre vaisseau étant parfaitement réparé, nous pensâmes
à continuer notre voyage. Ayant donc dit adieu à l'Afrique,
nous nous dirigeâmes à l'est vers l'océan Indien. Nous le
traversâmes sans qu'il nous arrivât rien de remarquable,
et comme je vous ai déjà raconté tout ce qui concerne
mes voyages et mon séjour en Asie, nos premiers entretiens rouleront sur l'Amérique. »

RÉCITS SUR L'AMÉRIQUE

« L'ancien monde se composait seulement de l'Europe,
de l'Asie et de l'Afrique, et jusqu'au xv° siècle il n'était
venu à l'esprit de personne qu'il pût y avoir d'autres terres
sur le globe. A cette époque seulement, un célèbre navigateur, qui avait profondément étudié la géométrie,
l'astronomie, la géographie et la cosmographie, et qui
avait parcouru sur mer presque toutes les parties du
monde connu, conjectura qu'il devait y avoir des terres
à l'occident de l'Europe, ou que du moins on pourrait
arriver aux Indes par cette route. Cet homme, doué d'autant de persévérance dans le caractère que de pénétration
dans l'esprit, était Christophe Colomb, né dans l'Etat de
Gênes, en 1435 ou 1441, et fils d'un ouvrier tisserand.
Il s'adressa d'abord au roi du Portugal, puis aux Génois
pour obtenir les moyens de faire des recherches ; mais
ses propositions ne furent point écoutées ; on le refusa
durement, et il fut traité de visionnaire. Il ne se rebuta
pas et vint · faire les mêmes offres à Ferdinand et à
Isabelle, qui régnaient en Espagne. Ici les mêmes difficultés se présentèrent ; on assembla un conseil pour prendre
connaissance des propositions de Colomb ; les membres de
ce conseil firent des objections les plus absurdes ; on
traîna la chose en longueur, on mit la patience de Colomb

aux plus rudes épreuves, et après l'avoir longtemps retenu, en lui faisant suivre la cour, alors occupée d'une
guerre contre les Maures, on finit par le renvoyer sans
lui avoir donné de réponse définitive.

Trois ans après, en 1490, Colomb renouvela ses sollicitations. On réunit un nouveau conseil composé d'hommes spé-
ciaux qui finirent par décider que, le plan du navigateur
génois reposant sur des hypothèses dénuées de fondements
sérieux, il n'y avait pas lieu de donner suite à ses propositions.

Ferdinand et Isabelle ne congédièrent pas définitivement
Colomb ; ils lui donnèrent à entendre que, plus tard,
quand la guerre serait terminée, ils consentiraient à
traiter avec lui ; mais Colomb, profondément indigné et
fatigué de ses longues sollicitations et des dégoûts qu'on
lui avait fait éprouver, se hâta de quitter Séville.

En 1492, Isabelle de Castille, étant devant Grenade,
que son mari et elle assiégeaient, manda Christophe Colomb auprès d'elle ; les négociations furent reprises, mais
de nouvelles intrigues s'interposèrent entre Colomb et la
reine qui finit par déclarer, non sans hésitation, que les
prétentions du Génois étaient inadmissibles. Colomb n'en
voulut rien rabattre, et, dans l'amertume de son cœur, il
fit seller sa mule et partit, décidé à ne plus revenir.

Cependant, à peine avait-il tourné le dos à la ville,
que ses amis les plus enthousiastes se rendirent chez la
reine et lui parlèrent avec tant d'éloquence et de chaleur
de la belle et glorieuse entreprise à laquelle elle renonçait, qu'ils finirent par vaincre sa résistance, et comme

Ferdinand refusait froidement son consentement, objectant l'épuisement du trésor royal, Isabelle s'écria : « Eh bien, j'agirai comme reine de Castille, et j'engagerai mes pierreries pour me procurer les sommes nécessaires ! »

Un courrier fut dépêché pour rappeler Colomb qui était à trois lieues de Grenade et ne voulait pas revenir ; mais quand il sut que le messager était envoyé par la reine elle-même, et porteur de son engagement, il se fia à la parole royale d'Isabelle et retourna sur ses pas.

Le contrat entre les deux souverains et Colomb fut signé au mois d'avril 1492. Colomb fut nommé amiral ; la reine Isabelle se chargea de tous les frais de l'expédition, à la réserve d'un huitième de la dépense, qui resta à la charge de Colomb. Celui-ci partit du port de Palos, au mois d'août suivant, à la tête de trois vaisseaux.

Les circonstances qui précédèrent le départ de Christophe Colomb mettent en lumière les difficultés qui s'opposent presque toujours aux plus grandes entreprises, et ce qu'il faut de pérsévérance et de fermeté dans le caractère pour parvenir à les surmonter. Non-seulement Colomb possédait ces deux qualités, mais il avait la conviction intime de la justesse de ses observations et du succès de son voyage ; et par dessus tout, il avait en la protection de Dieu une entière confiance ; ce fut à ce profond sentiment de piété qu'il dut de pouvoir supporter les cruelles épreuves qui abreuvèrent d'amertume les dernières années de sa vie.

Vous savez, mes enfants, que l'on traverse journellement le grand océan Atlantique pour se rendre d'Europe en

Amérique et d'Amérique en Europe ; de grands vaisseaux
à voiles et des bateaux à vapeur admirablement aménagés
pour la commodité des voyageurs, font le voyage en très-
peu de temps et avec beaucoup de sûreté. Au xv° siècle,
il n'en était pas ainsi ; les vaisseaux étaient petits et in-
commodes, et il était souvent dangereux de s'y embarquer
pour un long voyage. Mais Colomb ne connaissait pas la
crainte, et souvent déjà il avait bravé les périls de la
mer ; ce fut donc avec une grande joie et le cœur plein
d'espérance qu'il mit à la voile pour la noble entreprise
qui devait lui acquérir tant de gloire, mais qui, hélas!
ne devait lui assurer ni la fortune, ni le bonheur.

Il serait trop long de détailler tout ce que Colomb eut
à souffrir dans ce voyage de découverte, de la contra-
riété des éléments, des murmures et même de la révolte
de ceux qui l'accompagnaient. Un jour, il s'éleva une violente tempête ; la mer en furie soulevait les vaisseaux
pour les replonger dans les eaux avec force, et les flots,
couvrant le pont des navires, faisaient craindre à chaque
instant aux matelots d'être entraînés et noyés. Dans cette
position critique, ils se révoltèrent contre Colomb, qui
avait toujours réussi jusque-là par la puissance de sa
parole et de sa conviction à appaiser leurs murmures,
mais qui, cette fois, ne put parvenir à les calmer. Ils
criaient, menaçaient, et finirent par jurer de le tuer s'il
ne consentait à retourner en Espagne. Colomb resta impassible et refusa d'accéder à cette demande, en même
temps les esprits se calmèrent un peu. Cependant on
apercevait les indices qui annonçaient les approches de la

terre : c'étaient des oiseaux de différentes espèces, et des plantes marines qui ne se trouvent que près des côtes. Enfin, au bout de soixante et dix jours de voyage, un matelot de vigie fit entendre ce mot si désiré et si long-temps attendu, et s'écria : « Terre! terre! » Colomb tomba à genoux, fondant en larmes et rendant grâces à Dieu : l'Amérique était découverte!

Bientôt après, les vaisseaux approchèrent de la côte, et Colomb et ses gens furent bien surpris de voir venir à eux des hommes presque nus et d'une couleur rougeâtre, différents de tous ceux qu'ils avaient vus jusque-là. Ces hommes furent bien plus surpris encore à la vue de Colomb et de ses vaisseaux, jamais ils n'avaient eu l'idée de choses semblables. Les hommes blancs leur parurent tout d'abord appartenir à une race supérieure à la leur; et ils furent bien près de les prendre pour des dieux. Hélas! les pauvres Indiens devaient bientôt apprendre à leurs dépens que c'était bien à des hommes qu'ils avaient affaire !

L'endroit où Colomb aborda pour la première fois, était une île des Indes occidentales qu'il appela Saint-Sauveur. Il y trouva un grand nombre de plantes et de fruits qu'il ne connaissait pas; mais il ne poussa pas alors plus loin sa découverte, et après être resté quelques jours dans cette île, il se rembarqua pour l'Europe, et, après une absence de sept mois, il débarqua à Palos, d'où il était parti.

Ce fut un beau jour pour Christophe Colomb et pour la reine Isabelle, que celui où le célèbre navigateur, reçu en grande cérémonie à Barcelone, déposa aux pieds de l'aimable et glorieuse souveraine, les productions du Nouveau-Monde, et lui fit une relation détaillée de son merveilleux voyage.

Dans une autre expédition, Colomb découvrit Cuba et Saint-Domingue, qu'il appela Hispaniola, en souvenir de l'Espagne. Ces grandes découvertes et les récits de Colomb firent naître le désir de voir les nouvelles contrées et d'en découvrir d'autres; beaucoup d'aventuriers s'embarquèrent pour l'Amérique; et comme la plupart étaient des hommes avides et méchants, ils tuèrent et massacrèrent les pauvres Indiens, détruisirent leurs demeures, emportèrent leur or et leur argent, et s'emparèrent de leurs terres. C'est ce qui arriva particulièrement pour le Mexique et pour l'Amérique méridionale, qui, conquis par les Espagnols, furent assujettis au roi d'Espagne.

Je vous ai déjà dit que c'est à Boston que m'avait conduit mon premier voyage.

C'est une belle ville, très-grande et très-peuplée, où l'on voit, comme dans nos capitales de l'Europe, des cavaliers, des équipages, des gens qui se promènent et beaucoup d'autres qui sont très-affairés.

J'étais recommandé à un homme d'un certain âge, nommé M. Johnson, qui m'accueillit avec bonté et se montra très-empressé à me rendre service. Je tenais à voyager avec fruit et j'avais un grand désir de m'instruire de ce que j'ignorais, je priai donc M. Johnson de me donner quelques détails sur le passé du pays que je voyais pour la première fois :

« Quand j'étais petit garçon, me dit-il, Boston n'était pas moitié si grand que vous le voyez maintenant; et, en remontant un peu plus haut, Boston même n'était pas : la place que cette ville occupe était couverte de bois, dans lesquels vivaient des Indiens. Ils demeuraient dans de petites huttes ou maisons faites de branches d'arbres et appelées wigwams.

» C'étaient des hommes très-simples et très-ignorants; et leurs wigwams étaient très-petits et très-incommodes. Il ne s'y trouvait ni âtres ni cheminées. Ils n'avaient ni chaises ni tables, ils n'avaient point de livres, ils n'avaient pas d'écoles, ils n'avaient même pas d'églises. En hiver, ils portaient quelquefois, pour se garantir du froid, les peaux des ours et des cerfs qu'ils avaient tués à la chasse.

» Maintenant, on ne voit plus guère d'Indiens à Boston; mais quand j'étais enfant ils y venaient encore en grand nombre vendre les peaux des bêtes sauvages qu'ils avaient tuées dans les bois.

» Lorsque j'avais à peu près douze ans, un de ces Indiens nommé Wampum vint chez mon père à Boston. C'était un ancien chef, un grand personnage, généralement considéré comme un excellent homme, il aimait beaucoup mon père, qui lui avait sauvé la vie un jour qu'il était attaqué par quelques matelots dans les rues de Boston.

» Il pria mon père de permettre que j'allasse avec lui dans son campement de la montagne, et me parla de l'amusement que j'y aurais à chasser les cerfs et les écureuils; mon père finit par consentir à me laisser aller.

» Wampum demeurait près de Northampton, au pied

d'une montagne appelée le mont Holyoke, sur les bords
de la rivière Connecticut; c'est à vingt-cinq kilomètres
environ de Boston. Il y a maintenant une belle route de
Boston à Northampton; mais alors la route était très-
mauvaise, et il n'y avait encore ni voitures publiques ni
chemins de fer en Amérique. Nous allâmes donc à pied,
Wampum et moi. Le quatrième jour, nous arrivâmes à
la maison de Wampum, qui était un très-petit wigwam,
où nous trouvâmes sa femme et ses trois enfants, deux
garçons et une fille, qui vinrent à notre rencontre té-
moignant une grande joie de nous voir.

» J'avais très-faim et j'étais très-fatigué. La femme de
Wampum fit rôtir un morceau de chair d'ours et nous
donna du pain fait avec du grain pilé pour notre sou-
per. Nous nous assîmes sur la terre, et nous prîmes la
viande avec nos doigts, car les Indiens n'avaient ni four-
chettes ni couteaux. J'allai ensuite me coucher sur des
peaux d'ours, et je dormis parfaitement. Le lendemain
matin, de très-bonne heure, Wampum m'éveilla. Il me
dit que lui et ses fils allaient à la chasse, et me demanda si je voulais venir avec eux. Je ne demandais
pas mieux, je fus bientôt prêt, et nous partîmes.

» C'était par une belle et brillante matinée d'octobre,
le soleil se levait sur le sommet du mont Tom et du
mont Holyoke. Nous gravîmes le versant escarpé d'Holyoke, et nous arrivâmes à un rocher très-élevé, d'où
nous pûmes voir une délicieuse vallée bien au-dessous
de nous, au centre de laquelle était Northampton.

» Quand mon grand-père était enfant, me dit Wampum, il n'y avait pas là une seule maison, et cette vallée, qui est maintenant aux hommes blancs, appartenait aux Peaux-rouges. Alors les hommes rouges étaient riches et heureux, et maintenant ils sont pauvres et misérables. Alors la belle rivière, que vous voyez couler dans la vallée et qu'on appelle le Connecticut, était à eux ; ces belles montagnes aussi ; ils chassaient dans ces bois et pêchaient dans cette rivière ; ils étaient nombreux et puissants ; maintenant ils sont faibles et en petit nombre.

— Mais comment cela est-il arrivé? lui dis-je ; qui vous a pris vos terres et vous a rendus misérables?

— Je vous le dirai ce soir, répondit Wampum, quand nous reviendrons de la chasse. Mais écoutez ! j'entends le babil d'un écureuil ; il faut le trouver. Silence!

» Nous découvrîmes bientôt un bel écureuil gris sur les dernières branches d'un arbre, assis tout droit sur ses pattes de derrière, sa large queue relevée sur son dos ; il tenait une noix dans ses deux pattes de devant. Wampum fit signe à son plus jeune fils de prendre son arc et de tirer. La flèche passa au-dessus de l'écureuil, mais ne le toucha pas. Le fils aîné de Wampum tira immédiatement la sienne ; elle entra dans le côté de l'écureuil, qui tomba mort.

» Après cette petite capture, nous continuâmes d'avancer avec précaution dans le bois. Nous n'avions pas fait beaucoup de chemin lorsque Wampum nous fit signe d'arrêter. « Regardez là-bas, me dit-il, sur ce roc élevé au-dessus de nous ! » Je levai les yeux, mais je ne vis rien. « Regardez encore, » reprit Wampum. Cette fois j'aperçus une jeune biche sur la pointe d'un rocher ; c'était un charmant petit animal, plein de vivacité, avec de grands yeux noirs, des jambes fines et le poil d'un brun rougeâtre. Wampum choisit sa meilleure flèche, banda son arc, et le trait sifflant dans les airs alla frapper le jeune faon droit au cœur. La pauvre petite bête fit un bond en avant, sur le roc, et tomba morte plusieurs pieds au-dessous. Les fils de Wampum l'eurent bientôt trouvée, et nous retournâmes alors à la maison de Wampum, emportant notre chasse avec nous.

» Quand le soir fut venu, je rappelai à Wampum la promesse qu'il m'avait faite, de me dire comment les Indiens avaient été dépouillés de leurs terres et réduits à la pauvreté.

» Il s'empressa de satisfaire à mon désir.

« Il y a près de deux cent cinquante ans, me dit-il, on ne connaissait pas ici les hommes blancs ; il n'y avait que des Peaux-rouges ou Indiens qui possédaient les terres, chassaient, pêchaient et parcouraient le pays comme il leur plaisait. Les bois étaient pleins de cerfs et d'autre gibier ; dans les rivières, il y avait beaucoup d'aloses et de saumons.

» Mais des hommes blancs traversèrent la mer dans leurs vaisseaux et vinrent nous trouver. Les Peaux-rouges leur dirent qu'ils étaient les bienvenus ; ils débarquèrent tous, et ils furent bien accueillis.

» Les hommes blancs bâtirent des maisons et se forti-
fièrent, ils chassèrent dans les bois les hommes rouges
qui les avaient si bien reçus et dont ils avaient pris les
terres; ils tuèrent leurs enfants, maltraitèrent leurs femmes
et brûlèrent leurs wigwams. Les hommes blancs avaient
des fusils, les Indiens n'avaient que des arcs et des
flèches; ils tuèrent beaucoup d'hommes blancs, mais les
hommes blancs tuèrent encore plus d'hommes rouges.

» Les hommes rouges furent battus et s'enfuirent dans
les bois. Leur cœur était brisé de douleurs, et ils mou-
rurent. Tous sont morts; ou, bien loin dans les montagnes,
un bien petit nombre a pu se réfugier; et nous sommes
pauvres et misérables. »

» Le vieil Indien se tut; il était ainsi que ses deux fils
profondément triste, et je me sentais prêt à pleurer en
les voyant si malheureux.

» Après une semaine passée chez Wampum, celui-ci
me dit que lui et son fils aîné devaient aller voir quelques
Indiens dans le Vermont, et il m'offrit d'y aller avec lui.
Je fus très-content de cette proposition, car j'aimais beaucoup à courir dans les bois et à chasser les daims et les
écureuils.

» Après un voyage de quelques jours, nous aperçûmes
le village indien, qui se composait d'une douzaine de
wigwams, et de trente ou quarante Indiens, en y com-
prenant les femmes et les enfants. Il était nuit quand
nous arrivâmes, et je fus un peu alarmé de me trouver
parmi des Peaux-rouges, mais j'étais sûr que Wampum
me protégerait, et je me rassurai. J'étais très-fatigué en

me couchant, et je tombai dans un profond sommeil, d'où je fus tiré, au point du jour, par des cris, des acclamations inarticulées et le bruit de coups de fusil. Je courus à la porte ou plutôt à l'entrée du wigwam, et je vis les Indiens qui couraient à toutes jambes et se sauvaient dans les bois ; une douzaine de soldats les poursuivaient en tirant sur eux.

» Les Indiens eurent bientôt disparu ; et, après avoir mis le feu aux wigwams, qui furent promptement consumés, les soldats se disposèrent à retourner au fort Dummer, d'où ils étaient venus, et qui était situé à une dizaine de lieues de là, près de Brattlebore. Comme on s'attendait à être poursuivi par les Indiens, on jugea nécessaire de faire le plus de diligence possible, afin de gagner le fort avant la nuit. Les soldats m'emmenèrent avec eux.

» Comme nous traversions les bois, un soldat me demanda comment il se faisait que je fusse parmi les Indiens. Je lui racontai mon histoire. Il me dit que les Indiens étaient très-méchants, qu'ils avaient tué beaucoup de monde, et qu'ils se joignaient aux Français du Canada, avec lesquels la Nouvelle-Angleterre était en guerre.

» Quelque temps après, une balle siffla au-dessus de nos têtes. La forêt était très-épaisse, et nous reconnûmes que les Indiens étaient autour de nous. Les soldats regardaient de tous côtés, mais les rusés Indiens se tenaient cachés derrière les arbres. Bientôt après, plusieurs coups de fusils furent entendus à la fois, sortant de l'un des endroits les plus sombres de la forêt, et l'un des soldats fut blessé. Je tournai les yeux de ce côté, et je vis distinctement la tête de Wampum au-dessus du taillis. Au même instant un des soldats le vit aussi et fit feu sur lui. Je vis tomber mon protecteur et vieil ami, et je ne pus douter qu'il fût tué. Les Indiens poussèrent à la fois un hurlement si épouvantable qu'il sembla ébranler les arbres eux-mêmes. Les soldats profitèrent de ce moment pour presser le pas et atteignirent le fort Dummer avant la nuit.

» Si les hommes prenaient moitié autant de peine pour conserver la paix entre eux et se faire mutuellement du bien, qu'ils en prennent pour exciter des guerres et se nuire les uns aux autres, combien de jours d'horreurs et de nuits de crimes et de meurtres seraient évités! Que Dieu est bon de nous montrer tant de miséricorde, quand nous en avons si peu pour nos semblables! »

Je vous ai rapporté, mes enfants, toute cette partie de mes entretiens avec M. Johnson, parce que j'ai pensé que vous y trouveriez à la fois de l'instruction et de l'intérêt, puisqu'elle vous donne une idée précise de l'état de ces contrées, dans les temps intermédiaires entre la découverte de l'Amérique et l'époque actuelle.... Je reprends mon récit qui va nous conduire d'emblée dans la ville la plus importante des Etats-Unis du Nord, à New-York.

Située sur une île, au nord de la rivière de l'Hudson, cette grande et magnifique cité contient plus d'un million d'habitants. Il y a un évêché, une cathédrale, plusieurs églises catholiques, de beaux édifices, parmi lesquels on remarque principalement l'hôtel de ville ; de larges rues, une académie des beaux-arts, un musée, etc., etc., en un mot tout ce que l'on rencontre dans une grande capitale.

New-York fait un commerce considérable, qui comprend à peu près tous les objets connus d'importation et d'exportation, et son port est l'un des plus sûrs du monde entier. Sa population est composée de gens de tous les pays et de toutes les religions : j'y ai vu beaucoup de Français ; j'y ai vu aussi des Turcs et des Chinois. En parlant de Chinois, je crois avoir oublié de vous dire quand je vous ai conté mon voyage en Chine, qu'ils mangent des rats, des souris et des petits chiens. On vend dans les rues des brochettes de souris. On m'a cependant assuré que les grands personnages n'en mangent pas ; mais ils se régalent de nids d'hirondelles, qui constituent un mets très-cher et très-friand.

Après avoir quitté New-York, j'allai à Newport, qui est une jolie ville dans l'Etat de l'île de Rhode. Là, je rencontrai pour la première fois James Jenkins. C'était un excellent garçon, très-jeune, comme je l'étais alors, toujours voyageant, toujours courant. Il revenait d'un voyage dans les Indes occidentales et avait été dans l'Amérique du Sud ; sur son chemin, en allant aux Indes occidentales, il s'était arrêté à Charlestown, grande ville de la Caroline du Sud, faisant partie des Etats-Unis, et à près de deux cents lieues de Boston.

Il me donna au sujet de ce voyage des détails très-curieux dont voici les traits principaux :

Il s'était embarqué à Newport, sur le brick *Yankee*, commandé par le capitaine Bassett. Il y avait quelques jours qu'ils étaient en mer, quand ils furent poursuivis par un grand vaisseau français. Les Français étaient alors en guerre avec les Américains, et si le brick eût été pris, les marchandises auraient été perdues, et le capitaine et son équipage emmenés prisonniers en France. Le *Yankee* fit donc de son mieux pour échapper; mais les Français s'efforcèrent de l'atteindre et, quand ils furent à portée, firent feu sur lui. Les boulets de canon traversèrent les airs et passèrent au milieu des voiles du *Yankee*, mais sans lui faire un grand dommage. Une seconde bordée tua deux hommes à côté de Jenkins. Le feu du vaisseau français était incessant, et les boulets tombaient comme la pluie sur le pauvre brick américain. A ce moment critique, le soleil, qui se couchait, disparut dans les eaux, et la nuit suspendit le combat. Le capitaine Bassett profita de cette circonstance pour échapper à son ennemi, et le lendemain matin il était hors de la vue du vaisseau français. Deux jours après, le brick et son équipage arrivaient sains et saufs à Charlestown.

Jenkins fut surpris de la quantité de nègres qu'il vit dans cette ville; ils y étaient en beaucoup plus grand nombre que les blancs.

Après un mois de séjour à Charlestown, le brick *Yankee* mit à la voile pour Cuba, la plus grande des îles des Indes occidentales, qui produisent tant de sucre. Le sucre,

vous le savez, provient d'une plante appelée canne à
sucre, qui ressemble à peu près au blé de Turquie ou
au roseau. On la broie, on en extrait un jus épais appelé
mélasse, et cette mélasse préparée et raffinée devient le
beau et bon sucre que vous mangez si volontiers et qui
fait de si excellentes friandises. On aime beaucoup en
Amérique à sucer la canne à sucre, que l'on coupe par
morceaux, et les enfants en ont souvent à la bouche
comme vous avez du sucre d'orge. Ce sont exclusivement
les nègres qui, à Cuba et dans toutes les Antilles, cultivent la canne à sucre et le caféyer; jusqu'à présent, on
n'est pas parvenu à acclimater des travailleurs européens
sous ces cieux embrasés.

Jenkins et deux de ses compagnons de voyage, étant
un soir sur le rivage, furent insultés par un soldat espagnol qui était ivre. Une querelle s'ensuivit, dans laquelle
le soldat fut tué. Jenkins et ses amis, arrêtés pour ce
fait, furent accusés, jugés et condamnés à travailler pendant deux ans aux mines d'or du Pérou, dans l'Amérique
méridionale. Ils y furent transportés et subirent leur peine;
rien ne peut donner une idée des maux qu'ils y eurent à
souffrir.

Donnez un coup d'œil à la carte de l'Amérique méridionale, vous verrez que le Pérou est au nord-ouest et
près de l'océan Pacifique du Sud.

Jenkins et ses amis travaillaient au sein de la terre
pour en extraire le minerai, c'est-à-dire le métal à son
état brut, et ils étaient souvent traités par les chefs avec
la plus cruelle sévérité.

Les deux années de leur peine expirées, ils furent rendus à la liberté, et du Pérou se rendirent au Brésil, en traversant de l'ouest à l'est l'Amérique méridionale. Pendant ce long voyage, Jenkins put prendre connaissance des mœurs du peuple et du pays qu'il parcourut. Il y avait alors et il y a encore beaucoup d'Indiens natifs dans le sud de l'Amérique; ils sont bien plus civilisés que dans le nord, mais cependant encore fort ignorants et inférieurs aux Européens.

Ce qu'il y a de plus frappant dans l'Amérique du Sud, ce qui excite le plus l'étonnement, ce sont les Andes, chaîne de montagnes qui la parcourt du nord au sud. On les compte parmi les plus hautes montagnes du monde; et le pic le plus élevé qui s'y trouve, appelé le Chimborazo, a cinq kilomètres de hauteur. Plusieurs de ces monts sont couverts de neige; d'autres recèlent des volcans, qui lancent incessamment de la fumée, des flammes et des pierres en fusion.

On rencontre en Amérique beaucoup d'insectes et de reptiles venimeux, dont l'attaque est souvent mortelle; cependant on s'en effraie peu, et l'on vit au milieu de ces perpétuels dangers à peu près aussi tranquillement que dans nos contrées où les animaux nuisibles sont, grâce à Dieu, fort rares.

Il y a beaucoup de diamants dans le midi de l'Amérique. Les grandes pluies les entraînent des montagnes, et on les trouve parmi les sables dans les vallées. Des esclaves sont employés à laver le sable pour les en tirer.

Après un long et pénible voyage, fait entièrement à

pied, Jenkins et ses amis arrivèrent à Rio-de-Janeiro, grande et belle ville, capitale du Brésil.

Le Brésil est une immense contrée, arrosée par une infinité de fleuves, dont les principaux sont la rivière des Amazones, le Tocantins, le San-Francisco, le Paraguay et l'Uruguay. Le sol est admirablement fertile et abonde en richesses minérales, telles que l'or, l'argent, les diamants et autres pierres précieuses. D'innombrables troupeaux de bœufs et de chevaux, dont la race a été apportée par les Européens, errent en liberté dans les pâturages. La végétation y est magnifique, et de grandes forêts vierges y couvrent une partie du pays.

On appelle forêt vierge une région boisée plus ou moins étendue dans laquelle la hache n'a encore jamais pénétré. Ces forêts sont composées, en Amérique, d'arbres d'une hauteur et d'une grosseur dons vous ne pourriez vous former une idée. Les racines de ces arbres sont devenues monstrueuses et sortent souvent de terre de manière à rendre tout passage impraticable. Des lianes, plantes flexibles très-grosses et très-fortes, y poussent avec profusion, enlacées dans les branches des arbres qu'elles lient pour ainsi dire les uns aux autres, bien plus solidement que n'auraient pu le faire tous les ouvrages des hommes. De temps à autre un bruit formidable se fait entendre dans ces forêts : c'est un de ces arbres gigantesques qui se brise parce qu'il est trop vieux pour se soutenir davantage, ou c'est le craquement des branches énormes qu'il arrache dans sa chute et qui se détachent avec fracas de leur tronc. Mais ni l'arbre ni les branches ne tombent

jusqu'à terre, parce qu'ils sont retenus par les lianes qui
les enserrent. Ils restent penchés et reposent sur d'autres
arbres, plus vigoureux parce qu'ils sont plus jeunes ; et,

Forêt vierge de l'Amérique du Sud.

formant de nouveaux obstacles au passage, ils ajoutent ainsi
à l'inextricable confusion de cette magnifique végétation.
Cette confusion même est pleine de grandeur et de ma-

jesté; les forêts vierges sont admirables : les milliers
d'oiseaux à l'éclatant plumage dont elles sont peuplées, y
brillent comme des pierreries de toutes couleurs, lorsque
les rayons du soleil pénètrent par intervalle à travers le
feuillage épais des arbres séculaires.

Le Brésil est maintenant gouverné par un jeune empereur de la famille de Portugal, toujours occupé, avec
autant de sollicitude que de sagesse et d'intelligence, du
bonheur et de la prospérité de ses sujets, dont il est
adoré.

On professe au Brésil la religion catholique.

———

De Rio-de-Janeiro, Jenkins s'embarqua pour les Etats-
Unis, où nous nous rencontrâmes à Newport.

Nous retournâmes ensemble à Boston. A peine voguions-
nous depuis quelques heures, qu'il commença à neiger très-
fort, et le vent s'éleva bientôt insensiblement jusqu'à une
grande violence. Ce vent était sud-est et nous poussait
vers la côte. De peur d'être brisés sur les rochers, nous
nous avançâmes en pleine mer; mais les vents furieux
s'engouffraient dans nos voiles; il fallut les plier et abandonner le vaisseau à lui-même. Cette situation dura plusieurs heures; l'orage croissait à chaque instant. Je
n'oublierai jamais l'aspect de la mer dans cette circonstance : elle paraissait aussi noire que de l'encre, mais le
dos des vagues était tout à fait blanchi par l'écume qui le
couvrait. Ces vagues s'élevaient à une hauteur prodigieuse

et semblaient agitées d'une incroyable furie; quelquefois
plusieurs d'entre elles roulaient ensemble et formaient un
tourbillon d'éclaboussures qui s'élançaient dans les airs;
ensuite elles s'enfonçaient dans les profondeurs de la mer
et creusaient un gouffre au milieu des eaux.

Notre petite goëlette dansait sur l'Océan comme une
plume légère. Tantôt elle montait tout à coup sur le dos
d'une vague, puis elle était violemment rejetée de côté,
elle paraissait s'abîmer avec la lame; d'autres fois elle
semblait gémir et trembler sous la pression de deux vagues
qui la serraient à la fois.

Le jour tomba; la tempête continuait avec la même
violence, et nous étions entièrement à sa merci. Nous
savions que la terre ne pouvait être éloignée, et
nous nous attendions sans cesse à nous y briser. Ce
fut une cruelle nuit! Enfin l'aurore parut, mais ce fut
seulement pour nous mieux faire voir le danger que nous
courions. Tout près de nous était la côte, hérissée de
rocs escarpés, et le vent furieux nous y poussait invin-
ciblement. Nous crûmes notre dernier moment arrivé;
plusieurs d'entre nous se jetèrent à genoux, d'autres pous-
saient de grands cris; il y en eut qui, égarés par le désespoir, se précipitèrent dans les ondes, où ils trouvèrent
une prompte mort. Quant à moi, je pensai à mon frère,,
à ma patrie, puis, recommandant mon âme à Dieu, je
m'abandonnai à sa miséricorde.

Nous sentîmes bientôt que la coque du vaisseau touchait la pointe d'un rocher; quel moment! Je crus le
voir réduit en pièces! Mais une énorme vague enleva le

petit esquif, l'entraîna avec une force surprenante, et le
jeta bien haut sur une roche un peu aplatie à sa surface. Quelle fut notre joie lorsque nous vîmes que de
cette position nous pouvions facilement nous élancer sur
une falaise avancée et échapper à la mort. Nous le fîmes
à l'instant, et ce fut notre salut; nous étions sur la côte
du New-Hampshire, à vingt-cinq lieues de Boston, où
nous nous rendîmes à pied. Boston n'était pas ma patrie,
mais avec quel plaisir je repris possession du petit appartement que j'y avais déjà occupé.

— Ah! mon oncle, dit Paul, quelle terrible chose que
la mer!

— C'est vrai, et pourtant je me suis encore exposé
bien des fois depuis à ses hasards et à ses périls. La
passion des voyages semble s'augmenter par les émotions
mêmes qui devraient en guérir.

C'est ainsi qu'avant de revenir en France, où me rappelait avec instance votre père, je voulus visiter les parties les plus célèbres de l'Amérique.

L'histoire du Mexique renferme trois périodes remarquables : La première comprend le temps écoulé depuis sa
fondation jusqu'à la conquête qui l'a fait tomber aux mains
des Espagnols. Le Mexique était alors arrivé à un degré
de civilisation très-remarquable : on y cultivait l'architec-
ture, la peinture, la sculpture, l'astronomie; on y faisait
des routes et des canaux, et les Mexicains avaient une

écriture hiéroglyphique. Ce qui reste encore des antiquités mexicaines est très-curieux et annonce un passé dont nous ne pouvons nous rendre compte. — La seconde période commence à la conquête du Mexique par Fernand Cortez; ce pays fut alors soumis à la couronne d'Espagne, et lui fournit immensément d'or et d'argent. — La troisième période a commencé en 1810, époque où les Mexicains ont secoué l'autorité de l'Espagne et se sont rendus indépendants. D'autres Etats se sont joints à eux et ont formé la Confédération mexicaine; mais ils sont continuellement en guerre les uns avec les autres, et les Etats-Unis d'Amérique guettent le moment de s'en emparer ou de les forcer à faire partie de leur confédération (1).

Fernand Cortez, capitaine espagnol, voulant avoir sa part de la gloire et des richesses qui devenaient le partage des aventuriers, auxquels la découverte de Colomb avait ouvert le nouveau monde, s'embarqua pour l'Amérique, et à la tête de six cents soldats, aborda, en 1519, à Talasco, dans le Mexique. Le peuple mexicain était intelligent et doux, mais incapable de beaucoup d'énergie. Après quelques combats sans importance, Fernand Cortez arriva près de Mexico.

L'empereur qui régnait alors se nommait Montézuma; il reçut Fernand Cortez avec une hospitalité sans défiance, qui ne détourna pas celui-ci de ses coupables desseins.

(1) Ces lignes ont été écrites il y a plusieurs années. Tout le monde connaît les événements dont le Mexique a été le théâtre de 1861 à 1867; l'expédition française, l'installation comme empereur de ce pays, de Maximilien, frère de l'empereur d'Autriche, et la fin déplorable de ce prince, qui, vendu par un traître, a été fusillé le 19 juin 1867.

Par l'artifice autant que par la force, il entra dans le
palais de l'empereur, s'empara du monarque et voulut se
servir de lui pour parvenir à soumettre tout le peuple.
Montézuma céda sur plusieurs points; mais, las de faire des
concessions qui aboutissaient toujours à de nouvelles exi-
gences, il essaya quelque résistance. Alors Cortez le fit

Vue de Mexico.

enchaîner, l'enferma dans une étroite prison et le soumit
à toutes sortes de mauvais traitements. Les habitants,
excités par la rage, se présentèrent en force devant le
palais, et Cortez, pour les apaiser, fit paraître Montézuma sur un balcon, exigeant de lui qu'il parlât à ses
sujets et leur dît qu'il était très-heureux. Montézuma
voulut obéir; mais à peine eut-il ouvert la bouche, qu'une

flèche, partie de la foule, et destinée, soit à lui-même, soit à Fernand Cortez, vint frapper l'infortuné monarque, qui mourut bientôt de sa blessure.

Son fils, Guatimozin, devint empereur à sa place, et défendit vaillamment son pays; mais il fallut céder à la bravoure des Espagnols, et surtout à la puissance des armes à feu, dont les Mexicains ne connaissaient pas l'usage. Guatimozin fut pris ; et, vous le dirai-je, mes enfants, il fut couché sur un gril de fer, exposé à un feu ardent, parce qu'il ne voulait pas découvrir les trésors dont on le supposait possesseur! De telles horreurs ne peuvent se croire, et pourtant elles ne sont que trop réelles. On ne peut lire sans frémir le récit des cruautés dont Cortez et ses compagnons se rendirent coupables envers les malheureux Mexicains, qui ne leur avaient jamais fait aucun mal : l'amour de l'or les avait enivrés; ils avaient oublié la loi de Dieu, la voix de l'humanité, et, cessant de se montrer des chrétiens, même des hommes, ils étaient devenus semblables à de véritables bêtes féroces.

Fernand Cortez fut nommé gouverneur du Mexique ; mais bientôt Charles-Quint, à la suite de plaintes sérieuses portées contre lui, le rappela en Espagne, où il mourut pauvre et délaissé.

———

La presqu'île de Californie, reprit au bout de quelques instants l'oncle Charles, est située près du Mexique. C'est là que l'on a découvert tant d'or, et que s'est élevée la

ville de San-Francisco. Là, comme ailleurs, la cupidité
a produit ses fruits; les violences, les assassinats et les
trahisons sont devenus choses ordinaires parmi les chercheurs d'or, et la plus grande partie de ceux qui se
sont expatriés pour trouver la fortune à San-Francisco,
n'en sont pas revenus, ou sont revenus pauvres et misérables.

On a remarqué que partout où des mines d'or excitent
la cupidité humaine et attirent la foule, se développent
aussitôt les plus mauvaises passions. La richesse que l'on
ramasse ainsi — et cela très-rapidement parfois — on la
dissipe non moins rapidement. L'excessive cherté des denrées, le goût du jeu poussé à la frénésie, les actes de
violences, les attaques à main armée, qu'aucune organisation de police et de surveillance régulière ne permet
de réglementer et de punir, sont autant de causes de
ruine, de telle sorte que la plupart des chercheurs d'or
— même parmi les plus heureux — trouvent la misère
la plus hideuse là où ils allaient chercher la fortune.

Autant donc il est sage de pousser les populations
pauvres à aller acquérir l'aisance par le travail, dans la colonisation agricole des terres fertiles et encore incultes — telle
par exemple pour des Français la colonisation de l'Algérie, — autant il est insensé de favoriser l'expatriation de
ces malheureux aventuriers que l'amour de l'or conduit
presqu'immanquablement aux plus· cruelles souffrances et
pervertit trop souvent.

Si du Mexique nous passons au Pérou, nos premiers regards tomberont sur un émule de Fernand Cortez.

Un homme de basse naissance, appelé Pizarre, qui avait gardé les pourceaux dans sa jeunesse, s'embarqua pour trouver les pays miraculeux dont on contait tant de merveilles, et après trois années d'incroyables misères, il découvrit en 1528, au nord-ouest de l'Amérique du Sud, une terre qui abondait en mines d'or et d'argent. Ce pays était habité par un peuple nombreux, dont les mœurs étaient douces et pures, et qui adorait le soleil. Comme au Mexique, la civilisation y était très-avancée ; il y avait des villes, de beaux palais, des temples, des routes magnifiques ; les vases, les ornements étaient merveilleusement travaillés, et l'or brillait partout. Mais ce qui excitait si puissamment la cupidité des Espagnols n'était d'aucun prix aux yeux des Péruviens, et lorsqu'ils connurent le fer, ils le préférèrent de beaucoup à l'or, comme étant plus utile.

Pizarre, après avoir découvert le Pérou, retourna en Espagne, où il obtint de Charles-Quint le titre de vice-roi des pays qu'il pourrait conquérir. Revenu au Pérou, il s'empara par surprise de l'inca ou souverain de ce pays, appelé Atahualpa, et le garda comme prisonnier jusqu'à ce qu'il eût payé une rançon exorbitante, promettant alors de lui rendre la liberté. Atahualpa paya sa rançon ; mais Pizarre, au lieu de tenir sa promesse, le fit perfidement mettre à mort. Pizarre s'empara ensuite de tout le pays, où il commit plus d'injustices, d'infâmies et de cruautés que ne l'ont fait aucuns des autres conquérants

du nouveau monde. Comme vice-roi, il gouverna d'une
manière révoltante, n'épargnant pas même les compagnons
qui l'avaient aidé dans la conquête. Fatigués de ses exac-
tions, ils se réunirent contre lui et l'assassinèrent dans son
palais.

Telle fut la fin de cet homme cruel, qui a dû paraître
chargé de tant de crimes et d'atrocités devant le tribunal
de Dieu !

Le Pérou est maintenant une république indépendante,
gouvernée par un président. Quito et Lima , dont les fondements ont été jetés par Pizarre , sont les principales
villes de ce pays.

Rentrons dans l'Amérique du Nord.

Dans l'année 1607, quelques Anglais (une centaine environ) vinrent dans la Virginie et fondèrent un établissement sur la rivière James (*James River*). La première
ville qu'ils bâtirent fut appelée Jamestown.

Il est inutile de vous dire que cette partie de l'Amérique septentrionale n'était alors habitée que par des Indiens, et qu'on n'y voyait encore aucune des grandes villes
qui s'y trouvent maintenant.

En 1620, des puritains anglais, inquiétés dans leur
patrie au sujet de leur religion, se rendirent en Amérique et débarquèrent à Plymouth, dans le Massachu-
setts. Le puritanisme est une secte très-sévère et très-fa-
natique parmi les innombrables sectes du protestantisme ;

trouvant qu'on ne leur laissait pas en Angleterre toute la liberté qu'ils auraient désirée, les puritains quittèrent leur patrie, et allèrent fonder en Amérique la colonie appelée ensuite Nouvelle-Angleterre, et maintenant Etats-Unis.

Ces émigrants étaient divisés en dix-neuf familles; chaque famille se bâtit une petite maison. Ils avaient vu quelques Indiens, qui, à leur approche, avaient fui dans les bois. Un jour, l'un d'eux arriva près des étrangers, en s'écriant : « *Welcome, Englishmen! Welcome, Englishmen!* » (Soyez les bienvenus, Anglais ! Soyez les bienvenus!) Imaginez l'étonnement de ceux-ci! Le nom de cet Indien était Samoset; il avait appris l'anglais de quelques pêcheurs. Ce fut un bon ami des Anglais. Il persuada au chef, ou roi de sa tribu, appelé Masassoit, de venir voir les Anglais et de faire alliance avec eux.

Les trois premiers établissements de l'Amérique septentrionale furent la Virginie, New-York et la Nouvelle-Angleterre. Ces établissements furent appelés *colonies*.

Les colons rencontrèrent d'innombrables difficultés : tantôt leurs récoltes furent détruites, et ils souffrirent de terribles famines; tantôt ils furent atteints de cruelles maladies; quelquefois des querelles avec les Indiens leur attiraient des guerres et une foule de misères. Mais en dépit de toutes ces épreuves, et soutenus par un admirable courage, ils virent leurs colonies prospérer.

Bientôt d'autres colonies furent fondées.

En 1621, un établissement fut fait à Delaware par des Suédois et des Finlandais.

En 1634, lord Baltimore, un noble Anglais, envoya

une colonie de catholiques, qui s'établirent dans le Maryland.

En 1681, William Penn, un quaker, autre secte fort extraordinaire du protestantisme, commença un établissement de quakers, qui prit de lui le nom de Pennsylvanie.

En un mot, dans l'espace de quelques années, une grande partie de ce qu'on appelle maintenant les Etats-Unis fut fondée et habitée. La prospérité, le développement de ces nouveaux Etats, formés d'éléments si divers, s'accrurent en peu de temps d'une manière inouïe et dont les annales du monde ne présentent pas d'autres exemples.

Par suite de la manière même dont il s'est peuplé, le nouveau monde a été porté à s'approprier les noms des principales villes de l'Europe moderne et même de l'antiquité ; aussi trouve-t-on en Amérique non-seulement Londres, Cambridge, Belfast, etc., etc., mais on y rencontre Athènes, Rome, Sparte, Corinthe, etc. Ce peuple sans ancêtres a eu le bon esprit de s'inspirer ainsi du souvenir de la mère patrie. En tous cas, c'est une nation industrieuse, active, intelligente, dont les destinées semblent devoir être de plus en plus prospères.

Arrivons immédiatement à une époque célèbre pour nous, Français, dans les fastes de la jeune Amérique ; je veux parler de la guerre de 1756.

Tandis que l'Amérique du Sud était catholique et espagnole, l'Amérique du Nord, peuplée par des Anglais et appartenant à l'Angleterre, était essentiellement protestante.

Il ne faudrait pas croire cependant que la France fût demeurée spectatrice impassible de cette prise de possession du nouveau monde par deux peuples rivaux.

Non-seulement, les Français avaient fondé quelques établissements prospères dans le Canada découvert par Jacques Cartier, sous le règne de François Ier, mais on peut dire qu'ils furent les premiers qui entreprirent la colonisation sérieuse de l'Amérique, c'est-à-dire l'évangélisation des naturels.

Dans la première moitié du XVIIe siècle, le Canada eut pour gouverneur un homme illustre nommé Champlain. Les Franciscains furent les premiers missionnaires qui prêchèrent l'Evangile parmi les sauvages, et les Jésuites, qui les remplacèrent, prêchèrent plus tard, parmi les Hurons, une mission célèbre dont le récit est plein d'intérêt. J'emprunte à cet ouvrage quelques détails dont vous serez touchés.

« La vie d'un missionnaire sur le lac Huron était simple et uniforme (1628). De quatre à huit heures du matin, il priait. Sa journée était consacrée aux écoles, aux visites pastorales, à l'instruction religieuse et aux offices pour les prosélytes. Quelquefois le P. Brébœuf se promenait dans un village, une clochette à la main, invitant les chefs hurons à une conférence. On se rassemblait à l'ombre de la forêt, et les missionnaires expliquaient les dogmes de la foi. C'est ainsi que le sentiment de la piété fut éveillé dans le cœur du guerrier Achasistare.

« Avant que vous vinssiez dans le pays, disait-il au
P. Brébœuf, lorsque j'avais échappé à quelque grand péril,
je me disais : Quelque grand Esprit a pris soin de mes
jours. Maintenant je sais que ce protecteur, c'était Jésus ! »

» Après que ce chef eut reçut le baptême, il exhorta
d'autres néophytes à s'efforcer de faire embrasser la foi
de Jésus au monde entier ! Ce même chef avait accompagné le père jésuite dans une mission que celui-ci avait
entreprise chez les Mohawks, ennemis des Hurons. Les
Mohawks attaquèrent les barques des Hurons. Achasistare
s'était sauvé, mais le missionnaire, pour ne pas abandonner
ses catéchumènes, refusa de suivre son exemple ; alors
Achasistare revint auprès du missionnaire, en lui disant :
« Père, j'ai juré de partager ton sort, quel qu'il fût; me
voici pour tenir ma promesse. »

» Les malheureux reçurent la mort avec une fermeté
toute chrétienne. D'autres missionnaires éprouvèrent le même
sort; mais ils fondèrent des chrétientés qui civilisèrent les
Indiens et les rendirent amis des Français. »

On trouve au Canada des lacs immenses, de très-grands
fleuves, et l'on y voit la cataracte de Niagara, la plus
grande et la plus célèbre du monde. Le Niagara est une
rivière qui unit les lacs Erié et Ontario, et sert de limite
entre le haut Canada et les Etats-Unis. Il a quinze lieues
de longueur et quatre de largeur, près d'une île appelée
l'île Grande ; et c'est là que se trouve la fameuse cataracte.

Je ne manquai pas, comme bien vous le pensez, d'aller
visiter cette merveille de la nature, la plus imposante qui
existe. Impossible d'exprimer par des paroles ce que ce

spectacle est pour la vue, et de quels sentiments il pénètre l'âme. Mis en présence de ce tableau, le peintre doit désespérer de son art, et le poëte renoncer à le décrire; on rencontrerait ici son ennemi mortel qu'on lui pardonnerait, ou bien on ne serait pas un homme. Celui qui aurait jamais douté de l'existence de Dieu n'a qu'à venir se prosterner devant le plus sublime de ses autels, et il retournera chez lui plein de foi et de paix. Oh! que n'ai-je pu contempler cette merveille de la nature avec tout le genre humain! Une masse d'eau immense se précipite par-dessus un mur à pic d'une longueur extraordinaire; les flots, se brisant en poussière, sont si forts que le torrent semble vouloir s'élever une seconde fois, et cependant, à peine à cent pas de la chute, il coule de nouveau si tranquillement, que la plus petite barque peut se balancer sans crainte sur sa surface unie.

La masse d'eau du côté du Canada est bien plus forte encore; le volume de la chute (qui a la forme d'un fer à cheval, ce qui lui a valu le nom de la chute du Fer à cheval) est beaucoup plus considérable; aussi serais-je tenté de donner la préférence à la chute du Canada. Au soleil, les reflets de la nappe de neige des deux chutes brillent de toutes les couleurs du prisme, et forment les plus beaux arcs-en-ciel qu'on puisse imaginer. L'eau offre, immédiatement près des chutes, une teinte toute particulière, je n'ai jamais vu nulle part ailleurs, dans aucune autre eau, un vert plus clair et plus beau, transparent comme la chrysolithe la plus pure et la plus brillante.

Du côté du Canada, on peut s'avancer un peu au-dessous

de la chute : pour faire cette visite, on vous donne un guide et des habits particuliers. Non-seulement le spectacle dont on jouit sous la chute est saisissant et grandiose, mais il fait frissonner : la masse qui roule au-dessous de votre tête, le fracas horrible et le mugissement continu de l'élément qui bouillonne et jette une écume blanche comme du lait; l'arrête de rochers éboulés, étroite et glissante, sur laquelle on se tient devant l'abîme dans lequel l'eau s'engouffre; les débris de rochers qui surplombent et qui se détachent de temps à autre, rendent cette partie vraiment dangereuse, et vous causent tant d'émotions diverses que je ne conseillerais pas à tout le monde de l'entreprendre.

Ce n'est qu'après avoir visité bien la cataracte que je me mis à en examiner les environs. Comme je l'ai déjà dit plus haut, le torrent se divise, un peu en deçà de sa chute, en deux bras, dont l'un forme celle du côté du Canada. Cependant les deux chutes sont tout près l'une de l'autre et ne sont séparées que par une petite île d'un demi-mille de large et de plus d'un mille de long. Tous les alentours de la cataracte s'harmonisent parfaitement avec cette magnifique scène de la nature.

Le pays environnant est tout couvert d'une forêt vierge luxuriante qui renferme des arbres majestueux et peut-être, si l'on excepte la Californie, les plus gros que j'eusse vus dans les Etats-Unis; beaucoup de troncs avaient un mètre vingt de diamètre. Jusqu'ici la main de l'homme a respecté ce sanctuaire de la nature; à peine s'est-elle permis de frayer quelques routes pour les voitures.

Dieu veuille qu'il en soit toujours ainsi ; mais il est bien à craindre que le futur propriétaire des chutes du Niagara ne ressemble pas au possesseur actuel, qui fait une rare et belle exception, et qui a plus d'estime pour la nature que pour les écus. On lui a déjà offert des sommes fabuleuses pour ce petit coin de terre ; on y voulait établir des hôtels, des bains et autres lieux de divertissements ; mais ce fut justement la raison pour laquelle il ne céda pas, le silence sacré des bois ne devait pas être profané par la vie agitée des hommes, et devait toujours servir comme de temple à ce sanctuaire de la nature.

Au-dessous des courants qui conduisent à la cataracte, on a construit, à deux mètres de la chute, une tourelle à laquelle on arrive par un petit pont. Je restai là-haut bien des heures à suivre du regard les flots qui s'accumulaient et se précipitaient les uns par-dessus les autres. Je demeurai cinq jours dans le village des chutes du Niagara ; je passai presque tout mon temps aux chutes, et plus je les voyais, plus j'avais de peine à m'en séparer : il en est ainsi de tout ce qui est grand et sublime ; il faut du temps pour le saisir et pour en fixer l'image dans son esprit.

Malheureusement il ne se passe pas d'année que les chutes du Niagara ne réclament quelques victimes ; c'est ainsi que périrent, il y a peu de temps, trois jeunes gens qui étaient allés un soir se promener en bateau au-delà des chutes ; entraînés par les courants, il ne fut pas possible de les sauver.

Un de ces malheureux était parvenu à saisir un tronc

Chute du Niagara.

d'arbre enraciné dans l'eau et à s'y cramponner ; il cria
que l'on vint à son secours ; mais, au milieu du mugissement des flots, on n'entendit sa voix qu'indistinctement, et
d'ailleurs l'obscurité de la nuit empêcha de le découvrir.
Ce n'est que le lendemain qu'on aperçut le pauvre naufragé. Comme il n'y avait pas moyen de se faire entendre,
on écrivit sur un grand tableau, avec des caractères
d'une aune de long, qu'on prenait les mesures nécessaires
pour le sauver. Après mille tentatives infructueuses, on
fut enfin assez heureux pour approcher un bateau de l'infortuné, à cinq heures de l'après-midi.

Le pauvre homme était déjà dans la barque, et on le
traînait sur le rivage au moyen d'une corde, quand la
barque fut atteinte soudain par une si forte lame que le
choc rompit la corde et lança le bateau avec sa victime
dans l'abîme. Il ne parut plus la moindre trace, ni de ce
malheureux, ni de ses compagnons d'infortune! On ne retrouve jamais un cadavre, ni la moindre planche d'un
bateau : tout est broyé et réduit en poussière par la force
irrésistible de l'eau.

La France et l'Angleterre, depuis des siècles rivales
dans l'ancien monde, ne tardèrent pas à s'attaquer dans
leurs colonies, se faisant, comme il est d'usage en pareil
cas, tout le mal qu'elles pouvaient se faire l'une à l'autre.
Les Français engagèrent un grand nombre d'Indiens, et
comme ceux-ci détestaient les Anglais, qui les avaient
chassés et s'étaient emparés de leurs terres, ils se li-
vrèrent envers eux à toutes les cruautés imaginables.

Je ne vous ferai pas le récit de toutes les horreurs de

cette guerre; je vous parlerai seulement de la prise de Québec, qui nous appartenait, et dont la perte a été pour nous l'événement le plus important de la guerre.

Cette ville était la capitale de la colonie française au Canada; elle était bien fortifiée et défendue par une armée dont le commandant était le marquis de Montcalm, brave et excellent officier.

Le général Wolfe commandait l'armée anglaise : c'était aussi un vaillant homme, qui résolut d'attaquer la ville, quoiqu'elle fût très-bien fortifiée et très-bien défendue.

Près de la ville était une colline élevée qui la dominait et que l'on appelait les hauteurs d'Abraham. Le général Wolfe, ayant attaqué plusieurs fois sans succès les Français, résolut de s'emparer de ces hauteurs et d'y établir son armée. En conséquence, quand la nuit fut venue, ses soldats gravirent la colline, et le lendemain ils y étaient rangés en bataille.

A dix heures du matin, le combat commença.

L'armée française attaqua courageusement les Anglais; mais elle fut repoussée. Elle retourna impétueusement à la charge, mais sans succès. Les Anglais demeurèrent maîtres du terrain, et les Français furent obligés de se retirer.

Le brave général Wolfe fut blessé et mourut sur le champ de bataille. Le noble et vaillant Montcalm fut blessé aussi et mourut de sa blessure le surlendemain du combat. Cinq jours après, la ville se rendit.

La reddition de Québec entraîna celle de Montréal et amena la perte successive de tous nos établissements au

Canada que la France, du reste, céda en entier aux Anglais par le traité de paix de 1763.

Telle fut la douloureuse issue pour nous de la guerre de 1756.

———

L'événement le plus important de l'histoire de l'Amérique fut la guerre dite de l'indépendance, à laquelle les Français ont pris une très-glorieuse part, et qui a eu pour résultat la séparation des colonies anglaises d'avec la mère patrie et la création des Etats-Unis d'Amérique.

Vous vous rappelez que les établissements anglais dans l'Amérique du Nord appartenaient à l'Angleterre, qui les gouvernait selon ses lois et sa volonté. Le peuple américain, qui reconnaissait l'autorité du roi d'Angleterre et lui obéissait, avait droit à sa protection et se croyait sûr de l'obtenir.

Cependant le roi d'Angleterre et son gouvernement firent des lois contraires aux intérêts des Américains, et imposèrent à ceux-ci des charges au-dessus de leurs forces et qu'ils ne voulurent pas supporter. Le gouvernement anglais se figurant que les colonies, faibles et timides, se soumettraient à tout ce que l'on voudrait exiger d'elles, abusa de sa force.

Les Américains avaient conservé pour l'Angleterre un grand et profond attachement; c'est pourquoi ils supportèrent beaucoup de vexations et pendant longtemps. Toutefois ils firent parvenir au roi des plaintes et des remontrances, le suppliant de les traiter avec justice et avec bonté.

Ils ne reçurent pas de réponse, et, le joug de la métropole leur devenant de jour en jour plus insupportable, ils résolurent de se soustraire à l'autorité de l'Angleterre, et de se gouverner eux-mêmes.

En conséquence, les différents Etats envoyèrent à Philadelphie les hommes qu'ils crurent les plus sages et les plus dignes de leur confiance, et ces hommes assemblés formèrent ce qu'on appelle un congrès. Ce congrès, le 4 juillet 1776, déclara que le peuple américain ne voulait plus se soumettre au gouvernement de l'Angleterre, et qu'il était résolu à se rendre et à rester libre et indépendant.

Quand l'homme est faible, il se soumet; quand il se sent plus fort, il commence à se plaindre; et quand il est devenu puissant, il résiste. Il en est des peuples comme des individus, et l'Amérique le prouva. Cette déclaration de l'indépendance, comme on l'appelle, est célébré tous les ans, en Amérique, le 4 juillet, comme étant l'origine de l'indépendance et de la liberté dè la nation. Mais avant que cette indépendance fût assurée et reconnue par l'Angleterre, les colonies eurent à subir une guerre qui dura huit années. Je laisserai ici parler mon ancienne connaissance, M. Johnson, à qui je demandai un jour quelques détails.

« Avant la déclaration d'indépendance, me dit-il, la guerre était déjà commencée. En 1775, le gouvernement anglais, craignant que le peuple américain ne résistât à son autorité, avait envoyé quelques régiments pour le contenir.

» Il y avait à Concord, ville située à quelques lieues de

Boston, des munitions de guerre appartenant aux Américains. Le commandant anglais, nommé Gage, voulut les détruire, afin que les Américains ne pussent s'en servir. Il envoya, le 19 avril 1775, une troupe de soldats à Concord. Ces soldats virent à Lexington, sur leur route, un assez grand nombre de gens qui, alarmés par la nouvelle de l'expédition, s'étaient assemblés autour d'une église. Un des officiers anglais, le major Pitcairn, galopa jusqu'auprès du rassemblement, en s'écriant :

« Dispersez-vous, rebelles ! dispersez-vous ! »

» Et en même temps, quelques soldats firent feu sur le peuple, et il y eut des hommes tués. .

» Cette action des soldats anglais excita les Américains à la révolte. Ils coururent à leurs maisons, prirent leurs fusils, et, revenant en toute hâte, commencèrent à attaquer vigoureusement les Anglais. Ceux-ci reconnurent bientôt la nécessité de fuir et retournèrent sur leurs pas vers Boston; les Américains les poursuivirent, et ils eurent grande peine à regagner la ville. Ce fut le commencement de la révolution.

» Les Américains dirent adieu à leurs familles, quittèrent leurs tranquilles demeures; et, pénétrés de la pensée qu'ils défendaient leurs droits, ils coururent en foule sous les drapeaux. Les troupes anglaises étaient stationnées à Boston, et les Américains réunirent leurs forces dans les environs. J'étais dans la ville, et il n'était pas facile d'en sortir; cependant j'étais déterminé à me joindre à l'armée américaine.

» Il y a près de Boston une haute colline appelée

Bunker's Hill. De Boston, on voit le sommet de cette colline. Un matin, on s'aperçut que les Américains en avaient pris possession pendant la nuit, et qu'ils avaient construit un petit parapet de terre et de gazon.

» Le gouverneur Gage voulut les en chasser et envoya des troupes anglaises pour les attaquer. Tout était en mouvement dans la ville, la crainte et l'espérance agitaient tous les cœurs; je ne pouvais rester plus longtemps inactif. Je me rendis avec trois de mes camarades à un endroit où nous avions caché un petit bateau, sur lequel nous nous rendîmes à Cambridge, ville qui est située de l'autre côté de la baie. Nous débarquâmes et nous allâmes joindre nos troupes sur le sommet de Bunker's Hill; de là nous pouvions voir approcher l'armée anglaise. Elle aborda à peu de distance de nous et fut bientôt en rang, puis elle commença à marcher vers la colline. Rien ne peut surpasser la régularité de la tenue et de la marche des Anglais, pendant qu'ils se dirigaient vers nous. Ils étaient tous en habits rouges avec des pantalons blancs. Le soleil était éclatant, et leurs armes brillaient comme des miroirs. Ils s'avancèrent en lignes droites, d'un pas ferme et assuré, vers le parapet derrière lequel étaient les Américains. Robert Smith, un des camarades avec lesquels j'étais venu au camp, et moi, nous étions à côté l'un de l'autre : ce fut un moment de grande anxiété. On ne prononçait pas une parole; nous étions là, nos fusils chargés, le doigt sur la détente, prêts à envoyer nos balles à la face de nos ennemis.

» Nous les vîmes, ils étaient si près que nous pouvions

distinguer leurs traits. Nous gardions le silence ; nous sentions leurs pas lourds ébranler le petit monticule derrière lequel nous étions abrités.

» Alors le signal fut donné ; tous les fusils partirent , et une lumière soudaine courut comme l'éclair tout le long du parapet. Plus de mille mousquets envoyèrent leurs décharges aux Anglais en pleine poitrine. L'effet fut foudroyant : beaucoup des ennemis furent étendus sur la place ; les autres hésitèrent quelques instants, puis tournèrent le dos et s'enfuirent.

» Mais les Anglais sont de braves soldats ; ils renouvelèrent bientôt l'attaque. On leur répondit comme la première fois , et ils se retirèrent encore. Enfin , les Américains , ayant épuisé leur poudre et leurs balles , furent, à leur tour, contraints de quitter la place. Ils le firent avec regret , à pas lents , et les Anglais s'emparèrent de la position. Beaucoup d'entre eux avaient été tués , les Américains n'avaient presque pas souffert. Ce combat fameux est appelé la bataille de Bunker's Hill.

» La guerre était sérieusement commencée. Les Américains prirent des mesures pour se défendre contre les troupes anglaises et, s'il était possible, les chasser de leur pays. Ils chargèrent un sage et vaillant homme , George Washington , de lever une grande et puissante armée , et ils lui en donnèrent le commandement.

» En même temps, les Anglais, pleins de ressentiment, et déterminés à soumettre leurs colonies rebelles , envoyèrent un grand nombre de vaisseaux et plusieurs milliers de soldats en Amérique , ne doutant pas qu'ils pussent facilement les faire rentrer dans le devoir.

» Je ne vous ferai pas le récit de toutes les sanglantes batailles qui se donnèrent pendant cette longue
guerre; mais je vais vous raconter une de mes aventures
personnelles.

» Nous accompagnions un détachement composé d'une
soixantaine d'hommes qui allait rejoindre des troupes améri-
caines, destinées à combattre un corps d'armée anglaise,
placé sous les ordres du général Burgoyne. Le second jour de
notre marche, comme nous suivions une espèce de route
militaire qui avait été tracée dans les bois, nous fûmes
surpris par le bruit d'un coup de mousquet, sortant d'un
buisson près de nous. Le soleil venait de se coucher, et
il faisait presque nuit. Nous ne pouvions distinguer personne sous le couvert. Il n'y avait pourtant pas à douter
que le coup ne fût tiré par quelque Indien qui nous guettait pour nous attaquer.

» Robert Smith et moi nous nous trouvions près l'un
de l'autre et à quelques pas en arrière de nos camarades.
Au moment où j'entendis le coup de mousquet, je vis
Robert s'arrêter et porter précipitamment la main à son
côté. Je m'élançai vers lui, pensant bien que la balle l'avait
atteint; mais j'arrivai trop tard, il venait de tomber! Je
l'entourai de mes bras, il me dit d'une voix ferme : « Je
suis blessé, et je vais mourir, laissez-moi! Les Indiens
nous entourent; la première balle sera dirigée vers votre
cœur; partez, rejoignez nos troupes, laissez-moi mourir
ici. »

» Je n'eus pas le temps de lui répondre, car plusieurs
Indiens, s'élançant du milieu du taillis, se saisirent de moi

et m'entraînèrent. Je fis pourtant quelques mouvements pour m'assurer de la force de mes ravisseurs ; mais chacun de mes bras était puissamment retenu par un homme vigoureux, les autres me serraient de près, il n'y avait pour le moment aucun moyen d'échapper. La nuit était obscure, et je pus seulement reconnaître que mes oppresseurs étaient des sauvages, et qu'ils m'emmenaient à travers une forêt d'arbres très-élevés. Après un quart d'heure environ de marche précipitée, on s'arrêta, et mes bras furent solidement attachés derrière mon dos. Puis on se remit en route ; et, pour accélérer mes pas, les sauvages me donnaient de temps en temps de grands coups de bâton. Nous marchâmes ainsi pendant une heure à peu près. Enfin on fit halte.

» Les Indiens, qui, jusque-là, avaient gardé le silence, commencèrent à parler entre eux. Ils paraissaient se consulter, et quand ils eurent fini, ils me permirent de m'asseoir et s'assirent eux-mêmes. Au bout de deux heures, nous fûmes rejoints par une douzaine d'autres Indiens, et alors on se remit en route.

» Marchant au milieu des bois, dans l'obscurité, mes mains liées derrière le dos, il m'était extrêmement difficile de suivre le pas des Indiens ; mais s'il m'arrivait de rester en arrière, ils me battaient rudement. Enfin le jour parut, et l'on fit une nouvelle halte. Les Indiens, qui jusque-là n'avaient parlé que dans leur langage, commencèrent à m'adresser quelques questions en anglais. Je leur en fis à mon tour, mais ils refusèrent d'y répondre. Tout ce que je pus apprendre sur ce qui me concernait, c'est que la décision de mon sort était reservée à leur chef, qui devait arriver le lendemain. En attendant, pour me tourmenter et pour exercer le talent des jeunes Indiens à tirer de l'arc, ils m'attachèrent à un arbre, et je dus leur servir de but. Plusieurs des flèches vinrent très-près de moi, deux m'atteignirent et me blessèrent, mais légèrement. Quand les flèches m'atteignaient, les Indiens riaient de tout leur cœur et paraissaient enchantés.

» Quant à moi, j'aurais pu me désespérer et me croire perdu ; mais j'avais déjà couru tant de dangers, auxquels j'avais toujours échappé, que je ne perdis pas confiance. J'avais souvent éprouvé aussi que le danger devient moindre quand on le supporte courageusement, et que les maux disparaissent, ou tout au moins diminuent, quand on s'y soumet résolûment, sans plainte et sans murmure. D'ailleurs, je plaçais ma confiance en Dieu, et je me sentais sûr que la Providence viendrait à mon secours. Je reçus donc très-patiemment les flèches des Indiens qui ne me faisaient heureusement que de légères blessures, et j'éprouvais même de la pitié pour ces malheureux sauvages que rejouissent les souffrances de leurs prisonniers !

» Mes persécuteurs se lassèrent enfin de ce cruel amusement, et, me laissant attaché à l'arbre, ils s'assirent en rond et prirent leur repas. Quand ils eurent fini, ils m'offrirent un morceau de daim rôti ; mais j'étais trop étroitement lié pour qu'il me fût possible de faire le moindre mouvement. Alors ils me détachèrent ; j'avais les mains si enflées que je ne pouvais m'en servir ; mais j'éprouvais une si grande faim que je parvins cependant à manger.

» La nuit vint, et je résolus d'en profiter pour m'échapper, s'il était possible. Le chef devait arriver le lendemain, et d'après ce que je savais des mœurs de ces peuples, il était plus que probable que le sort qui m'attendait était d'être brûlé vif.

» Je me promis de profiter de la moindre chance de salut, Le lieu où nous nous trouvions était la côte élevée et rocheuse d'une petite rivière. Mon projet était de m'éloigner en silence pendant le sommeil de mes gardiens, ou, si cela ne pouvait se faire, de m'élancer tout à coup, même sous leurs yeux, dans la rivière, espérant que si je n'étais brisé sur les rochers, je pourrais m'échapper, à l'aide de l'obscurité.

» Ce plan arrêté dans ma tête, j'attendis avec impatience le moment où les sauvages seraient endormis. Il était minuit quand tous furent ensevelis dans le sommeil. J'étais lié étroitement et couché sur la terre, ayant une douzaine d'Indiens autour de moi ; cependant je commençai à rompre les liens d'écorce d'arbre par lesquels j'étais retenu. J'y avais presque réussi, quand l'un d'eux, se relevant d'un bond, vint à moi et leva sa hache sur ma tête, tout prêt à me frapper. J'attendais le coup, mais il ne le donna pas ; il examina mes liens, et comme ils tenaient encore et que je paraissais endormi, l'Indien me quitta et se recoucha sur la terre. Il fut bientôt retombé dans le sommeil. « Maintenant, me dis-je, voici le moment qui va décider de ma vie ou de ma mort ! » Et faisant un effort désespéré, je parvins à briser les derniers liens qui retenaient mes mains. Je détachai ensuite ceux qui étaient autour de mes jambes, et me levant doucement, je passai avec toutes les précautions imaginables au milieu des Indiens. L'un d'eux murmura dans son sommeil et se retourna comme s'il se fût éveillé, mais il ne s'éveilla pas. Je pris le mousquet qui se trouva le plus à ma portée, puis, d'un pas léger et le cœur agité, je m'éloignai.

» Il n'y avait pas plus d'un quart d'heure que j'étais en marche, lorsque j'entendis un grand cri parmi les Indiens, suivi de hurlements qui firent retentir les échos de la forêt. Je compris que ma fuite était découverte; j'étais sur le bord de la rivière et environné de rochers. Je me blottis entre deux des plus élevés, osant à peine respirer. Bientôt j'entendis les Indiens se diriger de mon côté; deux ou trois passèrent si près de moi que j'aurais pu les toucher avec la main, mais ils ne me virent pas. Enfin un autre plus éloigné m'aperçut ou plutôt me devina, il leva son fusil et me mit en joue. Je profitai d'un instant d'hésitation de sa part et m'élançai dans la rivière. Je nageai avec difficulté, tenant le mousquet d'une main et barbottant de l'autre; j'avais réussi néanmoins à traverser la rivière, quand j'entendis deux ou trois sauvages se jeter aussi à l'eau. Je grimpai à l'autre bord, et m'enfonçant dans les bois, je courus de toutes mes forces. Mais j'avais les membres raidis par mes blessures et par les ligatures qui les avaient enflés; les agiles Indiens m'eurent bientôt rejoint. Ils me ramenèrent à l'endroit d'où j'étais parti, et m'attachèrent plus solidement que la première fois.

» Le jour vint, et le chef de la tribu arriva avec plusieurs autres Indiens. C'était un homme âgé, mais encore fort et actif. Ceux dont j'étais prisonnier lui demandèrent ce qu'il fallait faire de moi. Il écouta attentivement leur récit, puis, venant à moi, il me dit en anglais d'un ton sévère :

« Autrefois l'homme rouge était maître de ces eaux et de ces bois. Les montagnes et les rivières appartenaient à l'homme rouge, et alors il était heureux.

» Les hommes blancs, tes pères, sont venus. L'homme rouge les a bien accueillis, mais ils ont chassé l'homme rouge sur les montagnes, et ils ont pris ses terres. Cependant j'étais resté l'ami des hommes blancs.

» Mais vois ceci, ajouta-t-il en me montrant une cicatrice qui était sur sa poitrine, c'est la marque d'une balle envoyée par les hommes blancs. Je ne leur avais fait aucun mal; j'avais vécu parmi eux, et je les avais servis, ce qui ne les a pas empêchés de tirer sur moi comme sur un chat sauvage.

» Homme blanc, écoute! J'étais autrefois l'ami des hommes blancs, maintenant je suis leur ennemi. Ne pense plus à t'échapper; tu vas mourir.

— Chef, lui répondis-je, fais ce que tu voudras! Si la volonté de Dieu est que je meure, je mourrai résigné. Mon père était un ami des hommes rouges, et son fils ne leur a jamais fait de mal. Mon père a sauvé la vie à un homme rouge, et maintenant tu veux tuer son fils. Si c'est le bonheur d'un homme rouge de répandre le sang de quelqu'un dont le père a sauvé la vie d'un autre homme rouge, tue-moi, je suis prêt à mourir.

» Et quand mon âme paraîtra devant le Grand-Esprit,

je lui dirai : « Mon père était un bienfaiteur des hommes rouges, et ils ont tué son fils! »

— Parle, dit le chef, où vivait ton père?

— A Boston, lui répondis-je.

— Et qui était l'Indien dont il a sauvé la vie?

— Son nom était Wampum, lui répondis-je.

— Homme blanc, dit le chef, regardez-moi, je suis Wampum : je vous reconnais; vous êtes le garçon qui vint à mon wigwam à Holyoke. Vous êtes le garçon qui êtes venu avec moi aux Grandes-Chutes.

» Mes frères, poursuivit Wampum en se tournant du côté des Indiens, j'étais étranger dans une ville éloignée habitée par des hommes blancs. Je bus de leur eau de feu (1), et elle me rendit fou. Je frappai un matelot, et il fut si en colère qu'il vint contre moi avec douze autres hommes. Ils me renversèrent, ils me foulèrent aux pieds; ils voulaient me tuer. Mais un homme blanc, dont le bras était fort, les battit et les chassa. L'ami des hommes rouges me sauva la vie. Voici son fils; doit-il mourir ? »

» Les Indiens répondirent en déliant mes mains et mes pieds.

« Allez, dit Wampum, et dites à vos amis que les Indiens n'oublient jamais un bienfait. Dites-leur que nous rendons aux enfants le bien que nous ont fait leurs pères. Nous ne faisons la guerre qu'aux méchants : nous ne cherchons que le sang de nos ennemis. »

» En disant ces mots, il me rendit mon fusil, il me

(1) Les Indiens appellent ainsi l'eau-de-vie.

donna un sac de chair de daim séchée, et me dit que j'étais libre de partir.

« Suivez le cours de la rivière, ajouta-t-il, et une marche de trois jours vous conduira au camp des Américains ! »

» Je remerciai affectueusement le chef, mon ancien ami, et je partis. Je ne trouvai aucune difficulté à suivre ma route le long de la rivière. A la nuit, je fis un petit feu et je dormis bien. Le jour suivant, je continuai mon voyage, et le soir je me trouvai au milieu de collines et de rochers entre lesquels la rivière jetait ses eaux bruyantes.

» Je regardai de tous côtés pour trouver une place où je pusse passer la nuit, lorsque je vis un homme qui s'approchait de moi. Il était pâle et paraissait épuisé. Je le fixai un instant, et quelle ne fut pas ma surprise en reconnaissant Robert Smith que je croyais mort!

» Il me dit qu'il était resté évanoui et que les sauvages avaient cru l'avoir tué, tandis qu'ils ne l'avaient que blessé. Il avait passé, couché sur la terre, un jour et une nuit, et depuis ce temps il n'avait pas cessé d'errer dans les bois. Je le trouvai excessivement affaibli par la faim et par la perte de beaucoup de sang; mais après avoir mangé un morceau de chair de daim séchée, il se trouva mieux. Le lendemain matin, il était en état de partir avec moi, et nous nous mîmes en route, en marchant très-lentement.

» Trois jours après, nous arrivâmes au camp, où nous rejoignîmes notre régiment.... »

Je vous ai donné en détail toute cette partie du récit

de M. Johnson, parce que j'ai pensé qu'il vous intéresserait. Quant à ce qui concerne la suite de cette guerre, je vous dirai seulement qu'elle dura huit années, que les Français combattirent glorieusement dans les rangs des Américains pour les aider à reconquérir leur liberté, et que la paix fut enfin signée à Paris, en 1783.

Vous lirez un jour l'histoire de Washington, celle de Franklin, et vous verrez combien ces hommes si justement célèbres ont mérité de leur patrie, à laquelle ils ont rendu de si éminents services.

Il y aurait encore beaucoup à vous dire sur les usages, les productions et le climat si varié de l'Amérique.

La civilisation, dans les Etats-Unis, est poussée à l'excès. Cette république, gouvernée par un président, possède une marine considérable, et disputerait peut-être avec avantage l'empire des mers à l'Angleterre elle-même. Elle fait, au moyen de ses vaisseaux, un commerce colossal avec le monde entier.

Je me borne à ces renseignements assez incomplets sans doute; mais qui, je l'espère, vous auront inspiré le désir d'en savoir davantage et d'achever plus tard, par l'étude et la lecture, ce que j'ai commencé.

— Merci! merci! merci! cher oncle, dirent à la fois les enfants, dont la veillée s'était un peu prolongée. Mais n'aurez-vous donc plus rien à nous raconter?

— Puisque votre père n'arrive que dans trois jours, dit M. Charles de Mareuil, j'aurai probablement encore le temps de vous dire quelques mots sur l'Océanie. Pour le moment, bonsoir et dormez bien. »

RÉCITS SUR L'OCÉANIE

« L'Océanie, qui forme la cinquième partie du monde, se compose d'îles nombreuses, répandues dans le grand Océan, et que l'on divise généralement en trois régions : la Malaisie, l'Australie et la Polynésie.

La Malaisie comprend les îles de la Sonde, les îles Moluques, l'île de Bornéo et les îles Philippines.

L'Australie comprend l'Australie proprement dite ou la Nouvelle-Hollande, la terre de Van-Diémen, les îles de Norfolk, la Nouvelle-Guinée, la Nouvelle-Zélande et beaucoup d'autres îles.

La Polynésie se compose des îles Sandwich, des Amis, des Larons, et d'autres îles dans l'océan Pacifique.

Je n'ai pas navigué moi-même dans les mers de l'Océanie, mais j'ai eu occasion de me lier avec un voyageur qui les avait parcourues dans tous les sens et qui m'a communiqué les renseignements que voici :

Les marins, me dit-il — et ma propre expérience avait confirmé ces paroles bien avant qu'il les prononçât, — les marins ont bien des vicissitudes à traverser. Un pauvre garçon vous dira qu'il arrive des mers du Sud et de la terre de Van-Diémen ; et il vous suffira de jeter un regard sur la carte pour vous rendre parfaitement compte du lieu d'où il vient et du chemin qu'il a parcouru ; mais aucune carte du monde ne pourra vous donner une idée des dangers et des souffrances par lesquels il a passé pendant ces voyages. Il peut avoir eu à supporter le froid et le chaud, les calmes et les orages, les nuits noires et les pluies diluviennes; il peut avoir eu à combattre la fatigue, la faim, la soif, les requins, les naufrages, des accidents de tous genres, sans que rien dans son extérieur en ait conservé la trace. Tout son être cependant porte l'empreinte d'une existence exceptionnelle; il n'est pas jusqu'à son regard profondément observateur, jusqu'aux traits bronzés de son visage, jusqu'à ses mains calleuses qui ne racontent ces fatigues, ces dangers, ces préoccupations.

Mais l'Océanie nous réclame. Ouvrez la carte et cherchez du côté occidental de l'Océanie, une très-grande île appelée la Nouvelle-Hollande, ou plus souvent, maintenant, l'Australie. Cette île a été découverte, il y a plus de deux cents ans, par un Hollandais. C'est la plus grande île du monde, on pourrait lui donner le nom de continent; elle a près de quatre mille kilomètres de longueur.

Le capitaine Cook a le premier exploré la Nouvelle-Hollande. Les naturels sont très-sauvages et à peu près aussi noirs que des nègres. Ils se peignent le corps de différentes couleurs, et portent au cou, aux bras et aux jambes, des colliers faits avec des perles ou des coquilles. Il y a parmi eux de singuliers usages : la plupart des hommes s'arrachent les dents de la mâchoire supérieure, et beaucoup de femmes se coupent deux phalanges du petit doigt. Quand un personnage de quelque importance vient

à mourir, on le conserve parfois fort longtemps dans une
sorte de cercueil ouvert : c'est ce que l'on appelle une
hutte funéraire.

Hutte funéraire en Océanie.

On trouve à la Nouvelle-Hollande du fer, du charbon de
terre, des pierres précieuses, et des bois de construction
et d'ébénisterie.

Un grand nombre de colonies ont déjà été fondées en Australie ; les principales sont la Nouvelle-Galles du Sud , la terre de Nuyts , la terre de Carpentarie, la terre de Van-Diémen , etc. , etc.

Sydney est la capitale de la Nouvelle-Galles du Sud. Cette ville a de belles rues et de remarquables bâtiments publics ; elle croît rapidement en importance et en richesses. Ses rues sont maintenant macadamisées et éclairées au gaz; on voit dans le port un grand nombre de bateaux à vapeur, qui circulent pour le commerce avec les autres îles. Il y a à Sydney plusieurs belles églises, un collége pour les hautes études et beaucoup d'autres colléges publics et particuliers.

Les villes de Maitland dans la Nouvelle-Galles du Sud , de Melbourne et de Geelong dans Port-Philippe, d'Adelaïde dans l'Australie méridionale, de Hobart-Town et Lancaster dans la terre de Van-Diémen, prennent aussi un accroissement rapide.

La physionomie de l'Australie n'est plus la même depuis qu'on y a découvert une grande quantité de terrains aurifères. Ces champs d'or ont appelé les populations qui ont déserté les campagnes. L'agriculture est en souffrance, le commerce languit, et les véritables richesses de la terre sont négligées , et cependant les espérances de ceux qui ont à supporter toutes sortes de fatigues et de misères dans la recherche du précieux métal, sont bien rarement réalisées.

La première découverte de l'or en Australie eut lieu en 1851.

Un fermier nommé Hargreaves , dont la ferme était en

Australie, près de Bathurst, alla en Californie pour y chercher de l'or. Il fut surpris de voir que les rochers et les
couches de terre de cette contrée ressemblaient beaucoup à
ceux du district de Conobolas, qui est à une dizaine de
lieues de Bathurst.

« Pourquoi, se dit-il, n'y aurait-il pas de l'or en Australie aussi bien qu'en Californie ? »

Il revint chez lui, se mit à bêcher, à piocher, pour
trouver de l'or, et au bout d'un ou deux jours il en
trouva. Il fit part de sa découverte au gouvernement
colonial, qui lui décerna une récompense et lui donna
un emploi lucratif. Chacun se mit dès lors à chercher le
précieux métal, et à Murroo-Creek, à seize lieues au
nord de Bathurst, on trouva bientôt un bloc de quartz
contenant une quantité d'or pur, évalué à cent mille
francs.

Cette nouvelle se répandit avec la rapidité de l'éclair.
La multitude se précipita vers le lieu de la découverte
pour creuser la terre et en tirer de l'or, et on en trouva
en telle abondance, que l'on en transporta plusieurs
tonnes en Europe et en Amérique. A deux endroits seulement, Mount-Alexander et Ballarat, dans le district de
Victoria, on avait extrait plus de deux millions d'onces
d'or avant la fin de l'année suivante.

Depuis lors, Bathurst, Melbourne, Victoria, Geelong et
plusieurs autres villes ont beaucoup augmenté en étendue
et en population ; en même temps des hameaux et des
villages se sont élevés : Forest-Creek, Bingara, Ballarat,
Mount-Alexander, Ophir et Turon.

Après m'avoir donné ces détails, le voyageur dont je vous ai parlé continua en ces termes :

« Si un homme a la bonne volonté de travailler et qu'il ait un peu de patience, il peut trouver de l'or; mais pourra-t-il le conserver? C'est là la question. Moi qui vous parle, j'en ai cherché tour à tour à Forest-Creek, à Mount-Alexander et à Ballarat, ce qui ne veut pas dire, tant s'en faut, que j'aie fait fortune!

» A Forest-Creek, je travaillai de compagnie avec deux ou trois camarades de table. Nous étions convenus de partager ce que nous trouverions; mais lorsque je commençais à devenir riche et que je pensais à me retirer, mes deux coquins de camarades me dépouillèrent de tout ce que j'avais, et s'enfuirent en emportant le fruit de mes travaux avec ce qu'ils avaient trouvé eux-mêmes. Peut-être un des deux aura-t-il ensuite tué l'autre pour s'approprier le trésor tout entier.

» A Mount-Alexander, je travaillai seul, j'étais payé pour ne plus vouloir d'associés, et je devins riche une seconde fois. Dix ou douze autres chercheurs d'or avaient été aussi heureux que moi; nous convînmes de nous en aller ensemble avec notre trésor et de nous porter mutuellement secours si nous étions attaqués. Vers le coucher du soleil, nous étions tous assis sur le gazon pour manger quelque chose, chacun de nous ayant une épée à côté de lui, lorsque nous reçûmes une décharge de plusieurs fusils. Ceux d'entre nous qui n'étaient pas blessés se saisirent de leurs épées, et coururent à la poursuite des assassins, laissant la charrette qui contenait notre or à la garde de deux hommes de notre compagnie; mais à peine eûmes-nous abandonné la place, que plusieurs malfaiteurs, appartenant à la troupe de ceux qui avaient tiré sur nous, sortirent d'un côté opposé du bois, s'emparèrent de la charrette dont ils tuèrent les gardiens et se retirèrent avec leur butin.

» Je travaillai ensuite dans le Canadian-Gully, à une lieue de Ballarat. La place était excellente, on y avait déjà trouvé une grande quantité d'or; j'en trouvai aussi, et j'arrivai en sûreté à Melbourne; mais ce qui est venu facilement s'en va de même : à Melbourne, je trouvai d'anciennes connaissances qui m'entraînèrent d'une dépense dans une autre, jusqu'à ce qu'il ne me resta pas un penny.

» Pour réussir comme chercheur d'or, il faut avoir à la fois du bonheur et de la prudence et une bonne conduite; j'avais · le bonheur, mais je n'avais, hélas! ni la prudence, ni la sagesse. »

Ce que l'on nomme si justement « *la fièvre d'or,* » maladie morale terrible qui rend l'exploitation des mines d'or du nouveau monde si redoutable, ne s'est jamais manifesté en Europe avec la même gravité, surtout en ce qui touche aux mines d'argent dont la découverte, au lieu de déchaîner, comme en Californie et en Australie, toutes les passions humaines, a au contraire revêtu presque toujours un caractère essentiellement providentiel et touchant, ainsi que vous le prouveront les quelques exemples que voici :

Au XIVe siècle, des voituriers qui avaient échangé, à Halle, du sel contre des marchandises vénitiennes, furent surpris, non loin de Freiberg, par un orage si violent qu'ils durent s'arrêter dans la sombre forêt où ils se trouvaient et y passer la nuit. A défaut d'autre gîte, ils se couchèrent sous leurs voitures de sel, après les avoir mises autant que possible à l'abri sous un feuillage épais; et, malgré l'humidité du sol, ils ne tardèrent pas à tomber dans un sommeil profond. Le matin suivant, lorsqu'ils se disposaient à profiter des heures les plus fraîches de la matinée pour se remettre en route, ils aperçurent dans le voisinage une masse blanchâtre d'une sorte d'airain qui leur était inconnu et que la pluie de la veille avait mise à découvert, en la débarrassant de la terre qui l'enveloppait.

Les voituriers enlevèrent avec leur hache un morceau de ce métal, le jetèrent sur leurs tonneaux de sel et continuèrent tranquillement leur marche vers les contrées du Danube, sans se douter le moins du monde de leur bonne fortune.

Quelque temps après, les mêmes voituriers eurent à apporter des marchandises à Goslar. Ils prirent avec eux le morceau d'airain et le montrèrent à des mineurs qui le reconnurent pour de l'argent. Quelques-uns d'entre eux se joignirent aux voituriers, et bientôt après était exploitée, auprès de Freiberg, une mine d'argent qui n'a cessé depuis d'être d'un rapport considérable.

Frédéric le Fugitif, à la joue mordue (1258-1324), dont le père possédait autrefois l'Osterlande, vint à Freiberg, où il dut à la franche hospitalité d'un mineur l'accueil le plus cordial.

Le prince, voyant son hôte placer un gâteau d'argent — expression de mineur — dans un four brûlant, s'écria :

« Si ce morceau de métal m'appartenait, je serais sauvé!

— Que voulez-vous dire? » demanda le mineur, étonné.

Le prince se fit alors connaître à celui qu'il pensait être un homme d'honneur, et il ne se trompait pas. Il lui communiqua en peu de mots comment, avec le gâteau d'argent, il serait en état de réunir promptement une troupe nombreuse de soldats, et avec eux d'affranchir son pays de l'oppression des Souabes — c'était ainsi qu'à cette époque, on appelait les troupes impériales. — Le mineur, tout surpris, se jeta, selon l'ancienne coutume, aux genoux du prince et s'écria :

« Non-seulement ce gâteau d'argent, mais tout ce que je possède, et je suis, Dieu soit loué! loin d'être pauvre, est à la disposition de mon prince! »

Frédéric qui, quelques instants auparavant, se croyait entièrement abandonné, fut profondément touché de la magnanimité de ce simple mineur, dont il pressa la rude main avec reconnaissance et les larmes aux yeux.

Bientôt une armée d'ouvriers mineurs, vigoureux et intrépides, fut réunie. Ils rencontrèrent non loin de Chimnitz, les Souabes, ivres en majeure partie; ils les attaquèrent courageusement et remportèrent une éclatante victoire.

Au xv⁰ siècle, Stommer, natif de Kelhien ou des environs, voyageant un jour à travers le Schneeberg, chargé d'une balle d'épices et de marchandises de Venise qu'il portait à Zwickau, pour les y échanger contre d'autres produits, s'égara dans les environs des mines de fer du Schneeberg, et ne découvrit d'autre moyen, pour se procurer quelques renseignements sur sa route, que de faire venir un mineur et lui confier son embarras. Il frappa donc plusieurs coups distincts sur le haut d'une longue échelle qui conduisait dans les profondeurs de la mine. Un grand et vigoureux mineur apparut bientôt à l'ouverture du puits; il s'étonna avec colère de ce que Stommer se fut ainsi servi d'un signal d'alarme employé par les mineurs en cas de danger. Stommer répondit d'un ton suppliant :

« Ne sois pas si sévère envers un homme égaré qui réclame ton secours. Ne sommes-nous pas chrétiens tous deux, et l'un ne doit-il pas prêter assistance à l'autre? »

Le mineur, brusque dans la forme, mais bon au fond, s'adoucit aussitôt et s'offrit pour servir de guide à l'étranger jusqu'à ce qu'il fut remis dans son chemin.

Stommer ayant ensuite sorti ses provisions de bouche, et invité son compagnon complaisant à prendre part à son repas, apprit, pendant cette halte, qu'on avait, peu de temps auparavant, découvert, dans la mine de fer du Schneeberg, un métal blanc qui, dans le creuset, se fondait comme du beurre, et dont un cloutier même ne pourrait se servir.

En continuant leur chemin, ils arrivèrent enfin à une maison où les mineurs avaient coutume de se réunir pour prier Dieu en commun, déposer leurs lampes et les autres instruments de leur profession. Tous deux entrèrent dans la forge la plus voisine où justement on embrochait une oie, — par cette expression, on indique le moment où on enlève la pierre de la fournaise de laquelle se précipite, semblable à un torrent de feu, une masse d'airain brûlant.

En apercevant de nouveau le métal blanc dont le compagnon de Stommer leur avait parlé, les mineurs s'écrièrent avec colère et chagrin :

« Dieu nous envoie sans doute ce métal pour nous punir de nos péchés !

— Donnez-moi, leur dit Stommer, un morceau de cet airain. Je le montrerai au directeur de la Monnaie de Nuremberg, qui est un habile chimiste. »

Les mineurs se rendirent volontiers à ce désir, et Stommer les quitta après avoir cordialement remercié le maître mineur de son obligeante conduite.

Lorsque notre commerçant arriva à Nuremberg, son premier soin fut de chercher le directeur de la Monnaie qui, aussitôt, reconnut ce métal dédaigné pour de l'argent; mais l'airain qui s'y trouvait mélangé lui était inconnu, ce devait être probablement du bismuth.

Bientôt on soupçonna le négociant d'avoir trouvé cet argent dans les environs de Nuremberg; mais ce soupçon ne fut nullement justifié. Stommer affirma qu'il lui avait été donné, en pays étranger, par un inconnu, et qu'il ne pouvait fournir une plus ample explication.

Quelque temps après, des affaires de commerce appelèrent de nouveau Stommer à Zwickau. Malheureusement notre commerçant y prit part à une querelle et s'attira par suite une condamnation à la prison ; il demanda avec instance à être conduit auprès du commandant de la ville, qui s'appelait Carlowitz, assurant qu'il avait une importante communication à lui faire.

Dès qu'il fut en sa présence, il lui fit part de sa merveilleuse découverte à Schneeberg. Aussitôt il fut mis en liberté et commença en commun avec Carlowitz l'exploitation de la mine d'argent du Neustadel, près de Schneeberg.

Déjà, en 1374, cette mine, découverte à peine depuis quatre ans, était si abondante, que deux puits avaient fourni vingt quintaux d'argent. En 1477, on trouva, dans la mine de Saint-George, une masse d'airain longue de trois aunes et demie, et haute de sept aunes, consistant, pour la majeure partie, en argent pur. S'il faut en croire le rapport de Nicolas Stand, de Nuremberg, on aurait retiré de ce seul bloc quatre mille quintaux d'argent.

La plus riche exploitation était toujours à l'endroit où les galeries se croisaient : le minerai s'y trouvait rassemblé en quantité telle que l'on n'en rencontre plus en Europe ; les produits, qui, en certaines années (comme 1477 et 1495), étaient incomparablement plus abondants que dans d'autres, d'après le chroniqueur Albinus, s'élevèrent quelquefois jusqu'à deux cent trente mille marcs, mais étaient en moyenne de cent mille marcs. Toutes les mines réunies dans l'Autriche, ne produisent de nos jours qu'un peu plus de cent mille huit cents marcs, sur lesquels la Hongrie seule en donne quatre-vingt-quatorze mille cinq cent. La Prusse en fournit dix-neuf mille cinq cents.

———

Près de Schreekemberg, dans le voisinage d'Annaberg, un pauvre et laborieux journalier tomba malade. L'aspect de ses enfants et de sa digne femme, qui le soignait avec dévouement et acceptait avec une aimable force d'âme cette épreuve de la main paternelle de Dieu, le faisait plus souffrir que ses vives douleurs corporelles, la faim, le froid et l'incommodité de sa dure couche.

Pendant cette longue maladie, les voisins se montrèrent compatissants et veillèrent tour à tour près de lui pendant les froides nuits de l'hiver; mais ils ne pouvaient guère venir en aide à sa pauvreté, car ils étaient tout aussi pauvres que lui et avaient, pour la plupart, une nombreuse famille à entretenir. La maladie abandonna enfin le pauvre journalier, et, pendant les premiers jours du printemps, il put quitter sa hutte et aller respirer le grand air.

Pendant cette promenade, il aperçut dans la forêt un sapin écrasé par la foudre, dont le tronc et les racines lui parurent propres à réchauffer sa hutte pendant les nuits encore froides et humides; le convalescent se dirigea vers la demeure du garde forestier et lui demanda la permission d'enlever les débris mutilés du sapin, permission qui lui fut accordée. Aussitôt qu'il se sentit suffisamment fortifié pour se hasarder au travail, il commença, aidé de son fils aîné, à dégager le tronc et ses racines. Mais, ô merveille!

au moment où le trônc est soulevé de terre, il découvre
un trésor précieux, une quantité considérable d'argent pur;
il pouvait à peine s'en fier à ses yeux, et lorsqu'il fut
bien convaincu qu'il n'était trompé par aucune illusion, il
s'agenouilla sur la mousse et remercia Dieu à haute voix
du merveilleux secours donné à sa misère.

On établit, peu de temps après, en cet endroit, une mine
d'argent qui fournit presque aussitôt un riche produit; le
journalier reçut, pour sa découverte, une riche récompense;
il se fit ouvrier mineur et n'oublia pas, dans les jours
heureux, les pauvres voisins qui lui avaient témoigné tant
de charité pendant sa détresse.

Non loin de la mine d'argent, située dans le voisinage
de Schreekemberg, un homme était occupé à pêcher, la
veille de la Fête-Dieu, dans l'espoir de régaler ses enfants
avec un bon poisson. Déjà l'hameçon était jeté dans le
ruisseau, lorsque le pêcheur glisse et tombe dans l'eau; il
s'accroche à une saillie de la rive et se blesse à la main.
Qu'on s'imagine néanmoins sa joie, lorsqu'il s'aperçut que
cette saillie appartenait à un bloc d'argent pur.

Ce père de famille n'avait certes jamais célébré aussi
joyeusement la Fête-Dieu que le lendemain de ce petit
accident, où la bénédiction de Dieu s'était manifestée en
sa faveur et qui l'avait pour toujours arraché à la misère.

Ainsi chaque épreuve que Dieu nous envoie, dans son
amour, peut servir à notre bonheur.

Enfin, il y a environ quinze ans, un ânier découvrit une mine d'argent par le plus grand des hasards. Il conduisait plusieurs ânes au delà de la montagne ; un d'entre eux se sauva un beau matin. L'ânier, ayant voulu ramasser une pierre pour la jeter après la bête, trébucha et tomba par terre ; la pierre lui échappa des mains et roula en bas de la montagne. Il arracha brusquement une autre pierre de la terre, et il allait la lancer, lorsqu'elle le frappa par son aspect extraordinaire : il la regarda d'un peu plus près, et il y découvrit de riches veines d'argent pur. Il garda précieusement la pierre, remarqua l'endroit pour pouvoir le retrouver, retourna chez lui avec ses ânes et communiqua aussitôt cette importante découverte à un de ses amis. Ils se rendirent sans tarder à l'endroit marqué. Le mineur l'examina avec soin, et il y reconnut une mine d'argent très-productive. Il ne leur manquait plus, pour l'exploiter, qu'un capital ; mais ils le trouvèrent en s'associant le maître du mineur. Au bout de quelques années, tous les trois avaient acquis de grandes richesses, sans que l'histoire ajoute qu'ils fussent devenus moins vertueux.

Tel n'est pas, hélas ! ce qui a lieu pour la plupart des émigrants en Californie et en Australie ; ils quittent tous ou presque tous ces terres lointaines, non moins pauvres qu'ils y étaient arrivés, et ils y laissent la meilleure partie de leurs bons sentiments, quand ils ne les y laissent pas tous.

Mais fermons cette parenthèse qui nous a retenus bien longtemps en Europe, et hâtons-nous de revenir en Océanie.

La terre de Van-Diémen au sud de l'Australie, a été découverte par les Hollandais en 1644. Hobart-Town en est la capitale. Les naturels de Van-Diémen sont encore plus cruels et plus barbares que ceux de l'Australie.

Le pays produit du blé, de l'huile, du bois, de l'écorce pour la tannerie, des laines et de nombreux troupeaux.

C'est là et à Sydney que les criminels anglais ont été conduits pendant bien des années. Mais souvent ils s'enfuyaient et vivaient dans les parties les plus éloignées de l'île, sortant de temps à autre pour voler et assassiner. Maintenant ils sont presque entièrement réprimés.]

Il est intéressant de suivre les progrès d'une colonie. D'abord, l'endroit est découvert par un navigateur. Ensuite, quelques personnes vont s'y établir; un gouvernement quelconque le prend sous sa protection, l'explore, l'examine, pour en connaître les ressources. On y envoie des fermiers, des agriculteurs, des ouvriers et des officiers du gouvernement. Des maisons et des édifices publics s'y élèvent. La colonie s'étend, le bien-être s'accroît; on imprime des livres, on publie un journal; le commerce prend de l'activité, et plus ou moins vite, la prospérité se répand partout.

C'est ainsi que, depuis plus de deux siècles, des lieux inconnus jusque-là ont été découverts, des villes se sont élevées et peuplées, et la civilisation s'est étendue sur les pays même les plus sauvages. Je dis sur les pays, non sur les peuples, parce que l'expérience a prouvé que les habitants primitifs des contrées dans lesquelles s'introduit la civilisation, disparaissent toujours insensiblement pour faire place aux nouveaux venus, lors même qu'on ne peut reprocher à ceux-ci d'avoir rien fait pour les détruire.

On donne le nom de Polynésie à la réunion des îles nombreuses qui forment un groupe circulaire dans la mer Pacifique, à l'est des Philippines. Le capitaine Cook, célèbre navigateur anglais, fut tué par un des naturels de l'île d'Owhyhee, qui en fait partie.

La Nouvelle-Zélande se trouve dans l'océan Pacifique, à l'est de la terre de Van-Diémen, dont elle est séparée par un détroit fort large. La partie septentrionale est la plus fertile ; elle contient des forêts très-étendues, et chaque vallée est arrosée par des ruisseaux d'eau douce. Les pommes de terre et les cocos y croissent en abondance ; mais la production la plus remarquable est ce qu'on appelle le *phormium tenax*, espèce de lin que l'on commence à employer pour faire des tissus. La partie la plus méridionale est montagneuse et stérile ; les côtes sont boisées. Les habitants de la Nouvelle-Zélande sont forts et bien faits. Ils teignent leurs corps de taches noires comme les Otaïtins tatouent les leurs. Il n'y avait dans l'île d'autres quadrupèdes que des chiens et des rats, les Européens y ont introduit plusieurs espèces d'autres animaux.

Les Français ont essayé d'établir une colonie à la Nouvelle-Zélande ; mais, contrariés dans leur projet par les Anglais, ils ont été obligés d'y renoncer. Par contre, nous avons un établissement prospère dans les îles de Taïti, dont les habitants ont été convertis à la religion chrétienne au commencement du xix° siècle. En 1841, ces îles se placèrent sous la protection de la France, à qui la souveraine du pays, la reine Pomarée, a presque complétement abandonné ses droits. Ces îles sont fort fréquentées par les navires européens.

Les îles de la Polynésie sont en général petites. Luçon, la plus grande des îles de cet archipel, possède plusieurs volcans. Toutes ces îles se fertilisent d'une manière singulière qui mérite d'être signalée : « L'eau, la végétation et la terre végétale se forment d'abord sur le sommet des montagnes, puis descendent peu à peu sur leurs flancs et arrivent en dernier lieu dans les parties les plus basses de ces îles.

» Les îles les plus anciennes sont fertiles du haut en bas ; les plus nouvelles ne sont fertiles qu'en haut. Toutefois l'âpreté des lieux et les épaisses forêts qui les couvrent rendent ces îles inhabitables, excepté sur leurs rivages. La plupart des îles de la Polynésie sont entourées par une ceinture de rescifs de corail, absolument fermés ou ne présentant que d'étroites passes. Ces ceintures de coralloïdes n'entourent que les îles très-anciennes et dès lors entièrement fertiles, telle que Taïti. Les Marquises et les Sandwich ne présentent que des traces de ceinture isolées et faibles. Les Polypiers n'ont pas encore achevé de construire leurs demeures si dangereuses pour la navigation. »

Les archipels de la Polynésie fournissent au commerce de la nacre, des perles, du coton, du café, du safran, du bois de sandal, etc.; dans plusieurs d'entre eux, on cultive avec succès la canne à sucre.

Les îles de la Malaisie sont riches en produits minéraux : or, argent, mercure, étain, fer, cuivre, plomb, pierres fines et diamants; on y trouve plusieurs espèces de bois précieux et des plantes médicinales très-recherchées.

Les terres hautes et escarpées de l'Australie ou Mélanésie sont moins riches que celles des archipels Malais et Polynésien; mais plus salubres, elles sont d'une grande fertilité et jouissent d'un délicieux climat.

Les Européens n'en avaient connu jusqu'ici que les côtes, empêchés qu'ils étaient de pénétrer à l'intérieur par l'impossibilité d'entrer en relation avec les naturels, qui sont les nègres les plus abrutis de tous les peuples sauvages.

Les Malais sont pour la plupart mahométans; mais les habitants de la Polynésie et de l'Australie sont païens, sauf dans quelques archipels convertis à l'Evangile par nos zélés missionnaires.

Parmi les païens de l'Océanie, il est des populations antropophages; d'autres parmi lesquelles il est d'usage de mettre à mort les vieillards.

Telle est la dégradation morale des peuples que n'éclaire pas la radieuse lumière de l'Evangile que tous les sentiments les plus naturels y sont corrompus ou étouffés, au point d'y faire descendre l'homme au niveau et souvent même au-dessous de la brute.

C'est dans la Mélanésie que se trouve la Nouvelle-Calédonie, où la France a créé, il y a quelques années, un établissement pénitentiaire, dont les événements de 1871 ont si malheureusement accru l'importance.

« Voici achevée cette première série de récits qui vous a fait connaître, mes enfants, tant de pays et de peuples divers.

Il ne nous reste plus qu'à demander au ciel que ces peuples, qui tous reconnaissent une divinité, mais qui l'honorent de tant de manières, souvent cruelles, coupables ou ridicules, se réunissent un jour dans un seul et même sentiment pour adorer le vrai Dieu et lui rendre le culte qui lui convient. Tâchons aussi de montrer par nos vertus, notre charité, notre douceur, que nous avons le bonheur de posséder la vérité tout entière, et prions de tout notre cœur pour que cette vérité se manifeste à ceux qui ne la connaissent pas encore. »

Assurément les entretiens et les récits du bon oncle Charles n'avaient pas été seulement intéressants pour les enfants de son frère, ils avaient contribué au développement de leur esprit et de leur caractère : il s'était opéré en eux un changement si favorable, que leur père en fut frappé à son retour.

Il y avait une plus grande union entre le frère et les deux sœurs; ils se communiquaient plus volontiers leurs pensées, et cédaient plus facilement aux observations les uns des autres. Paul causait avec Louise, parce que Louise consentait à maîtriser son étourderie, pour l'écouter et lui répondre, quand il parlait de choses un peu sérieuses. Comme elle était plus âgée que lui et tout aussi intelligente, elle avait naturellement un avantage qu'elle commençait à vouloir utiliser. La petite contrainte qu'elle avait eu le mérite de s'imposer pour rendre plus intelligibles à Jeanne les récits de leur oncle, lui avait fait comprendre et sentir le bonheur d'employer au profit de sa petite sœur la prépondérance que lui donnait son droit d'aînesse, et maintenant elle s'occupait d'elle avec un véritable plaisir. D'un autre côté, la tendresse de Jeanne pour Louise avait pris un caractère presque filial, et c'était avec autant de confiance que d'affection qu'elle se tournait vers cette sœur aînée, qui lui apprenait tant de choses, et qui prenait tant d'intérêt à ses progrès. Il faut ajouter que Louise prêchait d'exemple, qu'elle était devenue plus studieuse, plus réfléchie, plus douce, et que la religion commençait à excercer sur son humeur une plus puissante influence.

C'était une heureuse famille, et M. Charles de Mareuil ne comprenait pas le bonheur ailleurs que dans ses douces réunions qu'il avait à peine connues jusque-là, et son frère vit avec joie que, pour cette fois, c'était bien sérieusement qu'il renonçait à sa vie aventureuse.

Le mois de décembre avançait vers sa fin, et le bon oncle prépara pour le jour de Noël une petite fête qui devait *exemplifier* (comme on dit en anglais) de la manière la plus agréable, pour son neveu et ses nièces, un usage de l'Allemagne, dont il leur avait parlé dans ses récits sur l'Europe.

Il obtint de sa belle-sœur que, dès la veille de Noël, l'entrée du salon fût interdite aux enfants et qu'on en fermât soigneusement les portes.

Grande surprise dans la famille à cette singulière prohibition! D'autant plus que certaines allées et venues mystérieuses s'étaient dirigées de ce côté, sans qu'on pût en connaître la cause, et que toutes les questions à ce sujet étaient restées sans réponse.

La veille du beau jour de Noël était arrivée, et pendant le dîner le frère et les deux sœurs échangeaient de fréquents regards, car c'était en sortant de table que le salon devait être ouvert et le mystère dévoilé. Vers la fin du repas, l'impatience devint telle qu'il n'était presque plus possible de la contenir.

A peine Mme de Mareuil eut-elle fait un léger mouvement que, sans attendre le signal du départ, les enfants se levèrent impétueusement et se précipitèrent vers la porte du salon. L'oncle souriait malignement, et il prolongea un instant leur attente; mais, enfin, il tourna deux fois la clef dans la serrure, et il ouvrit les deux battants de la porte.

Le salon était splendidement éclairé; mais ce qui ravit les enfants, ce fut la vue d'un bel arbre, placé sur la

grande table du milieu, et dont les branchés, ornées de
girandoles, portaient de petites bougies de toutes les
couleurs. Aux mêmes branches étaient suspendus de jolis
objets de tous genres : bonbons brillants, petits bijoux,
boîtes élégantes et légères, surprises diverses, etc., etc.
Puis, sur la table, autour de l'arbre, étaient rangées les
choses de plus de poids et de plus de volume, portant
chacune sur une étiquette le nom de la personne à laquelle elle était destinée.

La surprise et l'admiration étaient à leur comble, et
chaque enfant les manifestait à sa manière. Louise sautait,
riait, gesticulait. Paul faisait le tour de la table et regardait tout, jetant de temps en temps sur son oncle des
regards affectueux et reconnaissants. Quant à la petite
Jeanne, après avoir pendant quelques instants arrêté son
regard sur l'arbre merveilleux, elle s'élança d'un bond
au cou de son oncle en s'écriant :

« Merci! oh! merci !

— Mais, dit M. de Mareuil, tu ne sais pas encore s'il
y a quelque chose pour toi.

— Oh mais si, je le sais bien! » répondit-elle.

En ce moment, la porte du cabinet de M. Maurice de
Mareuil s'ouvrit, et quelques parents et amis, qui avaient
été invités, furent introduits dans le salon. Tout alors ne
fut plus que joie et confusion : on admirait l'arbre et tout
ce qu'il portait; on déchiffrait les étiquettes, et on s'é-
merveillait non-seulement d'y trouver le nom de chacun,
mais surtout de la manière dont chaque objet répondait à
l'âge, aux goûts de celui ou de celle à qui il était des-

tiné. L'oncle Charles était-il donc sorcier.... Grand et délicieux album, charmant baby, habillé comme un *vrai* enfant et ouvrant et fermant les yeux ; beau télescope, livre intéressant et magnifiquement relié , vues de Suisse et d'Italie, élégante boîte à ouvrage, etc., etc. : il y avait de tout, et personne n'était oublié.

« Tel est, dit M. de Mareuil à ses nièces et à son neveu, l'usage qui existe dans les pays du nord. Le jour ou plutôt la veille de Noël y remplace notre jour de l'an, et c'est au pied de la crèche que s'échangent les souhaits de bonheur, les surprises aimables et les souvenirs d'amitié et de famille.

» Rien ne me semble plus essentiellement chrétien que cette joie universelle coïncidant avec l'heure précise qui a vu naître le divin Enfant de Bethléem.

» Encore les familles vraiment pieuses trouvent-elles le moyen d'ajouter à cette aimable fête une joie plus profonde et plus douce, en envoyant dans les familles indigentes , comme cela se pratique en Angleterre , de quoi célébrer par un repas de famille le jour de Noël, et en y joignant quelques jouets pour les pauvres petits enfants qui en sont privés toute l'année.

— Ah! l'heureuse et excellente idée! s'écria Louise. Maman, ajouta-t-elle, voulez-vous nous permettre de donner, nous aussi, des joujoux aux petits enfants qui n'en ont pas, et d'envoyer quelque chose à leurs pauvres parents ?

— Oh oui! maman, s'écria Paul à son tour, permettez-nous d'envoyer aux familles pauvres leur part de la fête, afin que ce beau jour se passe aussi agréablement pour elles.

— Je vous le permets de grand cœur, mes chers enfants, dit Mme de Mareuil attendrie en les embrassant. Jouissons tous aujourd'hui des bontés de votre oncle, et demain nous chercherons ensemble les moyens de lui prouver que ses récits et les leçons qu'il en a su tirer ont laissé dans vos cœurs des impressions bienfaisantes et durables.

FIN

TABLE

— Lille. Typ. J. Lefort 1875 —